网络安全与信息化发展路径研究

RESEARCH ON NETWORK SECURITY AND INFORMATIZATION DEVELOPMENT PATH

余学锋 著

社会科学文献出版社
SOCIAL SCIENCES ACADEMIC PRESS (CHINA)

目　录

第一章
绪论

第一节　选题背景和意义

一　选题背景

互联网的诞生给人类经济社会带来了深刻的影响。作为20世纪最伟大的科技发明之一，互联网发展的意义已经远超出科技本身，特别是以互联网为代表的新一代信息技术已经融入人类生活的方方面面，在政治、经济、军事、社会、文化等领域发挥着极其重要的作用，同时它也深刻改变着人们的生产生活方式。互联网重新构建全球经济格局、利益格局、安全格局，世界主要国家都把互联网作为经济发展、技术创新、国际竞争的重点，把发展互联网作为谋求竞争新优势的战略方向，纷纷制定了网络空间战略，抢占竞争新高地，GDP排在世界第二的中国，更应该在网信工作方面有所作为。为了适应这种形势，中国共产党人对互联网进行了思考和实践，不断推进我国网信发展，取得了较为显著的成就。

自1994年我国接入国际互联网以来，经过20多年的发展，截至2022年12月，我国网民规模达10.67亿人，互联网普及率达75.6%，传统领域应用线上化进程不断加快。2022年，我国互联网各方面发展良好。线上办公市场快速发展，用户规模已达5.40亿人，占网民整体的50.6%，较2021年12月增长7078万人。① 此外，在线教育、互联网医疗等数字化服

---

① 《CNNIC发布第51次〈中国互联网络发展状况统计报告〉》，中国互联网络信息中心网站，2023年3月2日，https://cnnic.cn/n4/2023/0302/c199-10755.html。

务供给力度持续加大，我国农村地区在线教育和互联网医疗用户分别占农村网民整体的31.8%和21.5%，较上年分别增长2.7个百分点和4.1个百分点。在网络基础资源方面，我国域名总数达3440万个，IPv6地址数量达67369块/32，较2021年12月增长6.8%。在信息通信业方面，我国5G基站总数达231万个，占移动基站总数的21.3%，较2021年12月提高7个百分点。在物联网发展方面，我国移动网络的终端连接总数已达35.28亿户，移动物联网连接数达18.45亿户。工业互联网网络体系建设也在加速推进，具有影响力的工业互联网平台达240个；[①] “5G+工业互联网”发展促进了传统工业技术升级换代，加速人、机、物全面连接的新型生产方式落地普及。我国已成为网络大国，信息化成为中华民族实现伟大复兴的历史机遇，搭乘互联网发展的快车，我们日益走向世界舞台的中央，中国“具备成为互联网强国的雄心和潜质”。

机遇必然伴随着挑战，在互联网迅猛发展的同时，各种网络问题也相伴而生。比如，面对网络空间已成为与包括领土、领海、领空和太空在内的现实空间并行存在的一个新空间、成为国家的第五疆域的局面，我们又该如何保障我国的网络主权？如何顺应世界互联网发展大势，在全球互联网治理中发出中国声音、提供中国方案？如何发挥互联网对经济发展的重要引领带动作用和基础支撑作用，又要怎样让互联网赋予经济新动能？在各类新媒体不断涌现、舆论多元主体竞逐的背景下，如何做好网络舆论工作，让互联网这个变量成为最大的增量？如何顺应信息社会发展趋势，从而推动构建人类命运共同体，推动全人类实现共同发展，并在其中提供中国智慧？面对西方国家的技术封锁与打压，我国又该如何实现信息核心技术的突破？这些问题都需要我们深入思考与研究。

二　选题意义

（一）理论意义

第一，有助于促进学术界在网信工作领域研究的发展，丰富相关领域

① 《CNNIC发布第51次〈中国互联网络发展状况统计报告〉发布》，中国互联网络信息中心网站，2023年3月2日，https://cnnic.cn/n4/2023/0302/c199-10755.html。

的理论成果。党的十八大以来，关于如何推进网信工作和网络强国建设的各种研究如火如荼，无论是对与网络安全和信息化相关的基本问题的研究，还是对网络安全和信息化相关理论的研究都层出不穷、异彩纷呈。本书通过对实践的总结，可以为信息化理论研究开辟新的视角，开启研究新方向，继而帮助人们较全面地了解我国信息化建设，对其做出指导。

第二，有助于在习近平新时代中国特色社会主义思想指导下，为中华民族伟大复兴提供理论参考。马克思主义中国化为中国共产党带领中国人民不断从胜利走向胜利提供了强大的理论工具。习近平新时代中国特色社会主义思想是马克思主义中国化的最新理论成果，还担负着进一步推动马克思主义中国化的重要历史责任。在当前历史条件下必须要对我国网络安全和信息化工作进行深入的挖掘和研究，这是当代学术界的重要功课，关系到马克思主义中国化的进程，也事关中华民族伟大复兴的中心任务。

（二）实践价值

第一，促进社会各群体特别是党员领导干部形成互联网思维、坚持正确的思想路线，进而加快网络强国建设的进程和解决好由网络发展带来的新问题。

近几年来，网络经济高速发展，在国民经济中所占的比重逐步提高，成为经济增长的新引擎。但是网络经济在发展过程中出现了一定泡沫性，出现部分党员干部和企业轻视实体经济的现象。此外，网络发展过程中，人人都可成为自媒体，有人把互联网当作“法外之地”，一些言论和思想直接有违社会主义核心价值观。因此，准确理解习近平总书记关于网络强国的重要思想，有助于解决由网络发展带来的一系列现实问题，维护国家安全和促进社会发展，巩固党的执政地位和执政基础。

第二，有利于以信息化建设带动党和国家更高层次、更多领域的事业发展，具有全局性的战略意义。

网信工作着眼于网络事业发展，但又不局限于网络领域，还致力于促进多层次多领域事业的发展。中国共产党应该顺应信息化潮流，增强党的网络空间治理能力，利用网络改进党的领导方式，增强党的执政能力，推进国家治理体系和治理能力现代化。建设网络强国从国家战略层次上看，还有利于推动经济结构转型，推进政治民主化进程，促进思想文化建设，助力实现中华民族伟大复兴。

第二节　研究现状综述

国内外关于网信工作的发展有众多研究，主要集中于数字经济（网络经济）、信息化与工业化融合、网络安全、网络舆论、网络治理、网络社会与网络文化等方面。

一　数字经济

数字经济也称为网络经济或信息经济，作为经济学概念的数字经济是人类通过大数据（数字化的知识与信息）的识别—选择—过滤—存储—使用过程，引导、实现资源的快速优化配置与再生，实现经济高质量发展的经济形态。

马艳和郭白滢认为，在网络经济40年的发展过程中，其投入产出的关系在不同时期呈现出完全不同的阶段性特征。①

李文侠认为，网络经济有四个特点，一是网络经济是充分的、快节奏的信息经济；二是网络经济是共享经济，具有非排他性和非竞争性；三是网络经济是互动的经济；四是网络经济是全球化经济。②

刘少杰认为，由于网络化发展使社会空间呈现出三个层次，以网络化发展为基础的网络社会认同也出现层次分化。网络社会认同主要以社会表象的形式存在，这种在网络交往中形成的社会表象，超越了个体表象和集体表象的局限，对实现迪尔凯姆所希求的社会整合具有重要意义。③

庄贵军等认为，随着互联网时代的到来，企业越来越多地利用 E－mail、博客、微博、微信、QQ、Facebook 和网络社区等网络交互渠道向顾客传递信息，与顾客进行沟通和互动。他们开发设计了检验网络交互能力的量

① 马艳、郭白滢：《网络经济虚拟性的理论分析与实证检验》，《经济学家》2011 年第 2 期。

② 李文侠：《网络经济对传统经济冲击的经济学分析》，《商业时代》2012 年第 7 期。

③ 刘少杰：《网络化时代社会认同的深刻变迁》，《中国人民大学学报》2014 年第 5 期。

表，该量表由交互导向、IT 技术能力、IT 人员能力和网络交互技术运用能力等四个维度所对应的部分组合而成。[①]

姜奇平建立了信息化与网络经济的微观与宏观经济学框架、技术经济学计量框架；基于信息国民收入概念，对信息经济与信息化进行了统计界定；在产业化与服务化对比中，对一、二、三产业的信息化产出进行了全面解析；在专业化与多样化对比中，对企业信息化支持做大做强与做优做强的财务逻辑进行了深入辨析。[②]

毛光烈对网络化大变革的形成原因、演变轨迹及未来走向等进行了理性阐述，就网络和网络经济可能为中国实体经济带来的大变革和大机遇，以及践行“互联网＋”行动计划等国家战略从顶层设计到具体应用的各环节进行了现实思考。[③]

二 信息化与工业化融合

卢志平认为，应从观念维度、技术维度、流程维度、文化维度和人才维度等五个维度分析信息化战略，并从战略分析、战略设计、战略选择、战略实施、战略评估与反馈、战略动态修正等六个阶段入手对企业信息化战略决策过程进行研究。[④]

陈炳超等认为，数据挖掘是从大量数据中提取隐含知识的过程。随着数据挖掘应用越发广泛，图作为一种一般数据结构在复杂结构和它们之间相互作用的建模中变得越来越重要。图分类具有许多真实的应用背景，因而图分类已成为图挖掘中重要的研究领域。[⑤]

贾立双和周跃进认为，信息化作为当前企业提升竞争能力的重要手段，在实施的过程中会面临多种技术上和管理上的冲突。而对这些冲突是

---

① 庄贵军、李苗、凌黎：《网络交互能力的量表开发与检验》，《管理学报》2015 年第 9 期。

② 姜奇平：《产业信息化的效率与效能》，《互联网周刊》2015 年第 21 期。

③ 毛光烈：《网络化的大变革》，浙江出版社，2015。

④ 卢志平：《基于五维度模型的企业信息化战略内涵及其决策过程》，《制造业自动化》2010 年第 2 期。

⑤ 陈炳超、洪佳明、印鉴：《基于迁移学习的图分类》，《小型微型计算机系统》2011 年第 12 期。

否具有足够的认识和有效的解决机制，会直接影响信息化项目的成败。[①]

彭伟和符正平认为，占据网络中心和富含结构洞的网络位置对企业绩效有显著的正向影响，知识获取在企业网络位置与企业绩效关系中具有完全中介作用。[②]

邵真等认为，既有研究大多关注企业信息化最高领导者的参与和承诺，较少有研究关注信息化领导者的领导行为特质对企业信息系统成功的影响。具备变革型领导特质的信息化领导者能够通过增强心理安全、开放式交流、参与式决策三种学习型的文化氛围来影响企业信息系统的利用性学习和探索性学习。[③]

金碚认为，当前中国工业正处于进军世界先进制造业领域的关键阶段。工业化是一个经济和社会结构剧烈变化，且在变化过程中往往会出现各种结构不平衡现象的历史时期，本质上是一个文明进化的过程。中国工业化过程，一方面是西方工业化技术路线的延伸；另一方面也受到东方中华文明的深刻影响。[④]

冉奥博和侯高岚认为，信息化是在经济运行中收集、使用、传播机器信息行为由少到多的过程，也是生产函数中信息参数变大的过程。新型工业化涵盖行业更广、关注对象更多、后续影响更受重视。生产性服务业是“两化”融合发展标的部门，但生产性服务业发展并不能完全代替工业部门发展。一定要处理好工业化与信息化的关系、传统工业与新兴工业的关系、生产性服务业与制造业的关系、信息化内部的关系四种关系。[⑤]

李平等认为，信息化的深化发展是推动产业转型升级与创新发展的重要力量，它催化技术创新，推动传统产业转型升级，加快新兴产业发展的

---

① 贾立双、周跃进：《基于Q学习的企业信息化冲突研究》，《中国制造业信息化》2012年第11期。

② 彭伟、符正平：《高新技术企业联盟导向、创业导向与企业绩效关系的实证研究》，《管理学报》2012年第10期。

③ 邵真、冯玉强、王铁男：《变革型领导风格对企业信息系统学习的作用机制研究——组织学习型文化的中介作用》，《管理评论》2015年第11期。

④ 金碚：《工业是经济转型和产业升级的主战场》，《紫光阁》2012年第11期。

⑤ 冉奥博、侯高岚：《两化融合时期的工业化、信息化重解》，《信息系统工程》2013年第3期。

步伐。当前，中国信息化发展水平较低，“两化”融合水平亟待提高，电子信息产业缺乏核心技术且处于价值链低端，信息化深化发展面临诸多体制障碍，不利于利用信息技术推动产业转型和创新。政府应从以下五个方面积极应对：①营造良好的外部环境；②积极支持传统产业利用信息技术转型升级；③借助信息化大力培育新兴产业；④强化自主创新能力；⑤加强人才队伍建设。①

张友国和郑玉歆认为，工业生产率对任何国家的经济发展来说都是关键之一。一个国家经济增长的速度、人民生活水平、财政收支状况、通货膨胀的程度等都与工业生产率的状况密切相关。②

黄群慧认为，从工业增长速度变化、工业需求侧变化、工业产业结构和区域结构变化及工业企业微观主体表现分析，种种迹象表明中国工业经济正走向一个增长速度趋缓、结构趋优的“新常态”。③

郭熙保和苏甫认为，从发展阶段与中国投资驱动发展模式角度进行考察，投资驱动发展模式成就了中国的增长奇迹，也埋下了发展不可持续的隐患。④

周剑和徐大丰认为，“两化”融合是实现我国产业全面转型升级的必由之路，是从工业经济向信息经济过渡过程中抢占发展先机、争夺新的产业竞争制高点的重要抓手。⑤

杨善林和周开乐认为，作为重要的战略资源，大数据中包含诸多关键的管理问题。他们指出大数据是一类重要的战略性信息资源，并从复杂性、决策有用性、高速增长性、价值稀疏性、可重复开采性和功能多样性

① 李平、江飞涛、王宏伟：《信息化条件下的产业转型与创新》，《工程研究——跨学科视野中的工程》2013 年第 2 期。

② 张友国、郑玉歆：《碳强度约束的宏观效应和结构效应》，《中国工业经济》2014 年第 6 期。

③ 黄群慧：《“新常态”、工业化后期与工业增长新动力》，《中国工业经济》2014 年第 10 期。

④ 郭熙保、苏甫：《发展阶段论与投资驱动发展模式及其转变》，《中南民族大学学报》（人文社会科学版）2014 年第 2 期。

⑤ 周剑、徐大丰：《两化融合的概念内涵和方法路径研究》，《产业经济评论》2015 年第 5 期。

等六个方面探究了大数据资源的管理特征。[①]

关欣等认为，信息化发展指数体系对科技进步指数体系内在要素存在正向影响作用，且作用关系具有显著的地区性差异。[②]

牟韶红等认为，成本费用黏性来源于企业内外部信息的不对称和不完备，并由此说明内部控制能够抑制成本费用黏性。内部控制质量越好的公司，成本费用黏性越低；在控制收入变动幅度或区别成本费用变动方向后，除了风险评估指标外，其他高质量的内部控制分项指标对成本费用黏性都有显著抑制作用。[③]

三　网络安全

随着国民经济信息化程度的提高，有关的大量情报和商务信息都高度集中地存放在计算机中，随着网络应用范围的扩大，信息的泄露问题也变得日益严重，因此，计算机网络的安全性问题就越来越重要。

陈宝国认为，美国网络空间国家安全战略的意图在于以攻代守，认为网络威慑的效果甚至优于核威慑，全面发展“先发制人”的网络攻击力，将中国列为主要网络对手，通过网络攻防演习彰显其威慑力量。[④]

刘助仁认为，“9·11”恐怖袭击事件后，网络安全已成为关乎各国国家公共安全的“全球性”重大战略问题，美国的网络安全政策具有一定的导向作用。他认为这些政策导向启示我国应将网络安全保障提升至国家安全高度。[⑤]

程群认为，计算机网络已被应用至美国政治、经济、军事、文化和生活等各领域，美国整个社会的运转已与网络密不可分。一旦网络危机出现，美国整个社会都有可能陷入瘫痪，保护网络基础设施成为维护美国国

① 杨善林、周开乐：《大数据中的管理问题：基于大数据的资源观》，《管理科学学报》2015年第5期。

② 关欣、乔小勇、孟庆国：《信息化发展对科技进步的影响作用机理及地区性差异研究——基于我国内地31个省（直辖市、自治区）的面板数据》，《科技进步与对策》2013年第7期。

③ 牟韶红、李启航、陈汉文：《内部控制能够抑制成本费用粘性吗——基于信息视角的理论分析与经验证据》，《当代财经》2015年第2期。

④ 陈宝国：《美国国家网络安全战略解析》，《信息网络安全》2010年第1期。

⑤ 刘助仁：《美国网络安全政策导向及其启示》，《中国公共安全》（学术版）2010年第3期。

家安全与利益的第一要务。①

运迎霞等认为，城市增长边界划定研究，对城市建设与发展具有重要的指导意义。基于生态安全格局，他们提出了城市空间增长的刚性边界划定方法；基于传统的“正向规划”方法，他们通过城市空间扩张模拟和土地建设适宜性评价等，提出了城市空间增长的弹性边界划定方法。②

周德旺认为，随着国家信息化进程的全面快速推进，网络安全问题愈加凸显，成为制约国家安全的重大战略问题。我国应从网络大国向网络强国迈进，加强网络技术发展和网络建设。③

张新宝认为，当今互联网时代和信息化时代，网络信息安全与国家及其公民个人的利益息息相关。与网络信息技术发展相伴随的黑客行为，以及个别国家从单方国家利益出发从事的危害其他国家及其公民个人信息安全的行为，使国际层面的网络信息安全问题日益突出。国际社会需要制定“网络信息安全国际公约”以加强世界范围内的网络信息保护。④

李农认为，美国作为一个网络强国，在技术和应用领域都具有超出世界其他发达国家的发展水平，但在网络安全上仍然受到诸多不确定因素影响，我国在建设网络强国过程中要借鉴美国在网络安全工作中取得的经验。⑤

刘万国等认为，当前国外数字学术信息资源在可用性和可持续性方面存在信息安全潜在风险。数字资源长期保存在化解学术资源信息安全潜在风险方面存在不足，针对这一点，他们提出利用云计算建立国家层面的数字学术信息资源保障体系的建议，以化解现存的信息安全风险。⑥

齐爱民和盘佳认为，在大数据这个无硝烟战场上的落后和失守，会引发个人信息安全问题，甚至还会影响社会发展和国家安全。目前，我国在

---

① 程群：《美国网络安全战略分析》，《太平洋学报》2010 年第 7 期。

② 运迎霞、杨德进、郭力君：《大都市新产业空间发展及天津培育对策探讨》，《城市规划》2013 年第 12 期。

③ 周德旺：《强化网络安全 建设网络强国》，《保密工作》2014 年第 3 期。

④ 张新宝：《论网络信息安全合作的国际规则制定》，《中州学刊》2013 年第 10 期。

⑤ 李农：《从美国网络安全框架看网络秩序构建》，《上海信息化》2014 年第 6 期。

⑥ 刘万国、黄颖、周利：《国外数字学术信息资源的信息安全风险与数字资源长期保存研究》，《现代情报》2015 年第 10 期。

大数据安全保障方面的政策法规还较少。为迎接大数据时代的机遇和挑战，我国应构建大数据安全法律保障机制。①

程群和何奇松认为，中国网络威慑体系建设应与核威慑理论结合起来，应大力发展网络技术，利用大数据助力，增强网络军力，制定针对不同行为体的网络威慑战略，达到与网络超级大国、强国“相互确保摧毁”的实力水平。②

邬江兴认为，网络与信息安全是信息化过程中不可回避的问题，而且其维护是一项长期、复杂的系统工程，需要坚持以发展保安全、以安全促发展的方针，在提高信息化水平的同时，从战略高度提升网络空间防护能力，大力创新发展网络与信息核心技术，强化网络和信息安全管理，多方协同共同推进网络和信息安全建设，以增强保障网络与信息安全的能力。③

王世伟认为，信息安全问题可泛指各类关于信息的安全问题，网络安全问题指称网络所带来的各类安全问题，网络空间安全问题则特指与全球五大空间中陆域、海域、空域、太空并列的网络空间的安全问题。④

倪光南认为，大数据时代的信息安全话题已经成为新热点。实际上，信息安全问题并没有因为大数据的兴起而发生本质的变化，不过大数据的发展使信息系统及其应用所涉及的数据规模越来越大，对数据安全性的要求越来越高。⑤

汪玉凯认为，我国信息化已进入快速推进期，信息安全自主可控对国家的重要性不言而喻。2013 年震惊世界的“棱镜门”事件再次为中国敲响了警钟，国家的信息和网络安全已经是一个十分紧迫的问题。应加大依法管理网络力度，加快完善互联网管理领导体制，确保国家网络和信息

---

① 齐爱民、盘佳：《大数据安全法律保障机制研究》，《重庆邮电大学学报》（社会科学版）2015 年第 3 期。

② 程群、何奇松：《构建中国网络威慑战略》，《中国信息安全》2015 年第 11 期。

③ 邬江兴：《网络与信息安全新动向及思考》，《金融电子化》2010 年第 12 期。

④ 王世伟：《以共建、共治、共赢文化构建中美网络空间命运共同体》，《中国信息安全》2015 年第 12 期。

⑤ 倪光南：《保障网络空间安全是中国软件业面临的机遇和挑战》，《中国信息安全》2013 年第 12 期。

安全。[①]

四 网络舆论

顾丽梅认为，随着网络技术的发展，网络参与对政府治理尤其是地方政府治理提出了新的挑战，政府作为网络参与的推动者，需要承担的重要道德责任是确保网络参与中治理决策产生的过程充分考虑社会公平和正义。[②]

徐晓林认为，互联网虚拟社会是当今社会管理和创新中亟待研究的重要事物，探索其运行规律并总结出行之有效的管理办法，既具有理论意义也具有现实意义。在网络谣言、网络推手、政治参与等方面，互联网虚拟社会面临着巨大的政治风险。[③]

孙国强和兰吉颖认为，企业战略选择长期面临着多元化与专业化的矛盾，如何化解这一矛盾关系到企业能否实现长远发展。而网络组织具有互补创新、多元缓冲、协同共赢、价值链优化等功能，其核心功能恰是实现多元化与专业化的均衡。[④]

王敏和覃军认为，在网络社会的背景下，政府应该在第一时间发布信息，切实掌握危机信息传播的话语权；主动设置议程，有效控制危机信息传播的主导权；注重沟通协调，重建危机利益相关者的关系；充分发挥新闻发言人的作用，以有效应对危机。[⑤]

王天梅等认为，价值交付的有效性、成本控制的有效性、风险控制的有效性，能够在一定程度上评估出电子政务实施项目的 IT 治理绩效，同时，由于 IT 治理的结构安排、认知程度、沟通机制对电子政务实施项目 IT 治理绩效的三个方面存在不同的影响，因而它们在不同程度上显著影响电

---

① 汪玉凯：《网络安全战略意义及新趋势》，《人民论坛》2014 年第 16 期。

② 顾丽梅：《网络参与与政府治理创新之思考》，《中国行政管理》2010 年第 7 期。

③ 徐晓林：《互联网虚拟社会的特征与管理》，《电子政务》2011 年第 9 期。

④ 孙国强、兰吉颖：《网络组织核心能力的核心功能：多元化与专业化的均衡》，《经济问题》2011 年第 2 期。

⑤ 王敏、覃军：《网络社会政府危机信息传播管理的困境与对策》，《当代世界与社会主义》2012 年第 1 期。

子政务实施项目的 IT 治理绩效。①

孙健认为，网络舆论是国家在互联网上的社会舆论"感应器"，国家通过它能够在第一时间感知各种突发性公共事件后社会影响的热度，从而影响党和政府的公共决策。为优化突发性公共事件后政府公共决策路向，应该大力发展电子政务，为公众参与决策创造条件，创建透明政府，推动公共决策信息公开，提升官员素质，引导网络舆论走向正确方向，以便为党和政府在突发性公共事件后做出科学、合理的公共决策提供服务。②

汤志伟和杜斐认为，网络集群行为有一定的规律可循，政府也可以遵循这一规律有针对性地预防和控制网络群体性事件的发生和发展，从而降低网络集群行为带来的网络风险。③

五 网络治理

李维安等认为，网络治理是一个跨学科的研究领域，是技术网络、组织网络和社会网络研究的热点问题，企业网络治理也是工商管理领域的前沿研究方向。技术网络治理、社会网络治理、组织网络治理及三者的融合是当前组织理论和战略管理理论研究的核心课题，也是中国经济转型过程中转换企业发展模式、实现后发优势的重要课题。④

胡志军认为，我国社会正处于转型期，仅依靠人际信任维持社会运行的传统信任模式弊端已凸显，尤其是近年来出现的一些违背诚信、公平、正义原则的事件，对社会诚信体系造成了破坏，导致政府公信力下降，影响了我国构建社会主义和谐社会总目标的实现。⑤

王芳等认为，互联网治理应朝多样性、互动性和透明性的方向发展，同时还需要考虑互联网和治理的关系，互联网改变了传统的市场和社群的

---

① 王天梅等：《IT 治理绩效影响因素分析：基于中国电子政务实施的实证研究》，《管理评论》2013 年第 7 期。

② 孙健：《网络舆论对政府公共决策的影响及优化路向——以突发性公共事件为基本视角》，《西北师大学报》（社会科学版）2014 年第 4 期。

③ 汤志伟、杜斐：《网络集群行为的演变规律研究》，《情报杂志》2014 年第 10 期。

④ 李维安、林润辉、范建红：《网络治理研究前沿与述评》，《南开管理评论》2014 年第 5 期。

⑤ 胡志军：《网络社会政府信任危机的演化路径与治理》，《唯实》2015 年第 7 期。

组织模式，政府管理的组织模式在互联网的条件下也要做出改变才能适应新的条件，解决新的问题，建立新的政府、市场和社群的三元均衡。①

孟庆国和关欣认为，电子治理是借助信息通信技术建构运转有序、信息通畅、各行为主体及社会资源相互影响并共同促进形成科学决策的多层次治理形态。电子治理作用于社会的内在关联目标为“创新社会管理、推动社会进步、改进公民参与、保障公民权利”。②

马民虎和张敏认为，网络信息安全法制建设需要站在国家战略层面，兼顾具体国情，厘清网络空间的主要威胁与法制建设中的主要矛盾，全面建构中国网络社会治理的实体与程序性法律框架；强调应重视新技术应用背景下的隐私与数据安全问题，并强化企业信息安全治理责任，发挥其在网络信息安全保障中的关键作用。③

沈逸认为，全球网络空间中，不同行为体占有的资源与拥有的能力处于不对称状态，因为这种不对称，数据主权的重要性日益凸显。基于数据主权的能力竞争，已经成为当下国家间能力竞争的最前沿 。这种竞争旨在保障国家网络安全和塑造全球网络空间行动准则，这两者从整体来看是并行不悖的，尤其是对大国而言。④

杨嵘均认为，网络空间治理通常需要国际合作才能有效开展。然而，当前网络空间治理的国际合作却面临如国际上对网络主权是否存在有争议、网络空间治理适用制度有差异及不同意识形态融合困难等诸多难题。这些难题制约着网络空间治理国际合作框架和运行机制的建构。⑤

周义程认为，在现代网络政治生活中，网络空间成为人们参与政治生活的重要平台。个人、组织和计算机构成的网络形成一个相互连接的虚拟

---

① 王芳等：《网络社会治理暨中国信息化专家“围观滨海”研讨会综述》，《电子政务》2015 年第 4 期。

② 孟庆国、关欣：《论电子治理的内涵、价值与绩效实现》，《行政论坛》2015 年第 4 期。

③ 马民虎、张敏：《信息安全与网络社会法律治理：空间、战略、权利、能力——第五届中国信息安全法律大会会议综述》，《西安交通大学学报》（社会科学版）2015 年第 2 期。

④ 沈逸：《全球网络空间治理与金砖国家合作》，《国际观察》2014 年第 4 期。

⑤ 杨嵘均：《论网络空间治理国际合作面临的难题及其应对策略》，《南京工业大学学报》（社会科学版）2014 年第 4 期。

组织。治理网络空间可以从组织治理的理论和实践中借鉴其治理的知识。[①]

六　网络社会

杨瑞龙和朱春燕认为，网络中的企业之间存在普遍的互惠。普遍的互惠是一种具有高度生产性的社会资本，遵循了其规范的共同体，可以更有效地约束投机，解决集体行动问题。[②]

李卫东和林志扬认为，网络信息技术剥离了决策中显性知识的处理任务，显性化了部分地域知识和隐性知识，降低了决策的度量成本和决策外部性的内部化成本，提高了企业的决策绩效，从而使基于知识的决策分工及在此基础上的决策权力配置成为可能。[③]

李一认为，对于生活在当下信息网络时代的人们，互联网络中的虚拟电子空间，成为其展开行为活动的一个全新的时空领域。网络行为失范作为一种特殊形态的行为失范，具有多种表现形式。[④]

程秀生和曹征认为，在公司法的立法与执法中，通过完善公司治理提高公司效率，从而促进社会经济的发展并降低公司法本身运行的成本，成为公司治理研究的重要任务。在肯定公司治理机制奉行效率优先价值取向的同时，也不能忽视兼顾公平的价值要求。[⑤]

胡昌平和周怡认为，数字化信息服务的交互性主要体现在用户与系统基于界面层的交互、用户与内容基于内容层的交互，以及系统与内容基于组织层的交互上。在不同层面上，有多种因素会影响数字化信息服务的交互性。[⑥]

赵辉和李明楚认为，网格计算的复杂性导致网格安全需求复杂，并提

---

① 周义程：《网络空间治理：组织、形式与有效性》，《江苏社会科学》2012 年第 1 期。

② 杨瑞龙、朱春燕：《网络经济学的发展与展望》，《经济学动态》2004 年第 9 期。

③ 李卫东、林志扬：《网络信息技术下基于知识的决策分工、决策绩效和决策权力的配置》，《中国工业经济》2007 年第 3 期。

④ 李一：《网络失范行为的形态表现、社会危害与治理措施》，《内蒙古社会科学》（汉文版）2007 年第 6 期。

⑤ 程秀生、曹征：《利益相关者共同治理现代企业的法律经济学价值》，《国外理论动态》2008 年第 4 期。

⑥ 胡昌平、周怡：《数字化信息服务交互性影响因素及服务推进分析》，《中国图书馆学报》2008 年第 6 期。

出了一种基于虚拟组织的网格计算多用户协同关系描述模型，在此基础上构建网格安全需求分析模型，实现了网格环境下多用户协同计算的安全需求形式化描述，把网格协同计算环境下的不同安全需求统一在同一种理论体系中。①

薛楠等将认知无线电网络分成单跳有头簇，通过簇头检测恶意节点，以解决自私行为问题。为增强检验方案的可行性，结合簇头检测结果设计了一种路由协议。理论分析和仿真实验表明自私行为问题会显著降低网络通信性能。②

七　网络文化

在互联网时代，如何促进文化的传承与创新，是国内外学者都非常关心的一个话题。网络文化是新兴网络技术和文化内容的结合体，其迅速普及和快速发展改变着人们的思维方式、生活方式和交流方式，网络文化已成为当代人生活中不可或缺的一部分。国内外学者就网络文化展开的研究，概括来说，主要涉及网络文化的概念、网络文化特性、网络文化影响和网络文化管理四个方面。

张虎生认为，在新的起点上壮大主流舆论阵地、履行建设文化强国使命，首先需要理论武装、思想统一，其次需要“重心下移”、行动自觉。③

陶鹏认为，从网络文化冲击网络安全的视角来看，需要从增强政府的网络公信力、加强网络文化安全教育等方面提出相应对策。④

徐建军和石共文认为，网络文化管理中存在诸多缺陷，主要表现如下：一是缺乏管理规划，管理机制不健全；二是存在多头管理，监督考核不得力；三是忽视民间组织建设。⑤

---

① 赵辉、李明楚：《基于虚拟组织的网格安全需求分析模型》，《计算机工程》2008 年第 24 期。

② 薛楠、周贤伟、周健：《认知无线电网络自私行为问题及安全解决方案》，《北京科技大学学报》2009 年第 9 期。

③ 张虎生：《履行文化强国使命中的媒体作为》，《中国记者》2012 年第 2 期。

④ 陶鹏：《网络文化对网络安全管理的冲击与应对》，《人民论坛》2012 年第 36 期。

⑤ 徐建军、石共文：《加强网络文化建设和管理，营造积极健康的网络环境》，《湖南社会科学》2009 年第 1 期。

尹韵公认为，随着互联网的迅猛发展，全球被前所未有的网络文化潮流席卷，网络文化成为人类有史以来最重要的文化之一。发展网络文化，很有必要深入认识网络文化的新特征和新趋势。第一，网络文化成为当代中国最重要的文化形态；第二，新的网络文化形态不断涌现；第三，网络文化的社会性进一步增强；第四，网络文化的问题性凸显。[①]

龚成和李成刚认为，我国网络文化管理在取得成就的同时，也存在着法治建设欠缺、管理体系不尽规范等方面的问题，需要借鉴国外有益经验进一步完善我国网络文化管理体制。[②]

王求认为，计算机网络技术共同开启和推动了人类历史上的“第三次浪潮”，或者说将人类带入了“信息社会”。互联网为人类文化的传播提供了一个新途径。互联网带来了文化传播的一次重大革命，对传播、繁荣一个国家的文化及提升国家文化软实力具有重要作用。[③]

林凌认为，遵循网络文化市场规律，充分发挥市场配置网络信息资源的决定性作用，是做大做强网络文化产业和坚持正确的网络舆论导向的必由之路。要促进网络文化产业的信息资源市场化配置，政府部门必须做好三方面工作：彻底破除管理万能观念、解决市场失灵问题和加强网络信息资源配置的法治化建设。[④]

何明升和白淑英认为，我国网络文化多主体协同发展战略的目标，就是通过网民个体、网络群体、网络管理部门等多元化主体的共同参与和协同管理，建构一种具有中国特色和全球竞争力的虚拟实践范式，并借此创造和共享网络文化成果。[⑤]

国外发达国家对于网络技术的运用和发展使西方学者对于网络文化的探索更为深入。西方学者较早地意识到网络文化在发展过程中的种种问

---

① 尹韵公：《论网络文化的新特征与新趋势》，《新闻与写作》2012 年第 1 期。

② 龚成、李成刚：《我国公务人员网络行为管理制度的现状与创新分析》，《现代传播（中国传媒大学学报）》2012 年第 11 期。

③ 王求：《提高国家网络文化软实力 让中国声音传遍世界》，《中国广播》2013 年第 5 期。

④ 林凌：《论网络文化产业的信息资源市场化配置功能》，《学海》2014 年第 5 期。

⑤ 何明升、白淑英：《我国网络文化建设的多主体协同发展战略》，《学术交流》2014 年第 1 期。

题，关于网络主体性的丧失、网络文化价值、网络文化消费的研究都已取得了一定进展，他们依托后现代理论对网络文化的相关问题进行了剖析和理解，为网络文化相关问题的研究奠定了基础，提示了发展方向。国内对于网络文化相关问题研究的侧重点集中在网络文化对网络主体的影响方面，对于网络文化的管理也更侧重政府行为。

不可否认，以上学术成果是宝贵的，是具有开创性的，给当下研究提供了一些可以借鉴的思路和视角，但其基本上是局限于某一方面的研究，缺乏系统性的阐述和分析。本书将在网络强国战略背景下对我国网信工作的内容、目标和价值意义等方面进行系统性分析与研究，从而提出关于今后我国网络安全和信息化发展路径的建议。

第三节　基本概念分析

一　互联网

今天，生活在世界上每一个角落的人们，都可以通过互联网获取各种信息资讯，都可以通过互联网同他人取得联系。那么，我们在使用互联网的同时，是否想过什么是互联网，互联网意味着什么？对于这一问题，肯定是不同的人有不同的理解。通过梳理相关研究成果和文献资料，我们发现，互联网的定义虽多，大体上却可以分为如下三类。

第一，作为技术的互联网。在很多人看来，尤其是在技术专家眼中，互联网首先是一种科学技术。因此，他们对互联网的定义从来就是遵循技术标准的。早在 1995 年，The Federal Networking Council（美国联邦网络委员会）就对互联网做出了技术上的定义。其认为，互联网是一种全球性的信息网络系统，它通过建立共同的互联网协议、唯一的互联网地址，将不同的计算机、终端或操作系统联系在一起，从而实现网络通信的目的。[①]而网络信息化正是建立在互联网信息技术基础之上的，是对互联网信息技术在经济社会各领域的深度应用，旨在聚集、开发、利用、共享各种信息

① 何宝宏：《什么是互联网》，《电信网技术》2009 年第 10 期。

或数据资源。

第二，作为产业的互联网。互联网早期主要是用于军事和技术领域，对外开放的程度非常有限。随着互联网的发展，围绕与计算机软硬件、信息通信技术、大数据技术等相关的产品和服务，形成了一定的产业链、企业链，它们逐渐同其他传统产业交融汇合，从而使得网络经济、信息经济、数字经济等新经济、新模式、新业态逐渐进入人们的视野。因此，很多人从产业的角度理解互联网。时下人们讨论较多的工业互联网、产业互联网等时髦概念就是互联网通信技术同工业、制造业等传统产业相融合的产物。

第三，作为传媒的互联网。互联网的出现，固然是科技革命的产物。但是，当越来越多的人加入互联网“大军”之中的时候，互联网就烙上了人的、社会的印迹。所以，不少学者抛开纯粹技术的角度，深入人与人之间的交流沟通来剖析和理解互联网。在互联网兴起的早期，很多研究者就已经注意到“为人们的交流（communication）服务”才是互联网的本质所在。此后，伴随着网站、网页、网络即时通信工具的出现，互联网越来越成为个人和组织传播新闻、交流信息的通用平台，“网络即传媒”的论点也越来越为人们所接受。例如，周鸿铎明确指出，“互联网是当代传播体系中的引领媒体”[①]，不仅将互联网与传统报纸、广播等一视同仁，而且将其提升到最具前瞻性传媒的高度。陈力丹和费杨生直接表示，“互联网重新定义了媒体”[②]。

以上对互联网的理解主要集中于互联网的技术和应用层面。但我们不可忽略的是，互联网还是网络时代关键的信息基础设施，它依托数字信息技术为人与机器、人与人、人与自我之间高速、安全、广泛地传播信息提供了可能，全面更新了人类的信息交换方式，为我们建构起了一个全新的数字化的信息交换系统。无论是作为技术与产业的互联网，还是传媒互联网，都要靠这个系统和平台才能进行信息交换，实现其价值。从这个意义上讲，互联网的本质属性就是数字信息交换，它旨在满足人的经济、政

---

① 周鸿铎：《互联网是当代传播体系中的引领媒体》，《中国广播》2016 年第 9 期。

② 陈力丹、费杨生：《互联网重新定义了媒体》，《青年记者》2016 年第 13 期。

治、文化等各方面信息需求，提升人类认识和改造世界的能力。

二　网络强国

早在 2009 年，《瞭望》高级编辑李永增就对我国由网络大国走向网络强国做了探讨和展望。[①] 但这时尚未有对网络强国的明确定义。随着习近平总书记提出网络强国战略，[②] 学术界对网络强国概念的研究增多。学者们从不同的角度给网络强国下了不同的定义。通过梳理我们发现大部分学者都是将网络强国作为一个整体概念来看待，认为网络强国与网络弱国相对应，意即互联网领域的强国。而这一定义又有不同的“版本”。

第一，“本意说”。不少学者认为网络强国的定义应该遵从习近平总书记的重要论述，即网络强国“要有自己的技术，有过硬的技术；要有丰富全面的信息服务，繁荣发展的网络文化；要有良好的信息基础设施，形成实力雄厚的信息经济；要有高素质的网络安全和信息化人才队伍；要积极开展双边、多边的互联网国际交流合作”[③]。

第二，“要素说”。将网络强国进行解构，析出若干要素，作为区分是否为网络强国的标准。杜骏飞认为一个国家是否属于网络强国，要看四个方面的强弱，分别是互联网产业实力、互联网对传统行业的影响力、在网络空间中的话语权、互联网发展在世界上的综合竞争力。[④]

第三，“本质属性说”。郑必坚认为，习近平总书记关于互联网的重要论述都是围绕“人民”而展开的，人民既是网络强国建设的推动者，也是网络强国的享有者，所以，网络强国说到底是“以人民为中心”的网络强国，这是其本质所在。[⑤] 首先，网络强国是互联网领域的强国，要求在网络技术、网络经济、网络安全、网络文化、网络国际合作等方面领先世

---

① 李永增：《憧憬网络强国》，《中国石油石化》2009 年第 22 期。

② 《总体布局统筹各方创新发展 努力把我国建设成为网络强国》，《人民日报》2014 年 2 月 28 日。

③ 《总体布局统筹各方创新发展 努力把我国建设成为网络强国》，《人民日报》2014 年 2 月 28 日。

④ 杜骏飞主编《互联网思维》，江苏人民出版社，2015，第 143 ~ 144 页。

⑤ 郑必坚：《建设“以人民为中心”的网络强国——写在习近平总书记“4.19”重要讲话发表一周年之际》，《汕头大学学报》（人文社会科学版）2017 年第 7 期。

界、占据优势；其次，网络强国通过发展网络经济、网络文化等来促进社会主义经济、政治、文化等各方面的建设，从而推动社会主义现代化强国的建设。本书在论述网络强国的时候，主要以习近平总书记的重要论述为基础。

三　网络安全

以往人们认为网络安全指网络系统的硬件、软件及其系统中的数据受到保护，系统连续可靠正常地运行，网络服务不被中断。具体来说，传统的网络安全主要指信息安全和设备安全。

实际上，网络安全不只包括信息安全和设备安全，它还应该包括人的安全和环境安全，由于人的特殊重要性，人的安全是网络安全中最重要的因素，这是因为：一方面，人是网络系统中的最重要因素，网络最终是为人服务的，它由人设计、建造，为人所使用；另一方面，其他的安全要素都由人来决定并最终通过对人的安全的影响而展现出其重要性。因此，网络安全是指网络这一人机系统中的人的身心健康、财产不被侵犯，信息不被破坏，设施、设备安全、有效运行，从而保证网络连续可靠正常运行。

四　网络文化

早在 1980 年，艾萨克·阿西莫夫（Isaac Asimov）就指出“计算机将改变世界，全美国普通民众在家里或公司使用电子邮件、数字新闻和在线参考书将变成可能”。荷兰学者 J. D. 瓦尔（J. D. Waal）于 1996 年也提出了一个预言，即我们要面对 CD - ROM 和 Internet 带来的文化的变化。[①] 在 1987 年人们就已经在网上公开传送文本形式的电子文学作品了，有人称其为“网络文学”，其实这就是网络文化表现形式之一。1993 年 9 月，克林顿政府推出了一项世界瞩目的高科技系统工程——国家信息基础设施（National Information Infrastructure，NII），从此，计算机网络开始了轰轰烈烈的改变人类社会的征程，开始越来越深地渗入人类的生活并形成一种全

① 洪拓夷：《网络文化产生的基础》，《现代情报》2003 年第 10 期。

新的文化——网络文化。

目前，人们对网络文化的理解有两种，狭义的网络文化是在互联网上进行的文化活动，广义的网络文化则是指借助计算机网络所形成的经济、政治和社会文化现象。北京邮电大学学术委员会主任钟义信教授认为，“社会存在决定社会意识，而社会存在的主要内涵是社会的生产方式（社会生产力和生产关系的总和）。事实上，人们利用某种社会生产工具进行各种社会活动（包括各种社会生产活动、交流和交往活动、消费和服务活动、管理活动、教育活动、文化和娱乐活动等等）的过程，必然就是形成相应的观念、理念、道德和意识的过程”①，而借助计算机网络开展的种种社会活动的产物即我们所说的网络文化。这事实上就是指广义的网络文化，也是本书所采用的网络文化概念。

（一）网络文化的内容与结构

狭义的网络文化主要指网络文学，通过网络而创作、传播的歌曲、电影等艺术作品等传统意义上的文化产品，而广义的网络文化包括人们通过网络活动所形成的一切社会影响和留下的一切痕迹，包括物质方面的实物产品，还包括因网络活动而改变了的人们的观念和网络在人们心中产生的无形影响。习惯上，人们把网络文化分为网络精神文化、网络制度文化和网络物质文化，它们的概念继承自人们提出的传统文化的类型，因而网络文化有着与传统文化大致相同的类型划分。

网络物质文化就是构成网络的物质层面，在某种意义上，可以对应于我们常说的硬件和软件产品实体，不包括软件思想与技术。比如，构成网络设施的硬件有计算机、调制解调器、通信线路、转发器等。这是网络文化结构所必不可少的，在一定意义上，这些硬件技术的发展给网络文化提供了坚实、快速发展的物质载体基础，也是网络文化得以形成的基点。网络制度文化是网络文化的中间层，是网络正常健康运行和发展的制度保证，它主要指维护网络运行的法律法规和规章制度，它体现网络精神文化，同时又影响网络物质文化。网络精神文化是网络文化最里层的东西，

① 钟义信：《论网络文化》，《北京邮电大学学报》（社会科学版）2003 年第 4 期。

是网络传输的信息所表达的内容，以及因电脑网络而形成的人们的新的世界观和生活方式，是网络文化最本质的体现。

（二）网络文化的特性

网络文化产生于人类的网络活动，是人类文化在网络时代的发展，因而它除了继承了文化的共性，还具有自己的特性。

网络文化是一种全球文化。计算机网络从最初的一个实验网发展到今天的全球因特网，其用户遍及全球各个角落，从东方到西方，从南半球到北半球，只要有人的地方，就会有计算机网络，各种文化在互联网上互相影响、渗透，形成全球性的网络文化。

网络文化是一种开放的、多样的文化。计算机网络的分布区域极广，用户规模极其庞大，他们都受各自的传统文化影响，而且由于计算机网络的开放、平等的技术特点，各个国家、各种民族、各种背景的用户都可以自由平等地交流、发表自己的意见，可以充分地展示自己的个性，因此网络文化丰富多彩，各种文化互相吸收、互相渗透、互相影响，形成开放的网络文化。

网络文化是一种发展迅猛、传播迅速的文化。计算机和计算机网络发展日新月异，理论与技术的发展远快于其他领域，技术的发展导致网络结构、网络设备以及人们的网络活动升级频繁，继而导致网络文化的发展远快于传统文化的发展。计算机网络之所以获得迅猛发展，另一原因就是其信息传播方便、快捷，传播效率远高于传统传播媒介。网络文化凭借这一优势能迅速地在各个文化主体之间传播。

网络文化是一种融合高科技的文化。网络文化以网络及网络行为为载体。与传统文化相比，其一个突出特点就是高科技性，这不仅是因为计算机网络本身就是一种高科技产物，而且是因为与传统文化相比，网络文化要求文化活动参与人具有较高的科技工具操作水平。

（三）网络文化的作用与功能

网络文化的传播方式和特点使其具有独特的魅力，极大地影响和改变着人们的生产方式、工作方式、生活消费方式和竞争对抗方式。同时，与这些方式相匹配的网络文化的内容极其复杂，对各个民族和国家的影响也非常深远。网络文化的发生、发展是具有必然性和积极意义的，它是人类传统文化、传统道德的延伸和多样化的展现。传统文化产生于不同时间、地域、民族，由于交通、传媒等多方限制，一般只能在其产生的环境中发展延续，即使在同一国家的同一地区，也会有千姿百态的文化内容、种类和形式。因缺少外部动力，文化的更新、嬗变也必然会较慢，某些民间文艺的衰落，就是很好的例证。而网络的出现，正好为全球不同形态、模式的文化提供了更广阔的交流和发展空间，创造了一个有利于不同文化进行良性整合的大舞台。网络创造了一种可以进行全球沟通的“网络语言”，它能够超越空间和地域的限制而把世界各地的人们联系起来，为建立“环球文化”提供一种技术手段和物质载体。

网络文化更新了人们的思维模式，网络的日益普及，不仅改变了人们的生存方式、工作方式和交往方式，而且由此而形成的网络文化对传统文化所产生的巨大冲击，正逐步改变着人们的思维方式。当具有不同民族文化背景的网民共同使用着统一的网络语言进行相互沟通时，人们各自的民族文化特征非但不会成为沟通的障碍，而且会使人们在交流中增进对彼此的了解，从而突破民族文化特征的局限，赋予人们的思维以更强的国际性和包容性。网络还强化了资源共享的价值观念，只要进入网络系统，人们就可以超越社会制度、思想体系、阶级特征等种种局限而共享丰富的国际信息，这强化了以往人们在憧憬大同世界、资源共享的理想社会时的价值取向，并提供了一种现实的操作方法。网络大大拓宽了文化产品的交流互通渠道，网上交易更为便捷。1996 年，亚马逊网上书店通过互联网向多个国家的十几万名顾客售出了价值 1600 万美元的书籍，为此克林顿在 1999 年财政年度中拨出巨款，扬言要把美国所有的文化财富都搬上互联网。互联网的魅力由此可见一斑。

（四）网络文化的负面影响

从网络文化的影响对象上看，网络文化作为一种新生事物最先影响的对象是青少年。第 51 次《中国互联网络发展状况统计报告》显示，到 2022 年 12 月，网民中 10～29 岁者占比为 28.5%。由此可见，网络文化相关活动参与者是以青少年为主体的。这种现象的出现不是偶然的，而是与青少年的特点紧密联系的。一是因为青少年更容易接受新生事物。中国青少年研究中心、中国青少年发展基金会的调查显示，66.4%的青少年认为互联网是一种崭新的有吸引力的交流工具。二是由于青少年更愿意摆脱社会规范的束缚，以此来显示自身的独立性，互联网则正好为青少年提供了这样的条件和环境。三是由于青少年更渴望交流，渴望得到更多的信息，以解决自身生理成熟和社会化程度不足之间的矛盾、自我发展和社会约束之间的矛盾、现实状况和未来前景之间的矛盾。青少年与网络的结合成为必然趋势，同时，各个国家和地区对不良文化的认定尺度存在差异，有些还为不良文化的传播提供各种制度的保证，因此，淫秽、色情、暴力等丑恶内容大量进入了网络，对青少年的影响与日俱增。尽管我国有相当多的青少年目前没有条件上网，但随着生产力和科技的进步、基础设施的完善，网络普及化将势不可当，由此带来的负面影响不可小视。

此外，网络文化的兴起造成了主流文化影响的弱化。互联网使学习和创新可同步进行，知识的传播和更新能一起发生，这样更有利于挖掘思维的潜力，激发学习的兴趣。创造力和需求力的结合，将会强有力地推动社会的进步。然而同时我们应意识到，由于青少年尚未建立完善的价值观、人生观，其认知受外界影响很大。互联网没有国界，任何信息都可以在其中得到广泛传播，一些不良思潮很容易扎根。这些信息被免疫力较弱的青少年接受之后，将会造成不良影响，甚至会引起青少年犯罪。对此，人们尚未找到一条有效的解决之道。人的社会化是一个过程，不同年龄段的人要完成不同层次的社会化任务。但网络中信息的泛滥和无限制的使用以及青少年对信息的盲目接受，打乱了原有的社会化进程。长期以来，青少年文化一直被认为是亚文化，虽然有一定的独立性，但在很大程度上是从属于主流成人文化的。但在互联网中，青少年是主体，他们能构建一套完全独立于主流文化之外的模式，主流文化将显得苍白无力。青少年的认同和反抗是同时发生作用的，缺乏必要约束和指导的青少年认同是十分危险的。因此主流文化影响的弱化应引起我们的足够重视，当这种影响力减弱至一定程度时，不可避免会出现青少年认知茫然和混乱的情况。

网络文化的开放性、自由性等特性为网络安全埋下了隐患。在网络中，每个人都是平等的主体，不管是道德高尚的人，还是品质恶劣的人，甚至是恐怖分子，在网络中都是平等主体，都拥有对网络的同等操纵权，他们可以自由地发表自己的言论，自由地操纵网络，利用网络做自己想做的事。这是网络的优势，同时也是一个巨大的安全隐患，因为缺少监管，有些人就会利用网络的这些特性进行非法活动，如散播反动消息、进行网络诈骗、从事网络破坏等。网络交往对现实交往的负面影响十分明显。网络的发展密切了人们的联系，改变了原有的面对面的交流方式，使人们能够在更大的范围中结交朋友、交流感情。互联网满足了青年人交往的需求，使青年人在交往过程中得到自我实现的感觉，且对这种感觉容易成瘾。但是青年的理想化追求会使其只热衷于和网上世界各地的人交流情感，而忽略近在咫尺的现实中的亲情和友情。

五 网络治理与网络空间治理

（一）网络治理

网络治理是在互联网经济的快速发展过程中，由于网络的复杂性和迅速发展，网络的治理路径和形式发生变化，从而产生的新型治理模式。互联网技术越来越成熟，其作为一门技术产业是被政府管理的对象，此外，互联网也逐渐成为实现国家权力的新场所、加强对外交流的新领域。互联网技术应用的领域越来越广泛，网络已经成为公民进行政治诉求表达和维护自身合法利益的场所，而网络治理是国家、政府、网络社会组织以及网民等多方主体发挥各自的作用，在遵守网络健康平稳发展的相关原则和规定的同时，引导网络空间的各项内容有序运行的活动。网络发展极大地改变了人们的生活方式，但是也对个人的自由和隐私构成了极大的威胁。最初网络治理并不涉及这么广阔的领域，只是对互联网的管理，随着科技的进步和网络的蓬勃发展，社会的各个方面都被互联网联系起来，而网络治理也逐渐上升到社会治理的层级，形成多方参与共同治理的格局。网络治理有着多样的治理途径，可以通过国家法治管理、政府引导舆论、网民自我监督营造一个良好的网络生态环境。

（二）网络空间治理

伴随着科学技术的快速发展以及网络信息技术的高速普及，网络空间正逐渐成为影响人们生活甚至生存的重要空间，它在政治、文化、经济等方面都有着深刻的影响。网络治理已经延伸为网络空间治理，不仅聚焦于网络的发展和应用政策等方面的问题，还较多地涉及政治、文化、经济等社会生活中的方方面面，它的内涵更加丰富，不断拓展，形成一个更加宽泛的概念。网络空间治理的概念首次提出是在 2015 年 12 月 16 日，当天，在第二届世界互联网大会上，习近平总书记提出要“依法开展网络空间治理”“推进全球互联网治理体系变革”“共同构建网络空间命运共同体”①。

网络空间治理是要在政府、企业和个人等多个主体的相互作用、相互协调下，在共同认可的原则之下进行网络空间事务的管理和发展，以求实现网络空间安全稳定和有序发展的目的。简单来说，网络空间治理就是多元主体共同管理、共同决策从而实现治理成果全民共享的目标，最后构建一个多边合作、多主体参与的网络空间命运共同体的治理模式。网络空间治理是网络治理的延伸，既存在相同之处，亦有着不同。它们的相同之处就是两者都需要多元主体的共同参与，保证在治理过程中可以上下协同、相互促进和共同协商；都强调了治理就是在制定规则后做出决策的过程，即创建治理机制的过程。其不同之处在于网络空间治理比网络治理的范畴更加宽泛，它不仅仅局限在互联网发展的相关政策和使用的相关技术层面，而且涉及了政治、文化、经济等国家发展层面，如网络主权、电子信息战和数字经济，这已经大大超出了网络治理的范畴。

六　网络空间命运共同体

习近平提出的网络空间命运共同体理念经历了阶段性演变。习近平在浙江乌镇首次谈到“共同推动网络空间互联互通、共享共治，为开创人类发展更加美好的未来助力”②。习近平在第三届世界互联网大会上提出“治

① 习近平：《在第二届世界互联网大会开幕式上的讲话》，《人民日报》2015 年 12 月 17 日，第 2 版。

② 《习近平关于网络强国论述摘编》，中央文献出版社，2021，第 159 页。

理好互联网必须深化网络空间国际合作，携手构建网络空间命运共同体”[①]。第四届世界互联网大会的主题是“发展数字经济，促进开放共享——携手共建网络空间命运共同体”，习近平在会议上论述了“四个共同”，标志着这一理念更加完善。[②] 从实践总结到理论构思、理论阐述再到实践探索，网络空间命运共同体理念逐步形成。

网络空间命运共同体是网络空间和人类命运共同体二者辩证结合形成的概念。网络空间给人类信息交流提供了场所，将世界各国人民联结成一个整体，形成一个全球性的空间。从唯物主义的立场和观点看，国家间的经济发展差距带来了网络空间的流动性，地理环境“先天条件”好的地区物质条件优越，利于互联网普及应用，但网络空间的世界性也带来深刻影响。人类命运共同体是一个跨时空概念，着眼于全人类，其理念主张把握社会发展规律，逐渐深化对人的类本质的认识，对人与人、人与自然、人与社会关系进行再认识，追求人类解放和人的自由全面发展，“强化人的自然属性和社会属性，弱化人的阶级属性”[③]。构建人类命运共同体是在总结历史经验和顺应世界发展潮流的基础上提出的，是对全世界人民实现合作共赢局面的追求，尊重不同社会制度和意识形态，求取发展中的“最大公约数”。网络空间和人类命运共同体二者的统一，即在网络空间中坚持人类命运共同体的核心主张。人类社会进入互联网时代，邵培仁和许咏喻认为，人类命运共同体能够将人类整合成一个真正的有机整体，这个人类命运共同体面临着网络与新媒体的严峻挑战和现实威胁时，也就随之转型为网络空间命运共同体。[④]

网络空间命运共同体既具有共同体普遍性的性质，又具有网络空间特殊性特征。普遍性在于人们共同处在一个空间进行实践活动，并且追求共

---

① 《习近平关于网络强国论述摘编》，中央文献出版社，2021，第 160 ~ 161 页。

② 《习近平致第四届世界互联网大会的贺信》，人民网，2017 年 12 月 3 日，http://cpc.people.com.cn/n1/2017/1203/c64094 – 29682693.html。

③ 陈旭：《习近平新时代人类命运共同体思想实践价值研究》，博士学位论文，吉林大学，2019，第 154 页。

④ 邵培仁、许咏喻：《新世界主义和全球传播视域中的“网络空间命运共同体”理念》，《浙江大学学报》（人文社会科学版）2019 年第 3 期。

同的价值目标；特殊性在于网络空间的流动性促成了真正意义上的全球化。虽然网络空间是一个虚拟空间，但是网络的使用主体是现实的，生产出的信息、产品等都是与现实生活相关的，现实社会是网络世界的物质基础和精神来源，构建网络空间命运共同体是网络时代人类实现可持续发展的理性选择。总之，网络空间命运共同体就是来自不同民族、具有不同信仰的全世界人民在同一个网络时空里，在互联网发展和治理过程中，形成你中有我、我中有你的命运共同体，面对网络治理问题，各国相互协作，共担责任，避免冲突，维护网络主权和安全，构建网络治理新秩序，共同营造良好的人类物质和精神家园。

第四节　研究主要内容及方法

一　研究主要内容

随着网络技术的不断迭代，网络从诞生之初的“通信工具”逐渐演变成“网络空间”，完成了其“空间化”的演变。而今，网络空间已成为人类生存发展的重要领域，基于网络空间本身的虚拟性、动态性、开放性等特点，诸多网络风险逐渐凸显，网络犯罪、网络恐怖主义、网络暴力等问题层出不穷，“数字鸿沟”仍在不断加深，展开高质量的网信工作已是刻不容缓。党的十八大以来，习近平总书记对网信工作的一系列重要论述为网信事业发展奠定共识基础，同时也为网信工作指明方向。本书尝试在分析网络空间演变历程以及我国网信事业发展的历程和成就的基础上，以习近平总书记关于网络强国的重要思想为理论基础，探讨网络空间建设的基本方向以及实现路径，从而实现服务新时代网络强国建设。全书除了第一章绪论之外，另有九章，主要内容如下。

第二章：健全网络安全保障体系。该章从网络安全概述出发，阐述了什么是网络安全、中国目前面临的网络安全威胁隐患、国家对网络安全问题的认识与重视等三个方面的内容，比较详细地分析了网络安全的本质，并探讨了中国应如何认识与应对网络安全威胁这一关键问题。在“网络安全保障体系的构成”一节，可以看到对六大网络安全保障构成体系的详细分析。政策法规方面，通过制定和完善与网络安全相关的法律法规，确保网络安全问题处理的合法性和规范性；管理服务方面，各级政府、企事业单位等负责网络安全管理、监督和服务，建立完善的网络安全机构；科技平台方面，则是为网络安全提供技术支持，通过实时监测、攻防演练、协同应急处置等操作来保障网络系统正常运行；网络安全产业方面，发展网络安全产品和服务，形成完整的产业链；学科和人才方面，培养相关专业人才和开展学科建设；协同联动机制方面，则是政府、企事业单位和社会组织之间建立信息交流和联合作战的协调机制，共同应对网络威胁。这些方面在网络安全保障体系中各自扮演重要角色，构成了一个内部各方面相互依存、相互支撑、有机结合的网络安全保障体系。在“网络安全保障体系的优化对策”一节，提出要推进网络安全制度体系建设，完善各级政府和企事业单位网络安全管理架构，在全社会形成网络安全意识；打造多级防护体系，加强边界安全防护、完善内部防火墙、做好数据备份和恢复、减少系统漏洞等；严控数据加密存储与权限分层，建立有效的信息安全管理制度；紧抓技术创新和人才培养，落实国家重大网络安全科技创新计划和人才培养计划，提升自主研发能力和相关领域信息化水平；探索智能化的预测和防范思路，建立能感知威胁并快速应对的风险管理体系，打造综合性的网络安全保障模式，健全网络安全保障体系。

第三章：坚持“人民至上”的发展思想。该章从“人民至上”的生成逻辑、基本内涵与实践对策三个方面，系统地论述了“人民至上”这一要求的来源、应当如何理解“人民至上”、在实际走网上群众路线的过程中应当如何实现“人民至上”。网络安全和信息化建设并非一朝一夕之功，党员干部对待互联网的心态与处理工作的方式方法也并非一时就能够发生转变，但只要能够充分理解互联网在新时代与人民群众的关系，利用好互联网，掌握好工作方法，就能够实现真正走网上群众路线，急人民所急，解人民所惑，让互联网成为更好地服务人民群众、促进经济社会发展的重要工具和平台，推动我国互联网事业进一步发展。

第四章：构建网络综合治理体系。该章对网络综合治理这一概念的起源进行了考究，并论证了网络综合治理在互联网领域的必要性。网络综合治理应当做到多方协同治理、多维手段治理，各参与主体厘清权责，共享治理资源，达成协同治理。但通过分析发现，由于互联网依旧处于发展之中，网络综合治理还面临着制度不完善、机制不健全、技术有待提升等问题。面对这些影响网络综合治理成果的问题，应当从整合治理资源、完善网络公开机制、完善网络信息资源共建共享几个方面入手，提升网络综合治理水平，完善网络综合治理体系，形成以党为领导、政府主导、多元主体参与治理的格局。应清楚认识到网络空间治理对于网络安全与信息化路径建设的重要性与必要性，为塑造风清气正的网络空间而努力奋斗，让数字化成果能够更好地惠及人民群众。

第五章：突破互联网核心技术。该章系统阐述了我国互联网技术的现状，重点分析了我国互联网核心技术的发展历程、发展特点以及取得的成就。同时，针对我国在互联网核心技术发展过程中存在的关键产品自给不足、研发主动性不足、自主研发产品市场占比低等问题，提出了相应的建议，以便进一步推动我国互联网核心技术的发展和创新。

第六章：做强做大互联网企业。该章首先探讨了互联网企业治理的几方面必要性，一是互联网企业的发展能够助推国家重大战略的落地和实施，二是互联网经济事关经济社会的转型与发展，三是互联网企业的发展也与未来国际竞争息息相关。在明确互联网经济与互联网企业的重要性后，我们还对互联网企业的发展现状进行了全方面的观察与总结。可以发现，全球范围内的国家都十分重视互联网相关产业的发展，并以此提升本国企业在全球市场中的份额，因此，我国互联网产业面临着机遇与风险并存的局面。在这种局面下，互联网企业更应该利用新技术的研发与普及，抓住消费升级和个性化需求的增长所带来的机会，超前布局，推动自身发展。同时，该章认为互联网企业在发展过程中，还应当坚持用户至上、创新驱动、合规经营这三个原则，这样才能够让企业在激烈的市场竞争中占据一席之地，实现可持续高速发展。

第七章：依法治网。该章对依法治网的现实背景和必要性进行分析，提出依法治网首先需不断完善网络法治体系，提升网络治理能力，形成法治合力；其次要严密防范网络犯罪，开展专项整治行动，加强网络犯罪预防；再次应坚持严格执法，加大执法力度，维护人民的切身利益，并落实平台责任制度，严格落实责任追究机制，在法律层面上对网络治理不断进行细化；最后还需加强网络宣传教育，依法保障网络生态清朗。总的来说，要坚持依法治网理念，推进网络空间治理法治化进程，在实践中不断探索创新，不断完善网络治理体系和治理能力建设，推进网络治理体系和治理能力现代化。

第八章：发展健康繁荣的网络文化。该章从发展繁荣健康的网络文化的必要性入手，论证了发展繁荣健康的网络文化是网络安全与信息化发展路径必不可少的一环，发展繁荣健康的网络文化也有助于营造风清气正的互联网空间。而具体的实现路径则包括营造积极健康、向上向善的网络文化氛围和营造清朗的网络空间两个方面，可归纳为以下几点：首先，需要坚持"人民至上"的核心理念，以人民群众为中心推进文化建设工作；其次，要吸纳优秀的传统文化与社会主义先进文化，作为互联网文化的主干；再次，应该建立网络文化建设体系，壮大主流舆论声音；最后，应推进有创意的文化产业蓬勃发展，推动我国的优秀文化"走出去"，这也有利于人类文化的整体发展。文化能够涵养民族的气质，所以，应发展繁荣健康的互联网文化，让积极的价值观在潜移默化中逐渐深入人心已成为社会共识。让主流价值观在线上线下的互动中逐渐融合、相互协调，共同营造一个清朗、健康、积极向上的网络空间，也是信息化发展路径中重要的部分。

第九章：构建具有全球竞争力的网信人才制度。该章通过分析发现，高素质的网信人才具有专业化导向性强、稀缺性和高要求性特点。而目前我国网信人才培养体系仍然需要改进，在网信人才建设中存在网信人才的战略规划不够明晰、网信人才培养体系不健全、缺少有效的人才评价和激励机制等主要问题。针对这些问题，该章以世界先进国为借鉴，展示了美国、俄罗斯、日本和德国的做法经验，取长补短，从中总结出对我国有益的建议。最后从政府层面、高校层面、企业层面以及社会层面分别给出对策。

第十章：构建网络空间命运共同体。该章立足于习近平在第二届世界互联网大会上的讲话，并结合习近平对各届世界互联网大会的批示和其他场合的相关讲话，对网络空间命运共同体与人类命运共同体做了比较，得出网络空间命运共同体是人类命运共同体在网络空间合乎逻辑的延伸的结论，进一步指出网络空间命运共同体的核心思想有五点：实现各国网络设施互联互通、利益相互协调；推动各国数字经济开放创新、共同繁荣；坚持尊重网络主权、平等相待；促进各国文化开放交流、相互融合；确保网络生态风清气正、越来越好。同时，该章指出网络空间命运共同体的存在将有三种形态：网络空间命运共同体将建设一个全新的“世界”；网络空间命运共同体将造就一种特殊的多极世界格局；网络空间命运共同体将是一个开放、包容和合作的国际合作组织。该章还提出了推动构建网络空间命运共同体的三个原则：凝聚共识、增强互信、开拓创新。此外，该章指出了构建网络命运共同体的三个当代价值：构建网络空间命运共同体有利于各国家、各民族的文化交流与文明互鉴；构建网络空间命运共同体有利于完善互联网治理体系，推动国际互联网治理能力与水平的提升；构建网络空间命运共同体有利于增强中国国际话语权，提高中国文化软实力。

二　研究方法

本书首先采取文献分析法。通过对关于网络空间建设的书籍、论文、报道的整理及分析，为本书研究开展奠定基础。

在此基础上，本书在开展进一步研究时采取的方法如下。一是辩证唯物主义与历史唯物主义的方法。坚持联系、发展、矛盾的观点，坚持人民主体地位，坚持生产力与生产关系的辩证关系原理，建构网信事业发展的逻辑框架和科学体系。二是历史与逻辑相统一的方法。网信工作的成功是不是一蹴而就的，有其发展的历史过程，而且内涵丰富，有其独特的理论逻辑和规律；今后，网信工作会在继承、发展和创新中不断开创新局面。本书致力于揭示网信工作的历史逻辑、理论逻辑与实践逻辑。三是跨学科研究方法。网信工作涉及很多领域，需要用到信息科学、经济学、政治学、历史学等方面的知识和方法。

第二章
健全网络安全保障体系

当今社会，互联网技术的普及和发展对人类社会的各个方面产生了重要影响。同时，网络安全问题也日益成为人们关注的焦点。一个国家的安全不仅涉及土地、人民、政治、经济、文化等多个领域，还延伸到了网络安全领域。网络安全问题涉及国家之间的战略交锋，保障网络安全已经成为当今时代一个世界性的课题，是维护国家安全、保障人民福祉的关键。因此，保障网络安全已经成为各个国家应对威胁、维护本国利益的重要任务。只有一个健全的网络安全保障体系，才能让中国在数字时代中更为安心、平稳地发展。

第一节　网络安全概述

习近平总书记在2014年2月27日中央网络安全和信息化领导小组第一次会议上的讲话中鲜明指出，没有网络安全就没有国家安全。[①] 我国政府和社会各界高度重视与投入网络安全工作，制定了一系列法律法规以及技术标准，并建立了全国性、部门之间协同配合的网络安全保障体系，为网络安全工作打下了扎实基础。同时，我国的网络安全仍然面临着不少风险挑战，如国际网络安全攻击和窃密威胁、网络金融风险、个人信息泄露等问题仍然严峻。

一　什么是网络安全?

“网络安全，是指通过采取必要措施，防范对网络的攻击、侵入、干

① 《习近平关于网络强国论述摘编》，中央文献出版社，2021，第97页。

扰、破坏和非法使用以及意外事故，使网络处于稳定可靠运行的状态，以及保障网络数据的完整性、保密性、可用性的能力。”这是《中华人民共和国网络安全法》对网络安全概念做出的阐述。我们也可以认为，网络安全是保障国家网络系统运行稳定、网络信息资源安全、基础设施安全以及防范各种网络威胁和攻击等多方面安全问题，以确保国家政治稳定、社会信息秩序正常，并维护人民群众生命财产安全。

网络安全是信息社会最基本的安全形式之一，网络安全问题则主要具备以下五个基本特征。一是全球性。不同国家和地区之间的网络都是连通的，这使得网络超越了国界和地域的限制，同样地也使网络安全问题突破国家和地区的限制，具有了全球性。二是复杂性。网络系统由众多设备和技术构成，每个设备都有可能造成网络安全漏洞，因此网络安全问题也变得极其复杂。三是动态性。网络安全的攻防技术总是处在快速变迁之中。随着网络空间的不断延伸以及各种先进技术的应用，网络安全技术领域的攻防对抗双方能力不断改变，处于动态平衡中。由技术更新带来的“零日漏洞”不可避免地出现在网络空间当中，这导致互联网在结构上始终存在安全风险。[①] 四是匿名性。互联网上的通信可以以匿名身份进行，攻击者可以隐藏身份进行攻击，给追踪和处理带来困难。五是层次性。网络中存在用户权限、数据访问权限等多种权限管理层次问题，不同层次的管理权限能够发挥的作用、产生的影响具有重大区别，能否有效控制权限将直接影响到网络安全和信息安全。其中，全球性和复杂性的特征使得网络安全问题具有越来越强的影响力和破坏力，需要掌握先进技术手段进行综合治理；动态性特征决定了防范网络风险需要不断地更新技术与方法，创新应急响应策略；匿名性以及层次性特征则要求采取有效措施保障数据隐私和用户权益，并落实用户信息监管责任。

习近平总书记指出，网络安全对国家安全牵一发而动全身。[②] 在信息化时代，网络安全与国家安全的关系尤其密切。一些黑客或者恶意软件可

---

① 丁泰夫：《数字时代的国家网络空间安全研究》，硕士学位论文，辽宁大学，2022，第21页。

② 《习近平关于网络强国论述摘编》，中央文献出版社，2021，第91页。

以窃取政府或企业机密信息，通过篡改或摧毁网络设备和系统来妨碍基础设施的正常运作，对国家关键行业如供水、输电等的公共设施进行攻击，使其停运，导致人员伤亡和财产损失。此外，通过在虚拟世界中造谣生事等手段，也有可能引发社会的冲突和动荡。网络空间具有高度的开放性、共享性和脆弱性，已经成为一个重要的战略性领域，网络安全问题一旦发生，不仅会侵犯个人信息安全，而且会直接威胁到国家的经济、政治和军事安全，造成重大损失和社会动荡。

二　中国目前面临的网络安全威胁

国内知名的大数据服务商 QuestMobile 发布的《2022 中国移动互联网年度大报告》显示，截止到 2022 年 12 月，中国移动互联网用户规模已突破 12 亿大关。可以说，目前我国是世界上网络用户最多的国家，国际影响力不断提升，网络空间所承载的国家利益也越来越多，当前面临的网络安全形势不容乐观，面对的网络攻击手段日益复杂，个人和机构所遭受的网络攻击越来越频繁和强烈。

1. 核心技术受牵制

随着信息化和数字化的快速发展，相关技术在不断推陈出新，网络安全问题也在频繁发生。尤其是像 5G、云计算、大数据、人工智能等高速发展的技术，给数字经济和智慧社会的建设带来了巨大的机遇，但同时也为网络安全带来了更大的挑战。在此过程中，我国网络底层技术缺乏安全保障，产品、软件和服务大部分来源于国外特别是美国等发达国家，往往存在和受到核心技术上的依赖和制约，无法完全掌握关键技术，这也为我国评估潜在的网络安全风险带来困难。

换句话说，我国网络安全风险首先集中在关键核心技术中，具体而言，包括信息加密、物联网安全、区块链、人工智能等领域的核心技术。其中，信息加密被广泛应用于银行、金融、电信等重要领域，在保护我国极其重要的计算机信息和数据安全方面至关重要。物联网安全则是指在万物互联的环境中，防止黑客和恶意软件对各种互联设备和系统的入侵和控制。区块链技术被认为是企业数字化转型的关键之一，但其发展也面临着去中心化过程中的不可控因素多、签名认证不易实现等难题。此外，人工智能在大数据和深度学习等技术的支持下迅速崛起，成为各项生产活动的重要组成部分，相应的数据敏感性、信息安全性风险也愈加显著。一旦这些领域出现问题，将会直接影响到国家安全和社会经济的稳定发展。因此，在加快信息化和数字化转型的同时，必须增强高端技术创新能力和自主可控性，实现核心技术的突破和产业链的发展，缓和网络安全风险形势。

2. 缺乏足够话语权

作为一个后发国家，我国在网络发展方面在较早期的阶段跟随着西方国家的脚步，使用公共国际标准，但由于核心技术的依赖性以及外部环境的不可掌控，我国在网络资源分配上没有足够的话语权，这也意味着我们无法保证自主权利和网络安全。截至 2017 年，全球有超过 600 家互联网交换中心，主要分布在欧洲和北美地区。① 网络域名服务器全部控制在西方国家手中，一旦国际间发生冲突或者某些国家加强对网络使用的限制，关闭国际互联网根域名服务器，我国的网络将会处于瘫痪的状态。网络瘫痪给各个领域带来的损失不堪设想，从用户到政府，所有人都需要承担网络瘫痪的巨大风险。

从核心技术的话语权来讲，目前的信息化发展主要基于国际通用标准，其由西方国家和先进国家主导制定，一旦西方国家封锁和限制相关关键技术的出口，我国在核心技术上一直缺乏话语权和掌握能力的窘境将一览无余。从法规制度建设话语权来讲，网络空间治理具有跨境、去工具化、匿名化等新特点，如何有效管控网络风险、保护人民权益是各国共同面临的挑战。目前虽存在一定法规，但法规制度整体远未达到较完善的状态，也缺乏清晰的国际网络安全法律规范。从政策话语权来讲，我国现阶段还存在着对外部技术、平台和算法的高度依赖，受制于美国等国家的出口管制、经济制裁和政治附加条件，缺乏自主创新的研发能力和产业竞争力。

3. 网络基础设施薄弱

习近平总书记曾做出判断：从世界范围看，网络安全威胁和风险日益

① 穆琳、李维杰：《俄罗斯应对国家断网威胁的启示》，《中国信息安全》2017 年第 11 期。

突出，并日益向政治、经济、文化、社会、生态、国防等领域传导渗透。特别是国家关键信息基础设施面临较大风险隐患。[①] 近年来，随着我国高度重视网络建设，在网络安全方面加大投入力度，不断夯实基础信息网络建设，网络安全程度日益提高。但在严峻的国际安全形势下，我国网络整体防御和深入防御的能力薄弱，容易产生漏洞而造成数据的泄露。

首先，我国宽带基础设施的建设还有待进一步加强。虽然通过强力推动宽带覆盖率提升，我国已经发展成为全球规模最大的宽带市场之一，但高速宽带的覆盖率和可靠性依旧存在短板。其次，我国的 DNS（域名解析系统）运行环境也需要进一步完善。DNS 是由互联网上分布式数据库组成的一个多层次的索引系统，它负责将用户输入的域名解析成 IP 地址，使用户可以访问到目标网站。我国在这方面仍存在着建设不足的问题和安全风险，需要加强管理与优化各节点间连接关系，在提高效率的同时也增强网络抗攻击性。最后，在云计算基础设施建设方面，我国目前缺乏成熟的云计算基础设施，应用也相对滞后。虚拟化技术及建立在其基础上的云计算模式是商业化程度最高、影响力最广的技术之一，同时也可以说是支撑大数据和人工智能等领域发展的重要基础。但云计算自主知识产权尚未建立，标准还没有全面出台，目前国内整体规模只占全球市场的一小部分。

4. 网络安全攻击频发

在我国网络安全领域，网站、系统的漏洞被黑客利用造成严重后果，个人隐私数据泄露事件时有发生，屡禁不止的电信诈骗、传销等涉及黑客的事件也不断涌现。可以发现，网络安全攻击和事故频频发生，成为我们面临的网络安全威胁之一，主要包括但不限于以下类型。

钓鱼攻击：这种攻击通过仿冒合法网站、发送虚假信息等方式，欺骗用户登录或泄露数据，从而盗取用户的账号和隐私信息。

恶意代码和勒索软件攻击：病毒、木马、蠕虫等恶意代码可以在未授权的情况下输入系统并执行其设计者的指令，例如窃取、伪装或破坏数据。同时，勒索软件也是目前常见网络攻击手段，通过加密用户数据，实

① 《习近平关于网络强国论述摘编》，中央文献出版社，2021，第 91 页。

施勒索，构成经济上的威胁。

DDoS 攻击：DDoS（Distributed Denial of Service）攻击是一种大规模、频繁的请求攻击，使受害的网络资源无法正常工作。DDoS 攻击检测和防御方法主要分为三类：基于特征的 DDoS 攻击检测和防御、基于异常的 DDoS 攻击检测和防御、基于特征和基于异常的混合方法的 DDoS 攻击检测和防御。[①] 这种攻击对于电子商务、资金交易等在线业务来说具有极大负面影响，并可能引发网络崩溃。

路由劫持与 DNS 污染：路由器、交换机、防火墙等设备遭受攻击后，攻击者会更改设备的配置文件，将合法流量转向自己的控制中心，让网络流量在恶意服务器上受到篡改，将用户浏览的网站重定向到别处。作为 DNS 的基础设施，DNS 服务器也常受到攻击者针对其解析链路的攻击和缓存污染等方式的攻击。

网络诈骗：网络诈骗通过获取目标人员的信息、身份证号码、银行账户密码等敏感数据来实施诈骗，如伪装成信用卡客服、冒充公共安全机构、在微信冒充官方账号要求打款等。

三　国家对网络安全问题的认识与重视

党的十八大以来，以习近平同志为核心的党中央高度重视互联网，大力发展互联网、治理互联网，统筹协调解决涉及政治、经济、文化、社会、军事等领域的网络安全和信息化重大问题，做出一系列重大决策、实施一系列重大举措，推动我国网信事业取得历史性成就，走出一条中国特色治网之道。

1. 习近平总书记关于网络安全的重要论述

习近平总书记关于网络安全的重要论述，科学分析了信息化变革趋势和我们肩负的历史使命，系统阐述了网络强国战略思想，特别是从国家安全的高度强调网络安全，并指出了维护网络安全的方向与路径，是指导新时代网络安全和信息化发展的纲领。

---

① 王飞雪、戴蓉：《基于投票 ELM 和黑洞优化的云计算 DDoS 攻击检测》，《西南大学学报》（自然科学版）2022 年第 8 期。

树立正确的网络安全观，是习近平总书记对网络安全工作提出的基本原则和要求。2019 年 9 月，在国家网络安全宣传周开幕之际，习近平总书记专门对网络安全工作做出“四个坚持”的重要指示，要求“国家网络安全工作要坚持网络安全为人民、网络安全靠人民，保障个人信息安全，维护公民在网络空间的合法权益。要坚持网络安全教育、技术、产业融合发展，形成人才培养、技术创新、产业发展的良性生态。要坚持促进发展和依法管理相统一，既大力培育人工智能、物联网、下一代通信网络等新技术新应用，又积极利用法律法规和标准规范引导新技术应用。要坚持安全可控和开放创新并重，立足于开放环境维护网络安全，加强国际交流合作，提升广大人民群众在网络空间的获得感、幸福感、安全感”①。

2. 网络安全领域的法治建设

2016 年，我国发布《国家网络空间安全战略》，这是我国首部关于国家网络安全工作的纲领性文件，向全世界阐明了我国网络安全的原则主张和战略任务。

在网络安全领域的法治建设方面，从制定《国家信息网络专项立法规划 2014—2020》《中华人民共和国电信条例》《计算机软件保护条例》《信息网络传播权保护条例》到 2017 年正式实施《中华人民共和国网络安全法》，相关法律、法规、规章和司法解释的相继出台将网络安全各项工作带入法治化轨道。网络安全审查、数据处境安全评估、个人信息保护等重要制度的逐步建立，也为网络安全织就牢不可破的制度防线。

此外，我国还着重对互联网企业及其网络产品的隐私政策进行监管，于 2018 ~ 2019 年对微信、微博、淘宝等 10 款网络产品和服务的隐私条款进行评审和整改，有效打击企业违法违规获取手机用户隐私信息的行为。

第二节　网络安全保障体系的构成

网络安全保障体系是由法律法规、政府机构、企事业单位和个人等四

① 《习近平关于网络强国论述摘编》，中央文献出版社，2021，第 101 页。

类主体共同构成的，旨在维护网络空间的安全、稳定和可靠性。这个体系又涵盖了多个方面，可以划分为政策法规体系、管理服务体系、科技平台体系、网络安全产业体系、学科和人才体系、协同联动机制等。网络安全保障体系的建设和完善，关系到国家和个人的重大利益，是推动互联网创新发展和促进社会经济发展的必要条件。

一　政策法规体系

政策法规体系在网络安全保障体系中发挥着引领、规范、监管、维护等多重作用。我国关于网络安全的政策法规在 2012 年之前存在数量相对稀少、内容相对单薄、规范比较粗疏的问题，1994 年的《中华人民共和国计算机信息系统安全保护条例》、1997 年的《计算机信息网络国际联网安全保护管理办法》等曾起到相当的防御作用，但面对不断迭代的网络生态和汹涌而来的网络浪潮，亟须构筑新的安全网和培养新的守门员。2016 年通过的《中华人民共和国网络安全法》、2019 年通过的《中华人民共和国密码法》以及 2021 年通过的《中华人民共和国数据安全法》整合了过去的零散规范，与《网络安全审查办法》《云计算服务安全评估办法》等政策文件一起，为今后的网络安全发展明确了方向。此外，中国积极参与全球互联网治理，推动《联合国打击网络犯罪公约》的制定，发出《全球数据安全倡议》，展现出对更深层次、更高格局的网络全域安全的重视，体现了大国担当。

政策法规在网络安全保障体系中的地位极为重要，其最基本作用是指导和规范社会各方面行为，为保障企业、组织和个人的网络安全提供必要的法律依据和参考标准。政策法规可以规定网络安全的最低标准，促进并强制电子设备生产厂商和服务提供商履行其保障消费者信息安全的责任。在这个背景下，企业和组织能够更好地理解它们应该怎么做以保护自己的网络系统不受攻击。

政策法规也有助于建立正常的市场秩序和维持公共秩序。对于打击国内外的网络犯罪，政策法规在保护国家安全方面发挥着不可替代的作用。这些政策法规不仅使得恶意攻击者付出代价，而且从源头上减少了未来的受害者。

政策法规在处理企业、组织和个人的权利与责任方面也发挥着重要的作用。例如，采取相关调查措施时，需要妥善处理好取证、保护隐私、维护公众安全等之间的关系。明确的政策法规可以帮助避免不公平或损害其他人权利的情况发生。

二　管理服务体系

在网络安全保障体系中，由各级政府信息化主管部门、公安机关、网络安全监管机构等组成的管理服务体系扮演着至关重要的角色，负责网络安全方面的规划、管理、监测、执法及应急响应工作。该体系在网络安全保障体系中发挥的作用和履行的职责主要包括以下几点。

一是推进网络安全相关战略和计划的制定与落实。例如，政府主管部门需要向行业企业征集意见，制定并实施更系统化的网络安全法律制度和标准。同时，管理服务体系还承担组织各方资源并对这些资源进行协调与整合的职责。

二是加强网络安全的监管工作。公安机关、网络安全监管机构等职能部门需要在网络安全保障工作中充分发挥作用。公安民警针对网络空间出现的一些新业态和新领域，要充分用好法律武器，严厉打击违法犯罪行为，全力维护人民群众合法权益。[①] 例如，公安机关通过身份验证、溯源取证等措施打击和查处涉嫌从事黑客攻击、网络犯罪等的人员，维护网络安全与社会治安稳定。

三是推广网络安全防范技能。加强公众对于个人信息保护、网络诈骗与钓鱼等的了解，协助企业和公众增强与提升网络安全意识和知识水平。这需要借助宣传教育活动、专业培训讲座、参考资料发放等手段实现。

四是组织部署网络安全事件应急处置和响应工作。一旦发生网络安全事故，该体系将能够帮助企业和组织在遭遇网络攻击或其他安全事故时快速做出反应。例如，在面对网络勒索软件攻击事件时，政府主管部门与安

① 王懂懂、郝小辉、金国园：《新时代公安机关网络安全治理困境及对策》，《辽宁警察学院学报》2022 年第 6 期。

全监管机构可能会全力配合使用技术手段进行溯源取证，提供相应的技术支持和处理建议，并尽量缩短受害者恢复网络正常运转所需的时间。

总之，管理服务体系的持续性运作，对于保护人民的生命财产安全、强化网络安全保障、促进国家信息化建设，具有不可或缺的作用。

三　科技平台体系

科技平台体系是网络安全保障体系的重要支撑部分，由一系列网络安全产品、技术手段和相关认证机构、测试机构等组成。该体系为保障网络安全提供有力技术支撑，是网络安全保障体系中的技术屏障。

首先，科技平台体系在网络安全保障体系中的作用是通过科技手段和技术产品的研发与应用来防范网络威胁、加强对信息的保护、改善网站应用服务的性能以及应对各种网络攻击，从而实现网络空间的安全稳定。

其次，科技平台体系的地位也十分重要，它是网络安全保障的重要支撑，因为网络攻击的技术性越来越高，攻击方式越发复杂，科技平台需要长期不断地投入人力、物力和财力进行技术研究、开发和升级，才能够及时有效地发现和解决问题。

具体来说，科技平台体系内的产品和技术手段包括但不限于以下几个方面。

防火墙：对网络流量进行管理和过滤，保护系统安全。

入侵检测系统（IDS）和入侵防御系统（IPS）：能够帮助网络管理员及时识别并且拦截攻击者。

数据备份与恢复系统：能够对数据以备份的方式进行保护，从而实现互联网灾难恢复以及形成更为优秀的容灾备份措施。

数字证书技术：其中 HTTPS 等通信协议的使用，能够更加完善地保障数据的安全传输。

安全认证体系：提供用于各种网络系统、应用程序等的认证机制和测试工具，提供从最底层到最上层的保护，提升系统和应用程序的安全性与稳定性。

四　网络安全产业体系

网络安全产业体系是网络安全保障体系中的子系统之一，包括了一整套的产品、服务以及相关技术，是网络安全保障体系中不可或缺的一环，网络安全产业在网络安全保障体系中的首要作用是提供多种网络安全产品、服务和技术，例如，防火墙、入侵检测和防御系统、信息加密和身份认证技术等，都是由网络安全产业开发的。这些产品、服务和技术是整个网络安全保障体系的防范和应对网络攻击的能力的基础，能够有效地预测和控制网络安全风险。

同时，网络安全产业为经济发展提供支撑。在今天，各个行业的数据已经被大量地数字化并存储于计算机中，从生产、交通到医疗、金融等领域均如此。因此，网络安全产业提供的各类安全检测、监控和维护服务得到了广泛的应用。网络安全产业的持续发展和进步，也为经济数字化和现代化发展提供了支撑。

此外，网络安全产业在推进国际合作方面能够发挥相当积极的作用。世界各国已经充分意识到网络安全问题的严重性和跨地域性。只有合作互助、进行技术沟通，提高整个国际社群对于网络安全保障必要性的认知，才能够有效地应对网络安全问题，而网络安全产业在促进国际网络安全交流与合作方面能够发挥更为积极的作用。

五　学科和人才体系

网络安全的学科和人才体系是推动网络安全保障体系建设和发展的关键之一，为网络安全保障体系提供了理论基础和技术支持，更重要的是为其长远发展积蓄了技术知识、理论方法和实践经验。

网络安全的学科和人才体系主要发挥以下几个作用。

一是提供技术支持。网络安全学科通过研究各种安全技术和方法，提供了前沿的技术支持。比如，密钥技术、数字签名技术和虚拟专用网络（VPN）技术等都是网络安全学科研究出来的技术。

为网络安全保障提供理论基础。网络安全学科建立了一整套的理论、模型和方法，对网络安全保障体系有着重要的理论支撑作用。

二是培养高素质的人才。我国高校网络安全人才培育在人才数量和培育成效上仍与社会实际需求存在较大差距，人才培养模式、师资队伍建设、相关教材体系还需进一步完善与成熟。[①] 网络安全发展需要多领域复合型的、懂行的专业人才进行协同攻坚。网络安全学科相关专业为社会培养了大量优秀人才，能够担任各种网络安全岗位，有效地推动网络安全进一步全方位发展。

三是推进网络安全产业发展。网络安全人才作为技术服务主体，可以推进网络安全与经济融合发展、促进产业创新，这是实现网络安全保障与IT 应用升级需求相互兼容的关键。

六　协同联动机制

数字化建设的加速、万物互联时代的到来带来了便利和效率提升，但同时也带来了潜在的网络安全风险挑战。建立协同联动机制已经成为保障网络安全的重要策略，单一单位、组织、企业或个人的防御能力的局限性已经凸显，因此需要研究建立联动机制，特别是解决网络安全数据输出和网络安全情报查询共享等问题，以实现协同联动和联防联控。

协同联动机制在网络安全保障体系中能够发挥的作用十分重要。

一是健全防范攻击措施。在网络安全保障中，一个部门或单位单独开展工作很难取得理想的效果，协同联动机制可以跨越部门界限，合理分配资源和人力，并且通过互相借鉴经验，更好地预防网络安全事件的发生。

二是提高应对反应时效。协同联动机制可以促进各方共享信息并及时响应风险，大幅优化协同配合过程，有效缩短处理时间。

三是增强整体抗风险性。摆脱单一保障者易产生的业务点式风险集中区域限制，实现从局部到整体的双向精准防御。建立部门、企业、组织之间信息共享、协同治理等机制，从运行机制上增强整个网络安全保障体系

---

① 李文婷、张誉馨：《浅谈高校网络安全人才培养发展方向》，《工业信息安全》2022 年第 1 期。

的稳定性、可靠性和防范能力。

四是促进技术发展进步。网络安全领域在技术进步方面具有高度复杂性和需要深度跨界合作的特点。网络安全联动对相关方案的背景研究、良好共识提出等的优化支持作用也日益重要。

总之，网络安全保障体系建设是一个系统性工程，需要各相关方面密切合作和全员参与。将网络安全发展作为重要的国家战略加以推进，不断健全完善网络安全保障体系，才能为实现网络强国和数字化中国目标奠定坚实的基础。

第三节　网络安全保障体系的优化对策

网络安全保障体系是一种以管理网络为主的综合性治理体系，包括法律法规、制度机制、操作规范、人才培养等方面。网络安全保障体系需要多元素、全方位的建设，既注重技术实力的增强，也需要提升管理和治理水平。要强化网络安全保障体系建设，必须坚持系统思维、问题导向、发展观点，既要解决当前面临的突出难点和痛点问题，也要通盘考虑、长远考虑，这样才能实现网络综合治理体系现代化、维护网络空间安全、建设网络强国。

一　搭建全面完备、监管到位的网络安全制度体系

近年来，我国网络空间领域加速推进加强顶层设计，强化网络安全制度体系建设，先后发布《国家网络空间安全战略》《网络空间国际合作战略》等战略文件，同时通过制定如《中华人民共和国国家安全法》《中华人民共和国网络安全法》《中华人民共和国电子商务法》等多部法律为网络治理之路奠定一定的基础。同时，还实施了多种审查制度，并完善了网络安全风险评估等机制，构建起逐步完善的网络安全管理和治理机制，在网络空间架构和行业发展中形成了不可或缺的“四梁八柱”。

与党的十九大提出的“构建系统完备、科学规范、运行有效的制度体

系”[①] 的要求相比，关于网络安全保障政策法规制度体系仍有不少现实课题摆在我们面前。首先，需要更好地发挥现有法律法规的作用，以实现针对网络安全领域的有效治理。这需要我们充分利用已有的法律法规，并与其他的制度、机制形成联动，以充分发挥中国特色社会主义整个制度体系的治理效能，打造合力。

其次，需要进一步深入细化已有的规定要求，巩固和确保执行效果，使网络安全制度规范真正落实到具体的操作工作中。这需要我们不断优化和改进规划、政策及相关标准等，推动网络空间治理体系措施的执行与贯彻，并通过科技工具或其他手段来加强对各类侵害和攻击的预警和监测，保障网络安全稳定运行。

再次，需要将网络安全工作责任制作为抓手，通过健全责任机制将制度规范有机融合。强化责任落实、监督检查等，全面提升网络空间治理体系的机制保障能力。这需要我们明确各方责任、加强互联部门协调交流、完善信息共享等方面的手段，并定期进行演练和排查，进一步提升网络安全风险应对水平。

最后，亟须进一步完善法律法规，不断提高立法水平，加快重点领域和关键环节立法进程，打通网络空间治理“任督二脉”。要以网络空间命运共同体理念为指引，以人民安全为中心，以主权国家为支撑，从网络发展的实际出发构建我国的网络空间安全立法体系。[②] 同时，还需要通过发挥市场机制优势和加强国家层面的网络安全投入，推动网络安全维护从“治标”向“治本”靠拢，实现经济集约化发展与网络多元化发展的双赢。

为了维护国家安全以及稳定经济发展，许多国家都在探索建立适应性强、制度完善的管理体系来对网络运行进行规范，这也为我们提供了一些经验和做法上的参考。例如，英国政府在 2020 年 11 月公布了《国家安全与投资法案》，旨在对人工智能、量子技术等 17 个重点行业的投资交易建立审查机制，要求这些投资交易必须进行强制性备案并接受预先审批。此举有助于保护关键领域的国家安全，确保外来投资不会损害网络安全领域

① 《十九大以来重要文献选编》(上)，中央文献出版社，2019，第 15 页。

② 张龑:《网络空间安全立法的双重基础》,《中国社会科学》2021 年第 10 期。

的国家利益。同时，美国国土安全部网络安全和基础设施安全局于 2020 年 9 月发布的一项命令要求，所有联邦机构须公布漏洞披露政策，并制定相应细则，包括披露范围、报送渠道、响应时间、可否匿名等内容。这意味着更加高效、完善的漏洞披露体系正在建立中，其有助于有效规避信息泄露和黑客攻击的风险。

二　打造针对关键信息基础设施的安全风险的多级防护机制

多级防护机制是指在关键信息基础设施体系中的一套由多种技术和措施组成的安全保护系统。它包括了许多方面的措施，从网络层到应用层，为系统中的各个节点和功能提供针对性的防御措施。这种以多个层次的措施来增强系统的安全性能的机制，有效增强了整个体系的完整性和可靠性，破除了传统单一防护模式容易被攻击者攻破的弊端。

关键信息基础设施是指国家、经济、民生等领域中具有较强重要性、较高内部关联度和较复杂性质的信息系统和网络。这些系统和网络掌握着极为重要的敏感数据和信息，涉及政府机构、金融机构、电信运营商、能源公司等多个主体。多级防护机制的建立是关系到国家安全、社会稳定和行业发展等问题的重中之重，能否正确应对关键信息基础设施所面临的风险关乎全国发展和国防事业的安全稳定。因此，对关键信息基础设施的风险与安全进行严格管理和有效保护意义非凡。在这样的情况下，多级防护机制就具有重要意义。运用设置多重防线的策略，构建起一个协同、高效和全面的安全体系，从根本上防止外部黑客或内部无良企业获取关键信息资源并滥用，形成设有重重关卡的复杂安全网络，在此基础上，能够有效提升系统的安全水平、降低风险，高效抵御各种可能危害网络安全的攻击。

随着人工智能、云计算等技术的迅速发展，关键信息基础设施领域的网络安全挑战也在日渐增加。因此，从现在开始，建立多层次有效防御策略体系将变得越发必要和紧迫。带着这一目的，国家应进一步加强技术创新，在更广泛范围内探索应用工业级别的高性能防护系统和分布式存储技术，并进一步开展面向未来的探索和研发工作，使更完善的安全保障系统真正到位，不断提升其实际运用效率，进行自我诊断、修复，并有力地消除各种安全隐患。

国外的一些经验和做法也可以帮助我们更好地完善多级防护机制。例如，美国国家风险管理中心由美国国土安全部负责建立，在整合各部门能力的基础上开始运作，其重要职责之一是保护美国所有的关键信息基础设施。该中心通过对各个专业领域进行整合、实现信息共享，并加强行业协同合作，构建了覆盖底层物理网络、操作系统等各个方面的安全体系。

着力强化关键信息基础设施分层防护机制，不断提升防范风险挑战的能力。第一，加强协同联动，推进关键信息基础设施跨地区、跨行业、跨领域的协调与配合，打造互联互通的预警机制，定期开展网络安全检查及演练，建立一体化保障体系。第二，加强信息共享机制建设，建立高效的安全信息共享平台，纳入相关漏洞、风险、政策和知识等信息，以提高发现风险和监测预警能力。我国必须通过立法建立一套行之有效的网络安全信息共享机制，明确网络安全信息共享的范围、主管机构、参与主体、程序、例外规定等内容，以充分整合政府和企业双方在网络安全风险识别、风险评估、风险预防和风险控制环节的技术能力和资源优势。① 第三，加强处置应对，增强监测预警能力，制定完善的应急处置预案，并组织模拟演练以提升网络安全事件应急处置能力。此外，我们还需要稳定的评估机制，定期开展网络脆弱性和安全性评估，不断优化和改进针对关键信息基础设施的安全保护措施。

三　严控重要数据加密存储与安全权限分层管理

大量数据的生产和流通使得网络安全保障体系面临更加严峻的数据安全挑战。尤其在涉及重要数据安全时，明确并严格遵循其加密存储、分层权限管理等的技术规范显得尤为重要。

首先，要严格控制重要数据的加密存储。在这个过程中，需要先确定重要数据的类型、数量及价值等，以便针对不同敏感性的数据采用不同的管理措施。然后，采用合适的数据加密算法并设置严格的访问控制策略，

① 马民虎、方婷、王玥：《美国网络安全信息共享机制及对我国的启示》，《情报杂志》2016年第3期。

确保只有经过授权的用户才能查看和处理数据，从而防止数据泄露和恶意攻击。此外，对数据的标准化编码也是保证数据加密存储有效性的关键要素之一。统一的格式可以使数据更好地被加密存储和传输，并降低安全部门的操作难度。

其次，在实际运行过程中还需要进行多层次的权限管理，即通过明确的机构层级和人员职责划分，授权给相应的管理者和使用者带有不同等级的权限，确保每一个人和每一个层级都遵循轻重缓急原则，合理利用自身权限，达到数据安全可控的目的。这其中关键是采用科学的权限划分方案，并对其进行系统化与集中化管理，以确保系统的安全性、可靠性和灵活性。

美国和欧洲国家在数据保护方面已经采取了许多措施，包括加强违法打击力度、严格保护用户权益、做好准备应对潜在风险以及运用加密传输方式等，着重平衡数据流动和信息安全之间的关系，遵循健全制度规范、形成治理合力等思路，构建相对完备的数据安全保障体系。德国政府推崇欧盟《通用数据保护条例》，在大数据场景下特别强调安全防护，逐步推行本地化存储和推动数据中心建设以确保数据资源的安全可控。国外有关国家的这些措施旨在在保障数据流动的同时，确保相关数据安全，以最大限度地利用大数据资源，为其他国家提供了启示，但是需要根据不同国家的背景、法制环境、利益相关人等因素，采取本地化的方案实现重要数据加密存储与安全权限分层管理。

在重要数据加密存储与安全权限分层管理方面，我们还需要注意以下几点。

第一，引入保密策略，通过限制非必要人员接触机房等方式增强信息安全管控效果，确保重要数据不被未经许可的人员窃取或误用。

第二，建立保密教育和培训机制，使得每个使用者有最基本的守密意识和操作技能，有效降低人为失误和疏漏的风险。

第三，定期评估和测试安全措施的实施效果，检验安全机制是否存在缺陷，并及时改进完善。

第四，根据法律法规的规定，建立合规度考核体系，明确责任主体，并确立权责清晰的责任制度，形成全员携手、协同作战的态势，全方位提高网络安全防护水平。

四 技术创新和人才培养两手抓提高安全防护能力

安全防护能力是网络安全保障体系中的核心要素之一，是网络系统和业务运行顺畅、数据安全可控的重要保障。创新技术手段可以有效提升安全防护能力，强大的网络安全人才队伍则是提高安全防护能力的重要保障。

首先，技术创新是提升安全防护能力的重要途径。探索并发展出更具实用性和更加高效的技术，可以提高我们对于安全攻击的精准和快速响应能力，加强中国企业和政府机构的网络安全管理与维护。促进网络安全技术创新，可以重点面向以下四个方面。

研发新型的安全防御技术和产品。这方面需要掌握最新的技术动态，挖掘新兴的网络安全威胁以及攻击手段，不断地研发出能够应对这些恶意活动的防御技术和产品。

在安全防御中应用深度学习和人工智能技术。随着计算机大数据和深度学习技术不断发展，人工智能技术已经成为网络安全行业的一股新生力量，可以帮助企事业单位及政府组织快速发现并精准定位攻击来源、行为特征等重要信息。

设计分布式的网络安全防护系统。此种体系可在各个关键节点内通过集群均衡的方式来对任务进行分散处理，同时还可以实现外部网络的完整容灾功能。其优势在于将某个节点所受到的攻击转移至其他节点，从而使安全防范达到更高水平。

采用动态适应性威胁防御技术。该方法将传统的防御与警报机制相结合，借助风险控制、隐蔽漏洞扫描、错误修补以及对最新威胁情报的强化利用等措施来更好地抵御攻击，并能规避不安全的操作和应用。

其次，人才培养是提升安全防护能力的重要保证。技术创新离不开从业人员的支持和团队的建设，需要建立起一支高素质、专业化、多元化的安全人才队伍。目前，我国网络安全人才缺口依然巨大，从业人员专业技能尚需进一步提高。因此，为加快培养网络安全优秀人才，可以实施以下举措。

第一，加强网络安全专业化教育。加强网络安全相关领域的人才培养，如计算机科学、信息工程等专业的本科、硕士、博士人才培养，通过充分利用各类教育资源，形成完善的人才培养体系和政策保障体系。

第二，推动行业与高校深度合作。促进理论研究和应用技术的深度融合，更好地将学术成果转化为生产力，并针对安全行业话题开展多种形式的交流活动，包括研讨会、讲座、峰会等，将行业资源、企业资源与教学资源相整合，引导高校教育完成实训基地建设、课程体系建设、人才培养方案和人才培养模式等方面的改革。[①]

第三，通过科技社区等平台加快组织开源项目。开源项目能够吸引到更多国内外有识之士加入，集思广益，共同探讨与解决安全领域中的问题，鼓励将前沿技术应用到实际生产活动中。

第四，鼓励网络安全相关企业积极创新人才培养模式。对于处于在校学习、毕业就业和作为年轻职场人员成长等不同阶段的人才，可通过不同形式的“生态联合体”和资源整合，为他们提供更加优质的岗位和培训机会，为年轻人才打造一个稳定发展的良好平台。

技术创新和人才培养是相辅相成、相互促进的，只有通过两手抓、两者共同促进，才能增强网络安全保障体系的未来理论基础和智力支撑，使我国在日益复杂和充满变化的网络安全形势下得以应对挑战并成为更广泛意义上的“安全数字赋能”的旗手。

五 致力探索建立智能化的风险预测与防范新思路

智能化的风险预测是现代网络安全保障体系中的一项重要举措，随着互联网技术的发展，网络安全威胁呈现出多种多样的表现形式，攻击手段多变，破坏性和危害性不断增加，因此我们需要运用科学、智能化的手段来实现对未知威胁的精准识别和准确预测。这种基于大数据分析、数据挖掘和机器学习等技术的风险预测方式既能提高网络安全防御水平，又能为企业和政府部门提供更加全面有效的风险管理手段。

---

① 莫雯希：《高校网络安全人才培养需求分析与实践思路探索》，《中国新通信》2018 年第 3 期。

首先，在采用大数据分析技术进行网络安全风险评估时，关键在于如何获取有效的数据。目前，互联网空间中的污染信息、攻击记录、恶意样本等原始数据十分庞大，如何从这些数据中提炼出有效的信息成为颇具挑战性的问题。常用的方法包括：对数据源进行筛选与清洗，即排除干扰信号以及错误的记录和不完整的信息等；进行数据集成，利用多个不同来源的数据构建一个完整、准确的数据集；采用多维数据分析方法，包括文本挖掘、网络行为分析等，进一步提炼有用的信息。

其次，在进行风险预测时，我们需要建立一套完整、合理的预测模型。模型要考虑到多个因素的影响，如历史安全事件的特征、攻击者的态势演变规律、系统或应用程序本身的漏洞等。同时，还需根据实际情况灵活选择监督式或无监督式学习算法、分类器或聚类器等多种技术方法，以得到更准确、稳定的预测结果。

再次，让算法更适配不同场景和复杂情况也非常重要。智能化的风险预测不能只停留在“人工＋算法”的简单结构上，需要注重融合专家经验这一因素，增强预测模型的模糊性以及弹性。通过人工引导学习、处理异常反馈等方式，保证算法的智能决策与各种复杂应用场景下预测结果的可靠性和精准度。在整个预测过程中，建议在人与算法之间实现良好的互动，并结合实验数据进一步探索优良算法与人工经验相互搭配的机制，进一步提升预测结果的可靠性和精准度。

最后，建立数据驱动的风险预测模型还需考虑到应急事件响应的及时性和敏捷性。为此，企业和政府部门需要制定完善的应急预案，准确、有效地整合各个相关部门的力量和资源。在应急事件响应过程中，要将大数据技术与态势感知系统相结合，并且利用自适应学习、强化学习等技术来进行风险辨识和快速应对，使得风险可控性更高、防御效果更好。

第三章
坚持"人民至上"的发展思想

第一节 "人民至上"的生成逻辑

随着信息化时代的到来，互联网成为全球性的信息交流和经济活动平台，对全球社会产生了深远影响。习近平总书记认识到互联网的重要性，提出了一系列具有原创性、时代性、实践性、理论性的新思想新战略，创立了以人民为中心的网络强国重要思想。以人民为中心是贯穿于习近平总书记关于网络强国重要论述的基本理念，是推动我国互联网事业发展的目标与动力。习近平总书记强调，要弘扬互联网正能量，加强互联网文化建设，倡导健康向上的网络文化，让互联网成为文明交流、良性互动、智慧创新的重要平台；以人民的利益和需求为出发点，推进网络空间健康发展，让互联网成为更好地服务人民群众、促进经济社会发展的重要工具和平台，推动我国互联网事业进一步发展，是实现中国梦在互联网时代的新诉求。[1]

一 坚持"人民至上"的发展思想是新时代网信工作的必然要求

恩格斯曾对社会存在与社会意识的关系做出过论断：每一个时代的理论思维，都是历史的产物。[2] 这也就意味着不同时代的理论思维可能具有

---

① 参见《习近平谈治国理政》（第1卷），外文出版社，2018，第198页；习近平《论党的宣传思想工作》，中央文献出版社，2020，第193～194页。

② 《马克思恩格斯选集》（第3卷），人民出版社，2012，第873页。

完全不同的形式，同时也具有完全不同的内容。社会存在也称社会物质生活条件，是社会生活的物质方面，主要包括自然地理环境、人口因素和物质生产方式。社会意识则是社会生活的精神方面，是社会存在的反映。社会存在决定社会意识，这意味着任何一种思想观念的产生都离不开其所处的特定的时代环境和历史条件，而这也就决定了思想观念也能够反映出产生了其的物质条件与社会环境。

纵观人类历史，先后发生过农业革命、工业革命与信息革命，这三个不同阶段的革命，都改变了人类历史的走向。农业革命和工业革命都是具有里程碑意义的重要事件，这两次变革从根本上改变了人类社会组织和经济结构，影响着人类至今的社会生活。在农业与工业发展的基础上，随着信息革命，信息时代到来了。信息时代以技术的快速更新迭代为特征，在不断的更新中，人类社会被推向了更高的发展水平。随后互联网的出现，更是彰显着人类文明与智慧的结晶，同时，互联网还掀起了多个行业与产业的变革，并促进了社会的进一步发展。信息的传输、处理与上传速度日新月异，社会、文化也因此进入了快车道，德国学者哈特穆特·罗萨因此认为传输速度的加快是社会加速的重要原因之一。并且社会进步不再仅以物质和能源的充足为标准，而更多的是以丰富的信息和知识为标识。[①]

根据中国互联网络信息中心（CNNIC）发布的第 51 次《中国互联网络发展状况统计报告》[②]，截至 2022 年 12 月，中国网民规模达 10.67 亿，较 2021 年 12 月增长 3549 万，互联网普及率达 75.6%。网络基础资源、信息通信业、物联网发展等几个方面的相关数据都有显著的增长，网民用网的体验在不断提升，万物互联的基础也在不断夯实。在网络基础资源方面，截至 2022 年 12 月，中国域名总数达 3440 万个，IPv6 地址数量达 67369 块/32，较 2021 年 12 月增长 6.8%；中国 IPv6 活跃用户数达 7.28 亿。在信息通信业方面，截至 2022 年 12 月，中国 5G 基站总数达 231 万

① 〔澳〕罗伯特·哈桑：《注意力分散时代：高速网络经济中的阅读、书写与政治》，张宁译，复旦大学出版社，2020，第 194 页。

② 《CNNIC 发布第 51 次〈中国互联网络发展状况统计报告〉》，中国互联网络信息中心网站，2023 年 3 月 2 日，https://cnnic.cn/n4/2023/0302/c199-10755.html。

个，占移动基站总数的21.3%，较2021年12月提高7个百分点。在物联网发展方面，截至2022年12月，中国移动网络的终端连接总数已达35.28亿户，移动物联网连接数达到18.45亿户，万物互联基础不断夯实。20世纪90年代，互联网只能通过中国教育与科研机构的节点接入；几十年来，中国互联网的飞速发展，使得与互联网相关的产业蒸蒸日上，互联网也越来越成为人们生活、工作、学习的必要基础，成为政府提供公共服务的重要平台。正如习近平总书记在网络安全和信息化工作座谈会上的讲话中所说：“网民来自老百姓，老百姓上了网，民意也就上了网。群众在哪儿，我们的领导干部就要到哪儿去，不然怎么联系群众呢？各级党政机关和领导干部要学会通过网络走群众路线，经常上网看看，潜潜水、聊聊天、发发声，了解群众所思所愿，收集好想法好建议，积极回应网民关切、解疑释惑。善于运用网络了解民意、开展工作，是新形势下领导干部做好工作的基本功。”①

正如习近平总书记所说，“网民来自老百姓”，网络社会实则是现实社会的延伸，其实践主体依旧是人。作为社会存在的构成基础，人在社会历史发展的进程中发挥着决定性的作用，也是国家发展的有生力量。因此，在网信工作中，必须以“人民至上”的理念为指导，以人民为中心，尊重人民的主体地位。

二 坚持“人民至上”的理论逻辑

坚持“人民至上”是党的二十大提出的要求，是在网络安全和信息化建设过程中始终坚持的宗旨，而要想准确地理解、贯彻其内涵，应当把握其理念发展路径，对这一理念进行追本溯源，具体来说，我们认为应当从以下三个方面进行理解。

（一）历史逻辑：对中国古代“民本思想”的传承与超越

纵观中国几千年的思想政治史，“民本思想”是中国传统政治文化的重要组成部分，历史上许多伟大的思想家、政治家都提出过相关的理念。

① 习近平：《在网络安全和信息化工作座谈会上的讲话》，人民出版社，2016，第7页。

“民本思想”最主要的内容就是要求君主把民众看作治国安邦的根本，重视民众在社会生活中的作用，做到施惠于民。这种理念最早出现于舜尧时代，在《尚书》中有“民惟邦本，本固邦宁”（《尚书·夏书·五子之歌》）的表述，其含义为“百姓是国家的根本，根本稳固国家也就会变得安宁”。到了西周时期，随着生产力的提高，人对于人与自然的认识也不断提高，对于一直以来顶礼膜拜的“神”的崇拜逐渐褪去，人们的思想开始从“重神”“以神为本”的阶段向“保民”“以民为本”的阶段过渡。到了战国时期，《吕氏春秋》说：“失民心而立功名者，未之曾有也。”孔子明确表达了“民无信不立”的主张，认为得到百姓的信任比什么都重要，他还特别强调为政要爱民，称“古之为政，爱人为大”（《礼记·哀公问》）。唐朝宰相魏徵在《谏太宗十思疏》中援引《荀子·王制》提出“水能载舟亦能覆舟”的道理，劝谏太宗居安思危，认为民心向背将决定国家的生死存亡。唐太宗对此亦十分认同，在这一治国理念之下开创了“贞观之治”。而孟子则第一个将传统的民本思想发展成了完整的思想体系，他提出“民为贵，社稷次之，君为轻”“黎民不饥不寒，然而不王者，未之有也”“乐民之乐者，民亦乐其乐；忧民之忧者，民亦忧其忧”等诸多论断劝谏梁惠王要爱护百姓，保障百姓权利。而到了明末清初时期，“民本思想”的发展达到了顶峰，黄宗羲提出了“天下为主，君为客”的观点，认为天下并非君主的私有财产，对君主专制进行了猛烈的抨击。

总体来看，中国古代“民本思想”重视民众在社会发展中发挥的作用，因此要求君主要重民爱民，这在当时的历史条件下起到了一定的积极作用。但实际上，这种“民本思想”依旧是为统治阶级服务的。中国的封建君主通过强调“爱民护民”，以塑造统治阶级品德高尚的形象，但同时也宣扬“布衣不得干政”，最终达到维护统治阶级利益和地位的目的。因此，古代的“民本思想”的进步作用其实是非常有限的。

因此，对于传统的“民本思想”，“人民至上”的思想集成了其积极作用，汲取了民贵君轻的思想，更加深刻地认识到了人民在国家治理中的根本地位和决定作用。所以坚持“人民至上”的发展思想，在传承传统“民本思想”的基础上，更多的是超越，“人民”较之“民本思想”中的“民”

发生了质的变化。古时的“民”与“君”“权”相对而存在，是“君”的附属品；而“人民”是不依附任何人和任何阶级的独立存在，“人民”是历史的创造者，是国家的主人，是国家的建设者、社会的治理者，更是新时代发展成果的享用者。这也就意味着，新时代“人民至上”的发展思想更强调人民群众的主体地位，习近平总书记曾在讲话中表示：“老百姓是天，老百姓是地。忘记了人民，脱离了人民，我们就会成为无源之水、无本之木，就会一事无成。”①

（二）理论逻辑：对马克思主义群众史观的继承

在马克思之前，有两种唯心史观，一种是主观唯心主义的唯意志论，认为历史是个别英雄人物创造的，另一种客观唯心主义则认为历史是绝对精神等神秘力量创造的，它们或主动或被动地忽视了人民群众的历史主体地位，忽视了人民群众是创造并推动社会历史发展的主体力量。但马克思与恩格斯通过对历史事实和人类经济行为的细致考察，揭露了以往旧哲学在社会历史领域内的唯心主义错误，创造性地提出人民群众才是历史的创造者。这一观点从以下三个方面得到了佐证。首先，人民群众才是社会中一切物质财富的真正创造者，人类社会的存在与发展，都有赖于一切保障人类生存的物质资料的生产，而人们的吃穿用度都是通过劳动直接或间接地创造出来的，社会物质财富也是劳动人民在生产实践中创造的，离开了人民群众创造的物质财富，社会无法存在，自然也无法发展。人类社会的历史首先应当是生产发展的历史，自然也就是物质资料生产者——人民群众创造的历史。其次，人民群众也是社会精神财富的创造者。社会精神财富的产生有赖于物质资料的生产，政治、艺术、宗教、科学的发展都以物质资料的生产为前提。正如中国古人所言：“食必常饱，然后求美；衣必常暖，然后求丽；居必常安，然后求乐。”并且从社会意识的产生与发展的过程来看，人民群众的劳动生产实践为社会意识提供了物质性基础，有什么样的社会生产实践活动，就会产生什么样的社会意识。国家的观点、宗教与艺术的形成，都反映出特定时期人民所创造的物质基础。最后，人民

① 习近平：《在纪念红军长征胜利80周年大会上的讲话》，人民出版社，2016，第15页。

群众的社会实践才是社会变革的决定力量。一切社会变革，都是为了解放和发展生产力，使人民群众从旧的生产关系和社会制度的束缚下解放出来，并最终顺应人民群众的根本要求和愿望，产生与生产力适配的生产关系。生产关系与生产力的矛盾是推动人类社会向更高级阶段发展的决定性力量。同时，在生产中占据根本地位的因素仍旧是人民群众，不论是付出劳动力，还是创造发明工具与机械，人民群众都是生产中最活跃的因素。所以，社会变革的决定性力量依旧来源于人民群众的社会实践。

马克思对于历史的论断明确了人民群众在社会实践与变革中的主体地位，在唯物史观的基础上，我们对于人民群众是历史的主体、物质生产力是人类社会发展的最终决定力量、科学技术属于生产力范畴等原理也拥有了更深刻的理解，这也为开展“人民至上”的网信工作提供了理论基础和行动遵循。

（三）现实逻辑：中国共产党领导集体对于“人民至上”的坚守

中国共产党自成立以来一直贯彻群众路线，认为人民群众是历史的主体。毛泽东领导中国进行新民主主义革命时，将马克思的群众史观与中国革命实践相结合，提出了一系列群众思想，如“全心全意地为人民服务”“一切从人民的利益出发”[①] 等，创立了符合中国实际情况的群众观点和群众路线，将人民作为革命的主体，把人民的利益、幸福和权益放在最高的位置。毛泽东强调党必须坚持群众路线，一切从人民的利益出发，以实现人民利益最大化为目标。群众路线也是抗日战争能够取得胜利的法宝，正是因为中国共产党充分依靠群众，发动群众积极参与抗战，我们才能一次次地在抗战中取得胜利。1978 年，在党的十一届三中全会召开前夕的中央工作会议上，邓小平强调要“解放思想，实事求是”[②]；在于广东省考察工作时，江泽民提出“三个代表”重要思想，强调“党总是代表着中国先进生产力的发展要求，代表着中国先进文化的前进方向，代表着中国最广大人民的根本利益”[③]。2003 年，党的十六届三中全会确定了胡锦涛的“以

① 《毛泽东选集》（第 3 卷），人民出版社，1991，第 1094 ~ 1095 页。

② 《邓小平文选》（第 2 卷），人民出版社，1994，第 140 页。

③ 江泽民：《论“三个代表”》，中央文献出版社，2001，第 2 页。

人为本”的发展理念，它要求以实现人的全面发展为目标，从人民群众的根本利益出发谋发展、促发展，不断满足人民群众日益增长的物质文化需要，切实保障人民群众的经济、政治和文化权益，让发展的成果惠及全体人民。[①] 中国共产党领导集体对于群众史观的坚守在一代又一代的领导人集体中传承，也在传承中不断完善与发展。

随着信息化时代的到来，互联网的发展带来了许多变化和影响，不仅改变了人们的生活方式和价值观念，同时也为中国经济的发展带来了重大机遇和挑战，互联网成为治国理政、安邦惠民的利器。坚持“人民至上”的发展思想，要以人民为中心发展网信事业，使网络发展成果惠及全体中国人民。这一思想与我党的群众路线理论是一脉相承的，体现了群众路线与时俱进的特点。

第二节　“人民至上”的基本内涵

中国共产党人始终坚持马克思主义的群众史观，这是我党鲜明的特点。正如习近平在全国网络安全和信息化工作会议上指出的一样，“网信事业发展必须贯彻以人民为中心的发展思想，把增进人民福祉作为信息化发展的出发点和落脚点”[②]。“人民至上”的发展思想，是我党对“以人为本”思想的一种科学理解，也是我们网络信息工作的基本准则。只有坚持“人民至上”，我们的网信事业才能兴旺发达，才能实现将我国建设成为网络强国的战略目标。

一　网络安全和信息化建设的核心宗旨是“人民至上”

互联网的普及已经超出了科技革命的范畴，它已成为一种重要的变量，深刻地影响着人们的生产生活方式、社会经济发展方式、国际竞争方式等各个方面，也带动了经济、政治、军事和文化等领域的巨大进步，标志着人类文明已经进入了新的时代。在互联网日益成为基础设施的今天，

① 《十六大以来重要文献选编》（上），中央文献出版社，2005，第 850 页。

② 《习近平关于网络强国论述摘编》，中央文献出版社，2021，第 25 页。

其与人民群众生活的连接也日益紧密，建设网络强国势在必行，“人民至上”是网络强国建设的核心原则。而建设网络强国、争夺网络话语权，不是为了控制世界舆论，更不是要将互联网作为干涉别国内政甚至颠覆别国政权的工具，而是为了让互联网更好地造福于人民，保障人民群众在网络空间的各项权益。我们建设网络空间的目标是为人民提供用得上、用得起、用得好的网络信息服务，让亿万人民在共享互联网发展成果的过程中产生更多的获得感；更好地发挥网络引导舆论、反映民意的积极正面作用，提高党治国理政的能力与水平；构建和健全总体国家安全体系，维护国家主权、国家安全和人民的根本利益。总而言之，网信事业是人民的事业，网络强国建设的目标就是让人民过上更好的生活。

（一）将人民利益放在网络强国建设的首位

将是否符合人民的利益、是否维护人民的利益作为网络强国建设的首要评价标准，不断满足人民对美好生活的需要，保证网络建设成果由人民共享。这并非抽象的理论表达，而是具体的现实生活写照。这代表着对网络强国建设的期待，包括了人民对富足物质生活的需要、对丰富精神世界的渴求，还包括了每一个人自由而全面发展的愿望。

网络发展是为了人民，发展网络是为了造福人民。首先，从物质生活方面来看，互联网技术的发展使得网络经济蓬勃发展，电子商务、共享经济等细分领域的发展帮助人们节约了大量的时间、精力，人们的生活日益便捷舒适。互联网还提供了大量创业与就业的机会，使更多人分享到了网络经济的红利。其次，从精神生活方面来看，互联网等基础设施的发展，使得人们接触音乐、书籍、电影等精神文化产品的机会大大增加，种类也更加丰富，极大地丰富了人们的精神生活。最后，从人的全面发展角度来看，互联网提供了一个极具延展性和可塑性的空间，人们的交往与生活在这一空间中得到了新的发展。人与人之间的交往也因此具有了不同于以往的模式，交往的层次、深度和黏性都得到了提升。互联网所提供的资源也给了人们发展自我的机会，开阔了人们的思维和视野。互联网对人的发展大有裨益，因此在网络强国的建设中，应当坚持将人民利益放在首位，使亿万人民共享网络发展成果。

（二）将人民的主体地位放在网络安全和信息化建设的首位

强调和尊重人民的主体地位，是我党对中国人民的承诺，也是社会主义制度的核心要求。在网络强国建设的过程中，首要的任务是创造条件，以确保人民的主体地位。

首先，应该通过提供信息化服务和降低成本等方式，使人民可以负担得起、使用得起、享受到高质量的网络服务。此外，针对网络基础设施建设中的城乡差距问题，加强农村网络基础设施建设，拓宽农村互联网有效覆盖范围，以消除城乡之间的数字鸿沟。

其次，要提供机会增强人民群众的主体性能力。为此，应当关注网民的需求，回应网民的期望，创建各种网络平台和共享模式，推动“互联网+教育”“互联网+医疗”“互联网+政务”等领域的创新，鼓励人民群众深度参与，激发人民群众的主体性活力，提高人民群众的主体性能力，使人民能够共享互联网发展的成果。

最后，应该鼓励和引导人民发挥网络主体作用。充分尊重人民、相信人民，引导人民群众发挥首创精神，积极参与网络建设和发展，投身互联网创业、电子商务等各种活动，从中获得更多利益。只有这样，才能进一步巩固人民的主体地位，促进网络建设和发展，为推动中国特色社会主义事业迈上新台阶打下坚实基础。

以人民为中心的发展思想是中国特色社会主义的核心理念，也是网信工作和网络强国建设的指导思想。在网络安全和信息化建设中，“人民至上”意味着必须始终把人民群众的根本利益放在首位，以满足人民群众对网络发展的多样化需求为出发点，推动网络发展向着更广泛、更深入、更高质量的方向转变。网络安全和信息化建设还需要针对当前互联网格局多变、网络空间安全隐患增多、网络空间制高点争夺激烈等问题，积极掌控互联网发展方向，加强网络空间主权的维护，促进网信事业发展与人民群众获得感的提升相融合。网络安全和信息化建设的最终目标是让互联网发展成果更多、更全面和更可持续地惠及广大人民群众，确保人民成为社会发展成果的受益主体，为人民群众实现全面自由发展提供更有利和更多的条件与空间。

二 “人民至上”是网络强国建设的基石与动力

人民是历史的创造者和推动者，人民在经济社会发展中始终处于主体地位。在网络安全和信息化建设中，人民仍然是推动力量和最终受益者，必须把人民的需求和利益放在首位，使他们成为网络建设和治理的参与者、监督者和受益者。网络安全和信息化建设的长期性、复杂性和艰巨性也意味着必须用历史唯物主义的格局和视野推动网络发展与网络治理。应全面了解网络发展的历史演变和现状，认识到网络空间的开放性、共享性和包容性，以及不断总结和借鉴网络发展和治理的成功经验，最终形成政府主导下多向互动网络治理格局。

纵观互联网的历史，互联网的应用、普及和发展，有着两个根本的推动因素：网络技术进步和网民参与。一方面，网络技术进步是网络发展的刚性需求和持续动力，网络安全和信息化建设的关键在于实现对互联网核心技术的控制，形成互联网发展主动权和对网络空间安全、国家安全的控制权。同时，网络安全和信息化建设也需要一批从事互联网研究的哲学社会科学工作者，依托其力量弥补网络科学技术的“短板”，着力解决好网络道德、网络心理、网络舆论导向、网络监管等问题。另一方面，网民参与是主体性动力和外部动力。网络安全和信息化建设既是为了人民，又要依靠人民。互联网技术在经济社会发展各领域的广泛普遍运用，使互联网成为汇聚民意、网络问政、网络办公、提供服务与产品的强大载体。通过发挥全民力量、集思广益，强化互联网监管、去杂降噪，依托网络讲好中国故事、传播正能量，鼓励网民自觉抵制一切危害社会稳定、破坏民族团结、损害人民和国家利益的行为，完善网络治理机制，全面提高网络空间安全防御能力、安全事件应对能力、治理能力，提升依托于网络信息技术的社会治理水平，牢牢把握中国在网络空间中的国际话语权和规则制定权。

总之，网络安全和信息化建设需要两个推动因素相互促进，相伴相生，呈螺旋上升态势推动互联网发展进步。没有人民的参与，网络强国建设就如无源之水、无本之木。因此，网络强国建设必须考虑人民群众在其中的受益面、受益度、受益均衡性等问题，同时积极引导人民行使网络参与权，充分调动人民的主动性和积极性。

三　“人民至上”是网络安全和信息化建设的检验依据

在党的十九大上，习近平总书记指出中国特色社会主义已经进入了新时代，社会主要矛盾已经发生了变化，已经转化为“人民日益增长的美好生活需要和不平衡不充分的发展之间的矛盾”。[①] 这种美好生活需要不再像原有的物质文化需要那样能被简单满足，已经演变为对政治、经济、社会、文化等领域良好环境与条件的期待，是对法治、公平、正义、安全等的多元的、持续性的、不断递增的需求。而党的初心和使命，就是为中国人民谋幸福，为中华民族谋复兴，在新时期，网络安全和信息化建设也将围绕党的初心与使命展开。在网络强国建设的过程中，依旧要坚持以人民为中心、“人民至上”的发展思想，推进“互联网 + 教育”“互联网 + 医疗”“互联网 + 文化”等，让百姓少跑腿、数据多跑路，提高公共服务的均等化、普惠化、便捷化水平。此外，要围绕人民生活中的痛点难点问题，改善民生服务，提高社会保障水平，解决民生问题。例如，加强教育、就业、社保、医药卫生、住房、交通等领域大数据普及应用，深度开发各类便民应用，满足人民日益增长的美好生活需要。同时，要利用大数据等技术，加强精准扶贫、生态环境监测，维护脱贫攻坚已经取得的成果，打好持久战，也为改善生态环境提供助力。

“人民至上”表现出了人民地位的重要性和以人民为中心的价值导向。为了实现为民谋利的目标，必须要理解人民群众的需求，遵循人民群众的期望，满足人民群众的愿望，并保障人民群众利益的持续性和增长性。当前，互联网已经普及千家万户，它在改变社会的服务模式，也在改善和保障社会民生、创新社会治理等方面起着越来越重要的作用。必须始终将人民群众的获得感视为衡量网络安全和信息化建设发展的基本标准、推动网络安全和信息化建设的根本落脚点，将获得感的增强视为党和政府的网络

① 习近平：《决胜全面建成小康社会　夺取新时代中国特色社会主义伟大胜利——在中国共产党第十九次全国代表大会上的报告》，人民出版社，2017，第 11 页。

安全和信息化建设决策与工作的目标。只有这样，才能真正让人民群众得到实惠，将最广大人民的根本利益实现好、维护好、发展好，并以“人民至上”作为网络安全和信息化建设的标准。

同时，需要着力解决我国在网络设施建设、信息产业发展以及网络应用普及等方面存在的发展不平衡和不充分的问题。持续提升网络能力，不断降低应用成本，向人民群众提供用得上、用得起、用得好、用得放心的信息服务，从而让广大人民群众在数字经济和信息社会发展中获得更多的实实在在的利益。为此，需要采取以下措施。首先，要推广网络技术，加强网络监管，为人民提供优质的网络服务和电子政务平台，深化信息化和工业化的融合，使互联网成为汇聚民智、为民服务的技术渠道和推动创新创业的基础设施与新引擎。其次，针对我国部分地区互联网基础设施建设存在的技术短板和空间限制等实际问题，需要加大资金、人才、政策等方面的支持力度，融合乡村振兴战略，扩大农村互联网覆盖面，增强农村群众的互联网意识和使用能力，将互联网打造成为满足农村群众精神文化需求和促进农产品网络营销的重要平台。最后，需要加强互联网治理，优化网络生态，净化网络空间，打造一个正能量充沛、主旋律高昂、风清气正的网络空间，让互联网成为广大人民群众共同的精神家园。

第三节　“人民至上”的实践对策

进入新时代，中国面临着全新的挑战，互联网的发展也是带来挑战的因素之一。互联网发展带来的变化，对建设网络强国提出了新任务与新要求。面对风险与机遇并存的局面，只有坚持群众路线、与时俱进，才能带领日益壮大的网民群体，同心同力，凝聚力量，建设网络强国，实现中华民族的伟大复兴。

一　坚持“人民至上”，必须走好新时代网上群众路线

社会存在决定社会意识，不同时期不同的社会物质基础，会产生不同的社会意识，这也就意味着不同时期群众路线具有不尽相同的具体表现形

式，群众路线也需要结合时代需求，紧随时代步伐。在互联网时代，群众路线就需要根据网络空间的特点，延伸、覆盖至互联网，才能够在政治优势的基础上，发挥出“互联网+政治”的最大效果。

习近平总书记在全国网络安全和信息化工作会议上指出：“网信事业发展必须贯彻以人民为中心的发展思想，把增进人民福祉作为信息化发展的出发点和落脚点，让人民群众在信息化发展中有更多获得感、幸福感、安全感。”[①] 这是新时期走好网上群众路线的时代要求，同时，习近平总书记提出“通过网络走群众路线”[②] 这一要求，它符合“人民至上”的发展思想，翻开了群众路线向网络领域开拓创新的历史新篇章，为党员干部践行新形势下的群众路线指明了前进方向，是对新时代党的群众路线理论的进一步丰富和发展。要走好新时代网上群众路线，我们认为应当从以下三个方面入手。

第一，要提高干部践行网上群众路线的实际能力。干部是走好网上群众路线的模范，其履职质量直接关系到网上群众路线的实施效果。关于互联网的知识内容繁多，更新速度快，对干部走好网上群众路线提出了极高的要求。为了满足这些要求，干部需要灵活调整工作思维和方法。习近平总书记强调：“各级党政机关和领导干部要学会通过网络走群众路线，经常上网看看，潜潜水、聊聊天、发发声，了解群众所思所愿，收集好想法好建议，积极回应网民关切、解疑释惑。善于运用网络了解民意、开展工作，是新形势下领导干部做好工作的基本功。各级干部特别是领导干部一定要不断提高这项本领。”[③] 在践行网上群众路线时，干部应时刻注意“本领恐慌”问题，从讲政治的高度把握新时代群众路线智能化、网络化的要求，通过主动学习相关知识提升践行网上群众路线的理论素养，并在深入工作实践中思考和把握互联网时代的群众工作新要求。同时，各级党校和干部学院也应注重对网上群众路线进行专题研究，及时开设相关指导课程，提高广大干部践行网上群众路线的专业能力。

---

① 《习近平关于网络强国论述摘编》，中央文献出版社，2021，第25页。

② 习近平：《在网络安全和信息化工作座谈会上的讲话》，人民出版社，2016，第7页。

③ 《习近平关于网络强国论述摘编》，中央文献出版社，2021，第4页。

第二，我们应该重视挖掘和宣传走好网上群众路线的经典案例。能否成功走好网上群众路线，是对我们党领导群众工作、互联网治理、思想宣传等综合能力的全面检验。然而，网上群众路线的概念还需要完善与丰富，各级党组织和党员干部在实践中仍处于摸索和探索阶段。近年来，一些地区和单位的党组织结合本地实际，探索出了行之有效的网上群众路线践行方案，并取得了显著成效，进一步验证了网上群众路线理论的科学性。对于这些典型案例，我们应该深入剖析，研究网上群众路线的具体特点、内在要求以及实践中需要注意的相关问题，以此为鲜活素材来加强宣传和阐释，发挥典型案例的示范带动作用，为各地区和单位积极推行网上群众路线提供具体的指导。同时，通过宣传这些典型案例，提高广大人民群众的认知水平，营造践行网上群众路线的良好氛围。

延伸阅读：

中央网信办指导中国互联网发展基金会、人民网共同开展的“网聚‘政’能量 共筑同心圆——走好网上群众路线典型案例征集展示活动”中，泉州有2个案例上榜。①

其中，“@泉州公安”微博账号开通于2010年11月10日，截至2020年4月拥有粉丝295万。开通以来，“@泉州公安”始终坚持“听民声、集民智、纳民意”的宗旨，持续开展警务信息发布、民警风采展示，加强警民沟通，传递社会正能量。

“@泉州公安”坚持每日发布博文信息，并做到有评必答、有询必解，及时回复网友评论及后台咨询，让网友们感受到“@泉州公安”是一个真诚阳光、充满正能量、守护社区平安的邻家大哥式警察叔叔，积累了一大批喜欢“他”、愿意与“他”交流互动的忠实“铁粉”。

近年来，“@泉州公安”成功处置了“鲤城醉汉猝死”“老太殴打公交车司机”等多起网民关注的敏感涉警舆情，赢得一致好评。

---

① 《泉州2个案例获全国“走好网上群众路线”优秀案例》，人民网，2020年4月3日，http://fj.people.com.cn/n2/2020/0403/c181466－33925879.html。

此外，要创新工作理念，以网络时代的全局观、平等观、互动观为引领，推动网上群众路线的实践。网上群众路线下开展工作的环境、目标、对象和方式都呈现出与传统工作不同的特点，因此需要党员干部树立新的工作理念。首先，在把握网上群众路线“网联网运行”的基础上，应该增强全局观。互联网具有虚拟和开放的特点，我们需要看到它的优势，同时清醒地认识到网络言论泥沙俱下、鱼龙混杂等问题，要有从全局高度、全域广度和全体角度去判断形势、辨别是非、做出决策的能力。其次，在把握网上群众路线“点对点交流”的基础上，应该增强平等观。互联网具有平等和共享的特点，我们要树立正确的态度，保持谦虚，摆正心态，做网民群众的朋友，尊重他们的各项权利，对网民群众的言论特别是批评和建议多一些包容和耐心，与网民群众坦诚沟通，平等交流。最后，在把握网上群众路线“键对键互动”的基础上，应该增强互动观。互动是网络最大的魅力。习近平总书记指出：“要发挥网络传播互动、体验、分享的优势，听民意、惠民生、解民忧，凝聚社会共识。”① 在走网上群众路线时，要重视收集和反馈民意，动员群众有序参与，实现党群之间深度交流互动。

延伸阅读：

福建“互联网+医疗健康”建设成果显著②

福建省卫生健康委：基于电子健康卡的多码协同应用

福建省基于电子健康卡的多码协同应用项目，是在国家卫健委统计信息中心的指导下开展的，该项目利用电子健康卡（码）实现了其与医保电子支付凭证、电子社保卡、金融支付码等多种码的协同应用。这是国内首

---

① 《中共中央政治局就实施网络强国战略进行第三十六次集体学习》，人民网，2016 年 10 月 9 日，https://www.gov.cn/xinwen/2016-10/09/content_5116444.htm。

② 《“互联网+医疗健康”典型案例发布，福建这 3 家单位获国家卫健委通报表扬!》，健康界网，2020 年 10 月 14 日，https://www.cn-healthcare.com/articlewm/20201014/content-1153000.html。

个实现医疗、医保、金融支付等数据融合应用的项目，实现了“实名认领、跨域互认、全省通用”的目标，为居民提供了“一码通行”的便捷服务。

厦门市卫生健康委：搭建区域全民健康信息平台 支撑融合分类医疗服务资源

厦门市全民健康信息平台将聚焦于公立医院的信息化建设，强化基层与公共卫生部门的信息化协作，从而提高厦门市的医疗信息化水平，实现医疗资源的互联互通、病人就诊信息的区域性共享，为厦门公民创建统一、可记录、可查询、可追溯、可操作、可电子管理的，关于个人一生的健康状况、就医行为等信息的终身电子健康档案，达到“人的健康档案随人走”的目的，并在此基础上，不断增加线上、线下的便民服务。

福建省立医院：创新“互联网+”医疗服务 提升患者就医获得感

福建省立医院“掌上省立”App经过三年多的不断优化，截至2019年5月，已有46个服务项目，用户约有100万。门诊的预约接待率达到90%，等待就诊的平均时间从57分钟下降到16分钟；医技检查预约时间从原来的17分钟缩短为1分钟，每日平均减少病人往返医技预约处2500次；排队取药的时间由原来的35分钟减少到9分钟。

第三，要加快建设与网上群众路线相配套的基础设施。我国在电子政务和电子党务方面已经取得了显著成就，这为各级党政部门提升工作效率和质量提供了现代化的技术保障。为了推动党员和党组织践行网上群众路线，我们需要深入探究和把握实践规律，并完善与之相配套的互联网基础设施，以打造能够实现互联互通的互联网群众工作机制。具体来说，我们可以以现有电子政务和电子党务平台为基础，整合信息化资源，为人民群众提供更高效便捷、均衡稳定的公共服务；探索运用前沿信息技术手段如移动通信、人工智能、区块链、大数据、云计算等，打造有助于提升人民群众公共服务体验感和获得感的工作模式；同时，我们还可以推动相关智能应用软件开发，实现各方面信息集成共享、各领域工作衔接配合，以打造全链条机制，确保党和人民群众密切联系。

延伸阅读：

河北廊坊：产业数字化 生活智能化 服务信息化①

传统产业转向数字化、百姓生活走向智能化、政务服务实现信息化……近年来，廊坊围绕高质量发展目标，主动对接京津冀智慧城市建设要求，不断优化发展环境，完善信息化基础设施，推动城市信息化、社会信息化快速发展，建设创新驱动的新型智慧城市。

廊坊开展智慧城市建设探索较早，先后成为河北省智慧城市建设试点市、住建部确定的全国第一批智慧城市试点市之一。目前，全市公共网络基础设施建设已颇具规模、电子政务发展成效显著、城市管理信息化特色明显、社会信息化稳步发展、经济领域信息化应用取得良好效益。

电子信息产业，从制造到“智”造

圆柱状全景可视化智能音箱，曲面移动会议秘书、智能生态管家、交互学习机……在维信诺（固安）显示科技有限公司（以下简称“维信诺”）展厅内，各式各样的电子器件涵盖了诸多领域，这些基于柔性AMOLED技术开发的产品可以实现弯曲、折叠，且拥有自发光的特性，显示效果明亮艳丽，带来强烈的视觉震撼。

5G、人工智能、云计算和物联网等技术的快速发展，推动着“万物皆显示”时代的来临。作为全球领先的新型显示整体解决方案创新型供应商，维信诺在柔性AMOLED技术等代表产业未来方向的技术前

---

① 《河北廊坊：产业数字化 生活智能化 服务信息化》，中国网信网，2021年1月7日，http://www.cac.gov.cn/2021-01/07/c_1611588518389805.htm。

沿地带积极布局，成功创造出全球首款 AMOLED 全卷曲显示屏、全球首款任意弯折柔性屏全模组等柔性产品，最小弯折半径可达到 1.6mm，屡次突破柔性显示折叠技术边界。AMOLED 产品已实现量产，并向多家品牌厂商的旗舰手机批量供货。

目前，固安园区初步形成以京东方、云谷科技为龙头，围绕手机模组和 AMOLED 面板制造，包含专用设备、材料、玻璃基板、AMOLED 面板、显示模组、智能手机终端制造的新型显示产业链，产业规模占全省的 50%。

2019 年，廊坊市电子信息产业规模超过 420 亿元，居全省首位，拥有大数据、新型显示两个省级战略性新兴产业示范基地，华为、中兴、京东方、富智康等一大批行业巨头入驻。截至 2020 年，廊坊市已建成润泽国际信息港、华为云基地、联通北方云基地和光环云网 4 个大型数据中心，有中鼎云、鹏博士等在建项目近 20 个，已投入运营机架 6 万个，服务器规模超过 80 万台。

智慧生活，更便捷更安全

三河熏鸡、百花蜂蜜、河南谢记牛肉、重庆火锅底料、新疆红枣、不粘锅……在智惠新仓购 4800 平方米的线下体验中心内，各具地域特色的产品数不胜数。“用微信扫一扫商品上的二维码，可追溯至生产源头，消费者可以放心购买!”智惠新仓购（廊坊）电子商务有限公司董事长何海东介绍，截至 2020 年，全国已有 20 多个县（市、区）的 800 多种产品在这里进行展示和销售。

智惠新仓购是线上线下融合的体验式仓储购物中心，2020 年 9 月 19 日开始试运营，通过综合利用大数据、物联网等新一代信息技术，搭建了仓播带货、AR 导购、创意设计等沉浸式购物环境，形成了场景体验、线上下单、产地发货的数字化流通方式。同时，他们建成了“国家物联网标识管理和公共服务平台”物流商贸节点，实现了所有产品信息的可追溯。

“有时下班晚，周围的商店都关门了，有了‘无人果蔬店’，随时可选购新鲜果蔬，还减少了人员接触，卫生又方便。”刚买完两盒鸡蛋的居民张婧说。

在廊坊市区阿尔卡迪亚小区，6个写有“无人果蔬店”的绿白相间的保鲜柜伫立在小区西门左侧，居民只需扫码，即可开柜自主选购各种各样的新鲜果蔬，从选购到订单结算，短短几分钟便可完成购物。“无人果蔬店”还专为老年人设置了刷卡系统，办理储值卡即可在果蔬店刷卡购买。据了解，“无人果蔬店”还设立了售后微信群，消费者在购物过程中，出现任何问题，可随时向售后人员反馈。

“一会儿进单元楼门，同样刷脸就能开门，真是‘解放双手’啊，智慧社区让我住得更舒心，也更安心了。”在安次区康城·瑞河兰乔社区北门，居民张大爷双手拎着刚买的蔬菜水果来到智能门禁机前，通过“刷脸”轻松开门进入小区，门禁机的屏幕上同时显示出近期发布的政策和社区通知。

智慧社区平台在让居民享受数字生活带来的安全和便捷的同时，也解决了社区管理的许多痛点，让社区管理变得更为高效。小区居民的相关服务信息、小区实有人口、出租房数量等相关数据都集中显示在一块电子屏幕上，社区信息化管理服务平台已经成为社区管理与治理工作的“中枢”和“大脑”，并实现大数据共享，联动街道、居委会、职能部门以及物业公司等，实现多方间信息直达、力量联合，共同服务小区居民。

数字农业，从农场到社区“24小时新鲜”

走进永清县新苑阳光现代农业产业园区，干净整洁的温室大棚里一排排的水培蔬菜让人眼前一亮。“这里的蔬菜从播种、出苗到定植，再到成熟采摘，一直在营养液里，没沾过一点儿土。”新苑阳光农业有限公司园区生产管理部经理尹宝锋说。

在这里，一个个大棚就像一座座工厂，一棵棵蔬菜好似工业流水线上的产品。新苑阳光在“互联网+”理念的加持下，告别“面朝黄土背朝天”的传统耕种模式，以水培种植大幅度降低了劳动强度，提升了蔬菜品质和安全系数。截至2020年，新苑阳光现代农业产业园区的20多种水培蔬菜不仅批量供应廊坊的酒店、超市，还以盆栽蔬菜、活体蔬菜、鲜菜等形式进入追求品质和个性化的城市家庭。而从农场到社区“24小时新鲜”的承诺也使得更多廊坊市民切身感受到数字农业的智慧和便捷。

近年来，廊坊市聚焦现代农业，加快发展科技农业、绿色农业、品牌农业、质量农业，农业产业结构不断优化，物联网、大数据、云计算、人工智能等新一代信息技术的应用逐步打破农业生产的时间空间限制，促进农产品产销精准度和效率显著提升，农村经济实力持续壮大，为廊坊数字农业发展注入了新动能、开辟了新空间。截至2020年，廊坊市已有120多个基地和合作社进入了农场云（义田帮手）信息管理平台，实现了农事记录、订单记录、产量记录以及农场物联网所传回的实时数据实时查看。

“一网统管”，数字生态赋能政务服务

走进廊坊开发区智慧城市运营管理中心，巨型屏幕上，全景概览、经济运行、民生幸福、城市治理、环境治理五大板块实时显示。

“这里融合了财政局、生态环境局、住房和城乡建设局等27个部门的数据和业务，涵盖了智慧政务、WiFi大数据、边界风控、数字城管、协同办公等多个智慧应用，具备云计算、大数据分析的能力，可对整个开发区经济社会运行状态进行动态监控。”廊坊开发区一级业务主办薛玉山介绍，疫情防控期间，大数据平台及时针对外来人口情况、人群密集程度、人流热点路线等方面进行分析，帮助补齐防控短板。

截至2020年，廊坊市所有政务服务事项全部纳入“互联网+政务服务”平台，审批系统覆盖39个市直部门，廊坊市本级政务服务事项网上可办率达到97%，各县（市、区）政务服务事项网上可办率达到96.19%；河北志晟的智慧医保平台已服务334万人次；“文化同行”公共服务数字平台开展预约活动近200场次，年点击量超30万次，注册会员超过10万人；廊坊农业农村大数据综合服务平台、廊坊

市食用农产品追溯信息系统投入使用……廊坊市智慧城市建设顶层设计已初步成型，将建成全市统一的政务信息资源共享交换平台，其中人口库、法人库、地理空间信息库、信用库、电子证照库将在全市范围内实现共享利用。

二　推进基础设施建设，让全体人民共享网络建设成果

互联网的建设与发展，是我国综合国力提升的显著证明，这一成果应当与全体人民共享。正如习近平总书记所说：“为老百姓提供用得上、用得起、用得好的信息服务，让亿万人民在共享互联网发展成果上有更多获得感。”[①] 要增加人民群众的获得感，就要扩大网上群众路线的覆盖范围，通过网络更广泛地“宽民心、解民忧、便民务”。

信息基础设施的建设和普及，是由“网络大国”向“网络强国”转变的根本先决条件。习近平总书记的“4·19”重要讲话还提出：“农村互联网基础设施建设是我们的短板。要加大投入力度，加快农村互联网建设步伐，扩大光纤网、宽带网在农村的有效覆盖。做好信息化和工业化深度融合这篇大文章，发展智能制造，带动更多人创新创业。”[②] 如今，人类已深度融入了信息社会之中，信息网络和服务已逐渐渗透到了经济、社会和生活的方方面面，成为整个社会快速、高效运转的有力支持。在全面建设社会主义现代化国家的新征程上，信息基础设施建设已经成为加速经济发展方式转变、推动经济结构战略性调整的关键因素与重要支撑。

（一）加强网络基础设施建设

互联网已经日益成为人民群众生活中的基础设施，因此，加快网络基础设施建设、推动互联互通，是全面建成社会主义现代化强国的重要基础，只有解决好网络基础设施建设、信息产业发展和网络应用普及等方面发展不平衡不充分的问题，不断提高网络能力，不断降低应用成本，为老

① 习近平：《在网络安全和信息化工作座谈会上的讲话》，人民出版社，2016，第5页。

② 习近平：《在网络安全和信息化工作座谈会上的讲话》，人民出版社，2016，第5页。

百姓提供用得上、用得起、用得好、用得放心的信息服务，才能让广大人民群众在数字经济和信息社会发展中有更多的获得感。

首先，持续加强新型网络基础设施的建设。第 51 次《中国互联网络发展状况统计报告》显示，截至 2022 年，我国已建成全球最大规模的光纤和移动通信网络，光缆线路总长度达到 5958 万千米，比上年末净增 477 万千米，网络运力不断增强；我国千兆光网已经具备覆盖超过 5 亿户家庭的能力，5G 基站达 231 万个；千兆城市平均城市家庭千兆光纤网络覆盖率超过 100%，实现城市家庭千兆光网全覆盖。但是，仍有部分区域网络基础设施建设存在技术短板和空间限制等问题。因此，需要加大资金、人才、政策等方面支持力度，将乡村振兴战略与互联网融合，扩大农村互联网覆盖面，增强农村群众的互联网意识和使用能力，将互联网打造成重要平台，以满足农村群众精神文化需求和促进农产品网络营销。

当前网络经济已成为经济增长的新动能，新技术和新模式层出不穷。在疫情中，网络经济在保障消费和就业、推动复工复产等方面发挥了重要作用，展现了强大的增长潜力。例如，云办公、云教学、云医疗等网络新业态的繁荣，离不开物联网、CDN（内容分发网络）、数据中心等新型网络基础设施的部署。这些新型网络基础设施为“5G + 远程医疗”“5G + 远程办公”“5G + 远程会议”等新技术和新应用的落地推广提供了有力的支撑。因此，社会各界非常关注新型网络基础设施建设，其成为当前热门话题。在对不同地方的考察中，习近平总书记多次提及“新型基础设施建设”①，强调抓住产业数字化、数字产业化带来的机遇，加快 5G 网络、数据中心等新型基础设施（其中包含了新型网络基础设施）建设。通过不断推进新型网络基础设施建设，发展新一代信息网络，拓展 5G 应用，才能激发新消费需求，促进产业升级。

其次，大力建设坚持网上群众路线的网络平台。要坚持全过程、全方位、立体化践行网上群众路线，就必须先建成坚持网上群众路线的平台体系。首先，应当成立全国一体化的大数据中心，以推行电子政务、建设新

① 参见习近平《论党的宣传思想工作》，中央文献出版社，2020，第 193 ~ 194 页；《习近平谈治国理政》（第 1 卷），外文出版社，2018，第 198 页。

型智慧城市等为抓手，实现网上群众路线工作的“三融五跨”，即技术融合、业务融合、数据融合，跨层级、跨地域、跨系统、跨部门、跨业务的协同管理和服务。通过大数据，党员干部可以用信息化手段更精准地感知社会态势、获知群众需求和辅助决策施政。建立和完善中央、省（自治区、直辖市）、地区（地级市）、县（县级市、区）、乡镇五级电子政务平台，方便广大网民群众浏览信息、表达诉求、接受服务，也方便党员干部宣传党和政府的大政方针、回应网民关切、满足群众需求。另外，建立其他类型的网络平台，提供针对性的服务，强化网络监管，提高电子政务水平，让网络成为人民政府听取民意、汇聚民智、为民服务的技术管道，成为推动创新创业的基础设施保障、牵动经济社会发展的新引擎。

延伸阅读：

吉林通化多措并举推进“互联网＋”模式全覆盖①

吉林通化依托网络平台，以数字化、网络化、智能化为核心，聚力实施“十大行动、百项工程”，着力推进“数字通化”建设，全力提升通化人民幸福指数。

一是打造“互联网＋政务”，为民生搭建“便捷桥”。积极推动互联网政务新模式，大力推行“不见面”“网上办”“掌上办”等服务，引导企业和群众办事或寻求政务服务从“线下”转移到“线上”，打造网上政务大厅、“互联网＋医疗”、“互联网＋监管”等一系列网上便民服务平台，确保政务工作“不打烊”，服务“不断档”，为广大人民群众和市场主体提供更加安全便捷高效的政务服务。截至2020年8月，实施清单完成率达100%。

二是开展“互联网＋旅游”，为文旅打开“新窗口”。充分利用微信、微博、微视频、新浪、头条等自媒体、新媒体平台，围绕“通化

① 《吉林通化多措并举推进“互联网＋”模式全覆盖》，中国网信网，2020年8月27日，http://www.cac.gov.cn/2020-08/27/c_1600086008768644.htm? from = groupmessage。

印象”“通化记忆”“通化风物”“通化味道”4个主题，开展首批“通化手信”文旅产品推选活动，推动文化旅游融合创新发展。截至2020年8月，已有30余家文旅企业、20多名非遗文化传承人参赛，共征集作品150余件，经过网络投票和专家评审，评选推出“通化手信”品牌logo和60件文创旅游商品、十佳人气明星产品。

三是推广“互联网+农业”，为农产品插上“金羽翼”。实施了“互联网+稻米产业”战略，在天猫、京东、苏宁易购等主流电商平台开设旗舰店。同时，大力支持企业探索电商运营新模式，加速通化互联网行业垂直延伸，由通天酒业、西江米业、江达米业等100多家企业共同打造专业数字化“精品小淘宝”——通化棒不同电子商城。截至2020年8月，全市稻米加工企业通过主流电商平台开设网店20余家，2019年网络销售额达到8000余万元。

（二）加快发展新型智慧城市

根据国家统计局数据，2022年底我国城镇常住人口达到9.2亿多人，城镇化率为65.2%，与2019年底的数据相比，城镇常住人口又增长了7000多万人，未来越来越多的人将生活在城市。城镇化也从未停止，而在互联网时代，新型的城镇化需要以人为本，以科技为驱动，实现“互联网+”对城市的全面改造。这种改造将改变一直以来对城市化的固有见地，也会对城市的生产方式、生活方式、交换方式、公共服务、政府决策、市政管理、社会民生等方面产生巨大而深远的影响。新型城镇化要以人为本、以科技为驱动，实现一场以“互联网+”为基础的城市发展革命，而在这场革命中，智慧城市建设无疑是一个重要的突破口。

智慧城市是一种新型城市发展模式，通过应用新一代信息技术，将城市的物理、信息、社会、商业等基础设施和人连接起来，实现城市管理和服务体系的智能化建设，推动公共服务领域的创新应用，提供便捷、高效、低成本的社会服务，促进城市人居环境不断改善。智慧城市发展是新一轮技术革命促进城市智能化转型的一个阶段，也是构建科学、智能、人本、协调的城市生态系统的重要手段。智慧城市的发展以提高人民的幸福感为目的，利用信息技术，把城市中的物理基础设施、信息基础设施、社会基础设施、商业基础设施和人民联系在一起，使公共服务便捷化、城市管理精细化、生活环境宜居化、基础设施智能化、网络安全长效化，为人民提供更充分、更便捷、更个性化的服务。

延伸阅读：

浙江舟山普陀区：数字建设让城市管理更智慧①

浙江省舟山市普陀区“智慧河湖管理”场景应用在数字政府门户及“浙政钉”App 正式上线，实现河道管理系统性智治、提升全域水环境治理智慧化水平的愿景逐渐明朗。以往发现河道污染问题，需要大量人力物力现场监管。现在有了这个平台，在手机上就可以实现实时监管，发现问题即可报警，平台会自动派发任务，第一时间进行处理，即查即办、高效快捷。该应用含普陀区水资源情况、河湖长履职情况、水质实时在线监控、地下管线情况等八大模块，以河湖水质监测、治理为牵引，围绕智慧感知体系建设，运用物联网技术、人工智能和大数据分析，能对普陀区河湖进行全方位全时段实时监测，实现全流程全数字化预警、处置、考核、反馈，具有辐射管网排查、污染溯源、河湖治理辅助决策等能力。同时，应用还建立了河道水质数据采集覆盖率、河道水质数据分析达标率、48 小时污染源分析完成率、河道监控数据采集覆盖率等 11 个指标，用以衡量重点河道及饮用水源地的水质现状等。

除“智慧河湖管理”场景应用外，普陀的另一款名为“烟花爆竹在线”的应用也已在“浙政钉”App 及“浙里办”App 上线。只要通过搜索“烟花爆竹在线”或进入“区县服务普陀专栏”，市民就可了解普陀区内烟花爆竹销售点的位置、烟花爆竹价格、烟花爆竹禁燃区

① 杨丽荣、徐丽佳、王梦倩：《浙江舟山普陀区：数字建设让城市管理更智慧》，学习强国网，2022 年 1 月 17 日，https://www.xuexi.cn/lgpage/detail/index.html?id=18024665803280188751&item_id=18024665803280188751。

域等信息。此外，市民如发现烟花爆竹销售点存在违法销售、违规运输等行为，也可使用在线举报功能，填写举报内容，上传相应照片。接到举报后，后台工作人员将第一时间审核举报信息，并根据内容将举报转至相关监管部门。

据悉，2021 年，普陀区加快构建“1 + 5 + 2”工作体系，搭建好数字化改革“四梁八柱”，打造更多富有普陀特色的数字政府“硬核”成果，上线了“智慧河湖管理”“烟花爆竹在线”“广场舞一件事”等数字化场景应用。未来，普陀将继续开展多跨场景应用建设，全力推进数字政府系统建设，提升城市管理水平。

三　党员干部增强触网意识，提升用网能力

网络的互动性、即时性等特性常常会给走网上群众路线的党员干部带来不小的挑战。汹涌的舆情对干部的政治素养与网络使用能力都提出了较高的要求，以至于部分干部在与网民群众的交流中常常处于“失语”状态。“失语”从深层次来看，体现出的是部分干部的“失态”与“失职”，本质上依旧是对网络特性的不了解、对如何走网上群众路线的不熟悉。因此，必须要增强党员干部同互联网、网民打交道的意识与能力。

首先，党员干部必须提高对网上群众路线的思想认识，改变“怵”网的心态，主动“触”网。在建设网络强国、践行网上群众路线的大背景之下，党员干部应该对互联网持积极的态度，改变以往传统的思维定式和工作方法。在实际的工作中，一方面，党员干部需要掌握一些心理学的知识与方法。群众路线归根结底是要跟着群众、跟着人走，了解了人的心理活动规律，才能够更好地走网上群众路线。在处理具体问题的时候，应当使用换位思考、共情等方法，与人民群众就他们关心的问题进行沟通，站在人民群众的角度进行思考，提出解决办法。只有站在人民群众所处的位置上，才能在解决问题的同时，安抚群众的情绪，达到化解矛盾、避免出现舆情事件的目的。同时，还要注重差异化的工作方法，根据不同人的不同需求，采取不同的处理方式与态度，真正实现把工作做得让群众满意、舒

心。另一方面，党员干部说话要接地气，少讲官话、空话、套话、大话、群众听不懂的话，多讲实话、土话、新话、群众容易理解的话。少打官腔，多接地气，在言谈之间拉近与网民群众的距离，和群众打成一片，为处理具体问题奠定良好的基础。

其次，党员干部应当提升网络素养与网络使用能力，对互联网不能只是了解、知道，还要实现能用、用得好。要提升这二者，我们觉得应当从以下四个方面入手。一是要提高党员干部问政于民的能力。“知屋漏者在宇下，知政失者在草野”，对很多实际的问题，作为亲身经历者或者旁观者，人民群众实际上有着更深的体会和思考。而网络就是了解群众感受与想法的一个重要渠道，所以通过网络了解民情，已经日益成为政党治国理政必须要具备的能力。二是要提高党员干部问计于民的能力。毛泽东指出：“一切为群众的工作都要从群众的需要出发，而不是从任何良好的个人愿望出发。”[①] 既然工作的出发点都是群众的需要，那么解决方案是否科学，最终依旧要看人民是否满意。邓小平指出：“离开群众经验和群众意见的调查研究，那末，任何天才的领导者也不可能进行正确的领导。”[②] 要拜群众为师，促使党员十部的决策更加科学化、民主化。三是要提高党员干部问需于民的能力。党员干部应当有深入群众当中，扑下身子，主动向人民群众询问的精神。“民有所需，我有所应”，党员干部应当努力做人民群众的贴心人。四是要提高人民向党员干部问责的水平。党员干部需要理解和认同网民群众的话语权，提升信息公开程度，推进网络问责制度的规范化，因为群众监督问责是防止党员干部权力腐败和脱离实际的重要方式。

---

① 《毛泽东选集》（第 3 卷），人民出版社，1991，第 1012 页。

② 《邓小平文选》（第 1 卷），人民出版社，1994，第 219 页。

第四章
构建网络综合治理体系

随着科技日新月异地发展，互联网日益成为社会生活、国家建设的重要组成部分，对互联网的管理也自然成为国家治理的一大重点。互联网所塑造的线上“虚拟社会”，极大地拓展了人们的社交空间与范围，但在这一空间中也存在网络谣言、网络舆情、网络安全等问题，对网络空间进行环境净化、构建网络综合治理体系的重要性日益凸显。党的十八大以来，以习近平同志为核心的党中央高度重视网络安全和信息化工作。在当前网络环境复杂的局面下，习近平总书记关于网络综合治理的重要论述，为构建新时代网络综合治理体系指明了方向和目标。

第一节 中国网络综合治理体系的内涵与结构变迁

一 中国网络综合治理体系的内涵

网络社会区别于现实社会，但又是现实社会的延伸。作为互联网技术应用的产物，网络社会是人们在互联网所构成的虚拟空间之中，以技术手段为基础，进行互动、交往而形成的社会关系共同体。这也就意味着现实社会中存在的社会关系、社会问题、社会分歧、社会冲突等，都会投射到互联网场域中。比如，人们现实中的利益表达以及由此造成的分化，投射到网络空间中，依旧会造成社会矛盾。与此同时，网络社会具有的虚拟性、多元性、去中心化等特征，与现实社会的矛盾互相叠加，引发了网络空间特有的问题。比如网络谣言问题，网络谣言相比现实中的谣言，传播速度更快，还能借助图片、视频等方式传播，更难被证伪。又比如网络信息安全问题，由于网络的虚拟性特征，信息安全问题的监管面临着更为严峻的局面。固有的社会结构与互联网特性在虚拟空间中交织，增加了治理的敏感度、复杂性和难度系数。这很容易导致传统的社会治理方式失灵，最终形成无法治理、不可治理的情况。

为了解决当前网络治理中出现的困难，综合治理方针逐渐被应用至网络治理领域。综合治理的内涵早在党的十六届四中全会通过的《中共中央关于加强党的执政能力建设的决定》中就可见一斑，它指出要高度重视互联网等新型传媒对社会舆论的影响，提出建立“法律规范、行政监管、行业自律、技术保障相结合的管理体制”。2013 年，《关于〈中共中央关于全面深化改革若干重大问题的决定〉的说明》提出，要“整合相关机构职能，形成从技术到内容、从日常安全到打击犯罪的互联网管理合力，确保网络正确运用和安全”①，体现了综合治理的要求。党的十九大报告明确提出，要“加强互联网内容建设，建立网络综合治理体系，营造清朗的网络空间”②，正式提出网络综合治理体系的命题。2018 年，在中央召开的第一次全国网络安全和信息化工作会议上，习近平总书记提出“要提高网络综合治理能力，形成党委领导、政府管理、企业履责、社会监督、网民自律等多主体参与，经济、法律、技术等多种手段相结合的综合治网格局”③，并对网络综合治理体系以及它的内容进行了详尽的解释。与此相对应，从中央到地方都在积极推进网络综合治理体系建设，在建立规范规则体系、打击互联网犯罪、保护个人信息安全、推进互联网服务以及治理非法内容等方面都取得了显著的成果。

那么，综合治理的含义又从何而来？综合治理这一概念最早可追溯到 20 世纪 60 年代毛泽东批示学习推广的“枫桥经验”，④ 它始于社会治安领域，中心内容是发动和依靠群众，坚持就地解决问题，保证矛盾不上交。“综合治理”一词首次出现在《京、津、沪、穗、汉五大城市治安座谈会

① 《习近平关于网络强国论述摘编》，中央文献出版社，2021，第 89 页。

② 习近平：《决胜全面建成小康社会 夺取新时代中国特色社会主义伟大胜利——在中国共产党第十九次全国代表大会上的报告》，人民出版社，2017，第 42 页。

③ 《习近平谈治国理政》（第 3 卷），外文出版社，2020，第 306 页。

④ 习近平：《论坚持全面依法治国》，中央文献出版社，2020，第 234 页。

纪要》中，该会议纪要明确提出了“综合治理”的原则，并就如何贯彻执行这一原则做出了明确的规定。社会治安综合治理指的是在各级党委、政府的统一领导下，各个相关部门要充分发挥自身的功能，做到相互配合，齐抓共管，依靠广大人民群众，综合运用政治的、经济的、行政的、法律的、文化的、教育的等各种方法，对社会治安进行有效的治理，对犯罪进行打击和预防，对社会进行有效的管理，解决社会矛盾，维护人民的合法权益，确保社会的稳定，促进社会的和谐发展。社会治安综合治理强调“标本兼治，重在治本”，核心是要广泛动员社会各层次的主体，整合各方面的资源、力量和手段，形成齐抓共管的良好局面，以维持社会治安的基本稳定。

随着时代的发展，综合治理的内涵中也有了新的内容。随着社会问题日趋多元化与复杂化，各种问题间的相互关系愈加密切，治理过程中的复杂性、不确定性与风险性问题日益凸显，综合治理逐步延伸至社会生活的方方面面。2011 年，中共中央政治局专门讨论了加强和创新社会管理，并在此基础上提出了“完善党委领导、政府负责、社会协同、公众参与的社会管理格局”，这标志着综合治理的内涵已经从单纯的社会安全领域扩展到了社会治理的各个方面。党的十八届三中全会强调要“改进社会治理方式”，“坚持系统治理，加强党委领导，发挥政府主导作用，鼓励和支持社会各方面参与，实现政府治理和社会自我调节、居民自治良性互动”①，这表明综合治理已经被提升为社会治理现代化的基本方针。基于此，我们也就能更好地理解为何综合治理这一概念会被引用至网络治理领域。

在这里，本书以党和政府的重要文献表述为基础，将“网络综合治理”界定为：在各级党委领导下，由政府承担管理主导责任，各有关部门充分发挥职能作用，依靠企业履责、社会监督以及网民自律，做到协调一致、齐抓共管，综合运用经济、法律、技术等多种手段，打击和预防网络违法违规行为，完善网络社会管理，化解网络社会矛盾，以实现网络秩序

① 《十八大以来重要文献选编》（上），中央文献出版社，2014，第 539 页。

规范、网页内容健康向上以及网络空间清朗清净，切实维护公民、企业和国家的合法权益。我们可以从以下五个方面来理解网络综合治理。

（一）多方协同治理

互联网具有鲜明的去中心化、多元化特征，这也就决定了网络空间的参与主体是多元的，参与方式是多样的，参与成本也更加低廉。网络对各类主体都是开放的，为各类主体提供服务，每一个主体都能在参与过程中享受到互联网发展所带来的红利，因此也有责任和义务去维护互联网环境。尤其是网络的开放性、匿名性、交互性以及非中心性，使得政府所采取的传统的以国家权力为中心的治理方式难以适应，亟须引入新型的政府治理资源。因此，网络综合治理的首要任务就是要认识到网络中多元主体的存在，要对各种行为者的利益与需求进行平衡，充分发挥各类主体的功能与作用。

一是党委应当充分发挥领导作用。党委也是网络综合治理主体格局的核心主导要素，起着至关重要的决定和领导作用。党委要做好网络治理“顶层设计”，勾画“网络安全和信息化发展”的战略蓝图，阐明“网络发展”的根本思路，界定“网络行为”的表述范围；坚持以社会主义核心价值观为指导，加强价值观念、思想、舆论的引导，大力建设良好的网络环境。

二是政府应当注重自身管理的创新。在网络综合治理主体格局的建构中，政府是以管理者角色参与治理体制的创新的。政府管理的创新应当从以下几个方面展开：首先，要树立服务意识，改变管理观念，创新管理结构，切实将网络治理作为“服务为民”的工作，将“人民至上”贯彻至对网络的治理中；其次，要加强管理方式的创新，一方面要提升网络治理工作人员的整体素质，另一方面要善于运用各种现代化和信息化手段来应对各种突发事件，使突发事件在最短的时间里被控制住，从而大大提升综合治理的能力；最后，要制定出与网络综合治理相关的行政法规或制度规范，将重点放在狠抓落实上，敢于碰硬、动真格，对于破坏网络安全的违法行为，要严惩不贷。

三是应当持续强化社会的监督职能。互联网信息良莠不齐并且数量巨大，问题时时刻刻都有可能发生，所以政府监管部门也很难做到面面俱到。因此，要维护良好的网络秩序，还应该积极调动社会组织参与网络监督，在网络治理中充当政府监管的补充力量。

四是企业应当提升履责水平。在“互联网+”的大潮中，作为经济活动中的重要主体，企业是网络空间中重要的活动参与者和行动者，其履责能力的高低，将直接影响到网络安全事件的发生频率和严重程度。这就要求企业在履行自己的职责的同时，也要提高自身的素质，以更好地参与到网络综合治理的工作中。对于非互联网公司，要建立和完善公司互联网安全体系，明确网络安全事件应对处理的责任划分，使责任落实到人；要积极进行网络安全训练，力求所有人员都能掌握正确的操作方法，并且在安全的范围内操作与使用互联网。对于互联网企业来说，要加强对信息保护技术的开发，建立起网络安全和信用体系，避免用户隐私信息泄露，从而保证用户的信息安全。

五是应当着重强调网民的自我约束。网民是网络空间构建的媒体景观中最为直接的参与者。根据国家互联网信息办公室发布的《数字中国发展报告（2022年）》，2022年底，我国的网民人数已经达到了10.67亿，这样一个巨大的数字，并不只是对网络奇观的一个简单的说明，还折射出了这个群体所蕴藏着的无限的能量。所以当网民对自身行为进行自我约束时，对网络的管理也会变得容易得多。因此，要想在一定程度上改善网民在网络空间中的行为，一要加速制定并完善相关的法律规范、管理办法，使之与互联网的发展同步，例如，实行网络实名制，就可以让网民的言论变得更加慎重，行为也更加规范；二要通过有效的宣传和教育，引导网民对互联网形成正确认识，让网民更多地发表正面言论，增强网民整体的法律意识、文明上网意识，营造风清气正的互联网空间。

（二）运用多维治理手段

网络综合治理指的是对网络内容以及与之有关的行为进行调控和监管，它涉及公民个人、企业、社会组织以及党和政府的监管部门等，还与伦理道德、法律法规和经济利益以及信息技术等方面有关。所以，还需要综合运用法律、行政、经济、技术等多种手段来开展治理，保证网络治理工作可以扎实、稳定、有效地开展。

第一，对网络空间进行行政管控。政府监管部门最常见也是最擅长的治理方式是行政管控，在具体管理方式中，专项整治行动可以集中调动相关的资源和力量，具有目标明确、任务具体、责任追究比较严格、能在短时间内见效等特点，因此，政府通常会通过专项整治行动来解决重大问题。

第二，对网络空间进行法律规制。在以虚拟和自由为特征的网络空间中，网络主体的复杂性和表达方式的随意性使得网络安全事件很容易发生，并对现有的社会公共秩序构成了挑战。究其原因，这与网络空间中法律规范的缺失密不可分。因此，运用法律法规对网络中的各类行为进行规范，无疑是网络综合治理的一个重要途径。

第三，从技术层面对互联网的行为进行规范。纵观世界范围内的网络治理发展历程，最早的一种治理实践形式就是技术手段。由于网络社会的产生和发展本质上也是技术的产物，因此，对于新的技术形态的治理，就需要从技术的角度来考察。当前，尽管治理方式日趋多样化，但技术手段仍然是网络治理的重要实践形式。首先，促进信息技术的研究与开发。国家应当增加对信息技术的投资，为信息技术自主研发提供资金保障、政策支持和平台基础，促进自主信息产品的研发，保证我国在全球网络空间中有一席之地，从而有效地遏制国外的网络攻击。其次，加强对互联网的安全保护。互联网企业要不断提高技术生产水平，建立健全网络安全体系，以保障用户的信息安全。最后，健全互联网监督制度。积极推动互联网安全系统的开发和使用，可以对网络用户的信息展开有效的监管，如果监控到危害国家利益、集体利益的负面信息，系统则会通过预警、报警等方式，向有关部门发出提示，使负面信息在最短的时间内得到监控并尽快被消除，切实实现维护网络空间秩序的目标。

第四，以经济手段对网络利益进行规制。谣言的传播、个人隐私的泄露等破坏网络安全的现象的产生，都是因为有部分人在巨大利益的驱使下铤而走险，最终造成种种负面的现象。例如，在网络上经常出现的用户信息泄露，其最主要的原因就是，互联网公司或技术人员在利欲熏心的情况下，违反了自己的专业原则，将用户信息以商品的形式卖给了第三方。可以说，在每一次网络安全事故中，都有一条不为人知的利益链。因此，在网络综合治理的具体运作中，用经济手段对利益关系进行有效的调节，是缓解矛盾的根本途径。首先，在遵循市场规则的基础上，对网络产业的市场秩序进行规制，以确保其价值（价格）系统的稳定，提升人们对经济利益的满意程度，增强人们对发展的信心。其次，通过强化经济一体化，推动利益与价值的分享，以“利益共同体”为核心，通过增强网络公司间的协作，减少个体风险，实现网络公司的利益与价值双增。在此基础上，通过对从业人员进行经济奖惩，优化其工资激励机制，提升互联网从业人员的满意度，从而有效防止各类网络寻租行为，降低网络安全事件发生的概率。

（三）厘清治理主体间的权责

要想发挥综合治理的合力，首先要明确各治理主体之间的权利和义务关系，所以，目标管理责任制不仅是综合治理体系的重要内容，还是综合治理体系良性运行必须具备的核心。权力与责任不仅界定了多个利益主体在所处场域中的地位和相互间的关系，而且决定了多个利益主体之间的合作方式。在网络综合治理体系中，由于各个治理主体的责任、权力、资源、能力都不尽相同，所以只有根据不同主体的特点和优势分配任务，才能有效地发挥它们的功能，实现综合治理的目标。

（四）治理过程的协同化

如果多个治理主体之间缺乏协调，不仅很难形成综合治理的合力，而且还会产生很大的摩擦与损失。过去在社会的各个领域中，治理主体之间的协作关系是决定治理整体成效的重要因素。网络信息具有传播速度快、传播范围非常广泛的特点，在许多情况下，线上与线下之间存在着密切的互动关系，并且很容易牵扯到各方面的职责权限，这就容易导致混乱而复杂的治理局面。所以，在网络综合治理中，经常需要通过跨专业、跨部门以及跨地域的协作，对不同治理主体的资源和力量进行整合。在这个过程中，不仅要加强党委和政府各职能部门之间的协调，还要加强党委和政府与互联网企业、社会组织、网民等主体的协调。

（五）共享治理资源

“不论是公共部门还是私人部门，没有一个个体行动者能够拥有解决综合、动态、多样性问题所需要的全部知识与信息”[①]，实现网络资源共享是网络综合治理的重要条件。在这个意义上，治理意味着彼此依存、彼此需要。如果党和政府各职能部门能够独立对网络进行有效的治理，那么网络的综合治理也就没有必要了。正是由于党和政府在网络治理中的资源与能力的不足，才亟须对治理资源进行有效的整合。这也就意味着，网络综合治理需要在多个主体间进行资源与信息的交换和协同，从而从多个维度提高网络治理的效率。

总而言之，构建网络综合治理体系是实现网络治理现代化的重要途径。在这一过程中，引导和推动多元主体参与治理，明确不同主体的功能和角色，是网络综合治理体系的核心。多元化的治理方式是社会发展多元化的需要，也是提升社会治理效率的必要途径。综合治理体系能否有效运作，其核心在于各主体能否在综合治理体系中有效地行使和发挥各自的职能与作用。协同性不仅是社会治安管理体制运作的过程要求，而且是网络综合治理体系运作的突出特点。而对于治理资源的共享，则是网络综合治理体系运行的必然要求，是提升网络综合治理能力的基础。

二　中国网络综合治理体系的结构变迁

对网络空间综合治理的有效实行，需要以政策和法律作为前提，进行规范和控制，也需要政府职能部门的有效监管。这就对网络空间治理涉及的各部门提出了要求，它们应当做到部门间分工明确，管理范围与职责清晰。但当前互联网相关产业依旧处在发展过程中，在各部门间有重合的管制领域，应当互相协助、合作解决问题。当前，我国负责网络空间安全以及网络空间治理的两个中央直属机构分别是中央网络安全和信息化委员会办公室（国家互联网信息办公室）与工业和信息化部，两大部门下设分管

① 龙静云、吴涛：《多元主体共建：新时代公民道德建设的重要路径》，《中州学刊》2020年第11期。

不同领域的细分部门。

除此之外，基于我国国情和互联网发展的现实，我国还成立了中央网络安全与信息化领导小组。随着互联网的发展，治理过程中面临的问题日益增加、日益复杂，我国也在不断优化部门结构与部门职能。

（一）中央网络安全和信息化委员会办公室（国家互联网信息办公室）［简称“中央网信办”（“国家网信办”）］的组织结构、功能及变迁

2005 年，针对国家各个重要产业和领域的信息技术分析与科研、信息基础设施系统的网络安全的保障，以及对于国家网络安全应急技术与审查技术支撑的要求，成立了国家信息技术安全研究中心。

2011 年 5 月，国务院办公厅设立了国家互联网信息办公室，彼时的国家互联网信息办公室主要负责的是落实互联网信息传播政策与法制建设，指导、协调、监督有关部门加强互联网信息内容管理、依法查处违法违规网站等工作。2018 年 3 月，中央将原属于工业和信息化部的中央网络安全和信息化领导小组改为中央网络安全和信息化委员会，“负责相关领域重大工作的顶层设计、总体布局、统筹协调、整体落实、督促落实”①。这次改革后，国家互联网信息办公室与中央网络安全和信息化委员会办公室作为“两块牌子、一套班子”的机构被称为“中央网信办”（“国家网信办”）。同时，国家整合了多个互联网管理行政机构，使其归属于中央网信办，明确了互联网管理行政机构具体职责，形成了全盘统一管理、责权分工明确的管理体系。这一举措是为了更好地强化互联网安全管理，推进网络空间治理。

中央网信办违法和不良信息举报中心前身为 2005 年设立的互联网违法和不良信息举报中心，2014 年 5 月被划归中央网信办管理。中央网信办违法和不良信息举报中心是一个直接听取并反映网民意见和诉求的组织，网民可以通过三种方式来举报网上的违法和不良信息：电话、举报中心官方网站、举报 App。作为网络用户的自律组织，该组织为网络用户提供了一个举报的渠道。

---

① 《深化党和国家机构改革方案》，人民出版社，2018。

（二）工业和信息化部（简称“工信部”）的组织结构、功能及其变迁

工信部为国务院组成部门，负责网络空间安全及网络空间治理。工信部是技术层面的政府管理机构，以技术支持网络安全和信息化发展，负责发展与创新网络技术、监督管理通信业、维护互联网信息安全等工作。

1990年，中国软件评测中心成立，主要负责测试领域的评测、监理、认证、评估等业务，覆盖国内大多数城市，是承担软硬件产品和信息系统工程测试工作的第三方科技服务检测机构。中国互联网络信息中心组建于1997年6月，主要负责我国信息化基础设施的建设、运行及管理，目前由工信部主管。目前，工信部下设办公厅、政策法规司、规划司、财务司等24个部门。

（三）中央网络安全和信息化领导小组的组成及其职能

2014年2月，中央网络安全和信息化领导小组成立，这个领导小组是党中央设置的高层领导和议事协调机构。在政策制定和具体行动过程中，其对党中央、军委与人大进行综合统筹，对多方力量进行协调，从而提升了自身的规划能力与协调能力。

中央网络安全和信息化领导小组主要负责对每一个领域的网络安全与信息化的相关工作进行统筹领导，对国家网络安全和信息化发展战略进行统一谋划、统一实施，并对网络安全与信息化总体战略之间的密切联系进行统筹协调。2018年3月，按照中共中央发布的《深化党和国家机构改革方案》，中央网络安全与信息化领导小组正式更名为“中央网络安全和信息化委员会”。

第二节　网络综合治理体系面临的问题及其成因

一　网络综合治理体系面临的问题

自党的十八大召开以来，我国已经在网络治理方面取得了显著的成效，风清气正的网络空间已经基本成形，但同时我们也必须意识到，互联网依旧处于不断发展中，因此网络综合治理体系依旧面临着一系列的

问题。

（一）网络谣言频发

互联网信息传播速度快、传播范围广、传播方式自由，一旦有谣言出现，很容易实现裂变式传播。网络谣言的传播，不仅严重干扰了人们的网上活动，污染了网络环境，还扰乱了公共秩序，败坏了社会风气。在现实生活中，并不是每一种网络流言都能引起社会的关注。目前，网络上传播迅速、影响广泛的流言，多与公共安全、环境污染、食品安全等人民群众关心的社会问题有紧密联系，这些流言更贴近人民群众的生活。网络上的流言蜚语，很多时候都真假参半，再经过一些加工，很容易欺骗“吃瓜群众”。对网民来说，若无意中成了网上谣言的传播受众，就会渐渐丧失判断与辨别能力，并且流言一旦形成“气候”，就很难处理，要想成功“辟谣”，也需要付出很大的经济、社会代价。

（二）不良文化、有害信息泛滥

自从网络开始在中国全面普及，人们就对网络所具有的文化产业和意识形态的双重属性有所认知。因此，面对各类网络有害信息和网络“不良文化”的传播与冲击，对网络意识形态的保护始终是网络治理的重要内容。如“网络直播”这一新兴的表现形式，催生了很多草根明星，也可以称之为“网红”，其中有正面、积极的人物，但也有部分人是通过直播猎奇事物、低俗表演来获取点击率与观看量的。网络直播和短视频中还存在着无底线满足观众猎奇心理的问题。但这类错误的观念以互联网为载体，传播速度快，传播渠道多且隐秘，对社会主流价值观有一定的冲击，而且治理起来非常困难。

（三）网络信息安全面临严峻挑战

在给人们工作、学习和生活带来便利的同时，网络也给人们的信息安全带来了极大的威胁。在 2018 年 3 月，脸谱网（Facebook）被怀疑泄露了 5000 万用户的个人信息，引起了全球范围内的关注。在日常生活中，此类信息泄露的情况更是经常发生。这些网络信息安全问题，不仅对公民的合法权益造成了极大的损害，还对社会公共利益和国家安全造成了威胁，因此，维护信息安全已经成为一个国际共识。

（四）网络舆情出现突然、发展迅速

近年来，网络逐渐成为反映社会舆情的主要载体，社会事件往往在网络中出现，并在网络空间中传播，形成舆情事件。社会事件在网络空间中的传播有速度快、范围广、受众群体广泛的特点，网络舆论因此具有强大的推动作用，可能影响相关部门的决策，推动社会事件的解决。

（五）网络犯罪手段便捷

网络犯罪的一种形式是利用各类通信网络进行传统犯罪，如实施网络诈骗、网络盗窃、网络贪污、网络窃密等。其他诸如网上走私、非法交易、虚假广告等都是传统犯罪形式在网络上的另一种体现，对网络安全构成一定威胁。网络犯罪的另一种形式是通过袭击网站、传播病毒等对设备、节点与网络等进行非法入侵和破坏。比如近年来出现了这样的现象：下载某款软件后，其携带的勒索病毒就会传播到设备上，电脑或者手机中的信息就会被加密，必须向加密者付款才能够重新打开，如果未在规定的时间内付款，被加密的信息就会被永久删除。还有病毒会通过应用窃取设备上存储的私密信息，供犯罪分子进行敲诈勒索。这类勒索病毒不仅会使受害人遭受严重的经济损失，还会影响到基础设施的正常运转，最终危害社会稳定。

二　网络综合治理掣肘的原因

（一）相关制度不完善

互联网违法犯罪现象近年来呈现愈演愈烈的趋势，互联网违法犯罪的类型和形式趋于多样化、隐蔽化、分工精细化、利益链条化。根据中国司法大数据研究院的《涉信息网络犯罪特点和趋势（2017.1—2021.12）司法大数据专题报告》，2017～2021年，全国法院一审审结的涉信息网络犯罪案件共计28.20万余件，案件量呈现逐年上升的趋势。但与此相对应的是我国的相关法律法规还处在建设进程中，网络立法明显滞后，法律法规与现实的贴合程度较低，法律执行成本非常高，执行效果因此大打折扣。

而且由于法律法规的制定通常需要经历严格的程序，很多时候只能依靠临时的政府文件与行政法规进行处理。

（二）治理协作机制不健全

多元化的治理主体为网络综合治理带来了机遇，要想建立健全网络综合治理体系，就必须明确政府有关部门的职能，建立多个主体共同参与的协同协作的治理机制。长期以来，我国互联网领域治理最大的问题，就是政府职能部门协同不足。所以，要想提升网络综合治理的层次，就需要推动和激励各职能部门的协作，使有关职能部门都能参与其中，对各个方面的资源和能力进行充分的整合，从而形成合力。从已有的协作实践来看，目前的协作模式多是临时性、局部性、浅层性的，尚未形成一种长期的、常态化的协作模式。网络治理牵涉十几个职能部门，尽管各地都已经授权当地网信办负责统筹协调本地区的网络安全和信息化事务，但是在严格的科层制结构和条块分割的体制下，各个部门更多是对各自的上级部门负责，因此，网信部门在名义上拥有了统筹协调的权力，但是却缺乏与之相对应的政治权威。当部门之间存在利益或是目标的冲突时，合作就会流于形式。比如，行政管理部门倾向于营造宽松自由的市场环境，以促进互联网相关产业的发展，但意识形态部门就倾向于实行严格的管控。不同的部门有不同的职能与立场，这就会导致合作中的矛盾。

（三）网络安全意识淡薄

网络安全意识是指互联网用户在互联网上进行社会交往时，对互联网上存在的各种不安全因素进行认识和处理的一种综合能力。网络空间中存在的不安全因素通常表现为网络诈骗、网络谣言、网络暴力、网络病毒、网络诱骗等形式。网络安全意识就是在面临这些不安全事件时表现出来的对信息进行分析、判断和处理的综合能力。当前我国网民的网络安全意识比较淡薄，缺乏网络安全知识，网络安全操作技能也较为缺乏，对涉及网络安全的规章制度了解甚少，处置网络安全事件的能力弱，网络安全警惕性弱。由于网络安全意识教育的渠道缺乏，网络安全素养提升也较慢。我们应当按照党的十九大报告所提出的“加强国家安全教育，增强全党全国人民国家安全意识，推动全社会形成维护国家安全的强大合力”①，增强全民的网络安全意识，由此才能切实维护网络安全。

（四）网络技术发展水平有待提升

当前，我国的互联网产业已经取得了长足的发展，但是与国外的互联网产业还存在着很大的差距。而且，网络安全威胁中的攻击方法已经从单一的破解口令、篡改网页、攻击文件等初级方法，转变为复杂的病毒链式传播、域名劫持、漏洞攻击、拒绝服务、APT 攻击等多种方式，由此导致了更为严重的网络安全危机，比如机密文件被盗取、网络信息泄露以及网络经济损失。

当前，我国的网络技术还存在着以下几个方面的问题。一是保障网络安全的核心部件、核心设备和核心操作系统依赖于进口，我们还没有掌握核心产品的核心技术，如操作系统、浏览器等的相关技术，我们的核心部件和核心设备制造基本要依靠国外厂商的技术支持。另外，基层软件没有独立的编程语言与开发工具，也体现出对西方科技标准的依赖。二是网络安全防护技术相对滞后，难以有效应对高层次、复杂的网络病毒威胁。例如，我国目前还不能在短时间内察觉到 APT 攻击，因而缺少有效的应对方法。所以，有必要提高网络载体自身的“自动识别”和“过滤监管”的能力。三是面对以大数据、云计算、物联网和区块链为代表的新型技术应用所带来的网络安全风险，缺乏有效应对能力。这些新的技术使得网络环境变得更为复杂，同时也会产生更多的新的网络安全问题，因此，我国在网络安全方面的技术亟待更新，技术能力亟待增强。

第三节 完善网络综合治理体系的路径

当前，我国网络治理面临着严峻的挑战，这也从侧面体现了网络治理的难度、复杂度。所以，要想建立更加完善的网络综合治理体系，就需要

---

① 习近平：《决胜全面建成小康社会 夺取新时代中国特色社会主义伟大胜利——在中国共产党第十九次全国代表大会上的报告》，人民出版社，2017，第 50 页。

对网络综合治理中的协作行为进行严格规范，对治理资源配置进行全面优化，对网络综合治理的政策和制度进行完善，对网络综合治理的技术保障进行加强，最终形成政府、企业、社会组织和网民等多个主体共同参与的网络综合治理体系。

一 对网络综合治理协作进行规范

与统治（government）相对，治理理论强调协调与合作，强调治理主体的多元化以及治理主体与客体地位的相互转化。网络综合治理的组织运作系统由多个网络治理主体构成，包括政府机构、企业、社会组织等，这些主体通过信息甄别、舆情预警、资源共享、业务协作、监督评估等功能实现网络综合治理多层次、多主体的分级施策、同步推进和动态调整。这个系统的建设可以帮助网络综合治理实现系统化、层级化、规范化的管理，提高网络综合治理的能力和效率。同时，这个系统可以促进网络治理主体之间的协作和互动，加强信息共享和资源整合，实现治理资源的最优配置，从而提高网络综合治理的质量和水平。

在当前互联网高速发展的背景下，搞好网络综合治理成为社会治理体系和治理能力现代化的必然要求。因此，在网络综合治理体系中，调动各主体参与治理的积极性并规范协作行为显得尤为重要。各级党委应该领导网络综合治理体系的建设，政府则应该作为网络综合治理的主导力量，积极推动网络综合治理法治化、信息化和社会化。与此同时，社会作为网络综合治理的协同力量，也应该发挥网络企业、社会组织和公众的自治作用，从而提高网络综合治理的实效性。只有建立创新的合作治理模式，促进政府、社会和公众的积极参与，才能够实现网络综合治理的科学化、规范化和有效化。这样做能够为网络空间的健康有序发展提供更好的治理保障。

（一）党委：网络综合治理的主心骨

习近平总书记在2017年党的十九大报告中强调了“坚持党对一切工作的领导”①，并指出党是领导一切的。在国家治理体系中，党中央扮演着

① 《十九大以来重要文献选编》（上），中央文献出版社，2019，第81页。

坐镇中军帐的角色，担任着整个治理体系的“帅”，统筹协调各部门工作，保证整个治理体系的高效运转。坚持党的领导是保证一切工作顺利开展的前提条件。自党的十八大以来，党中央加强了对网信工作的集中统一领导，做出了一系列战略部署。其中，2014 年，成立了中央网络安全和信息化领导小组，负责领导网信工作；2018 年 3 月，根据《深化党和国家机构改革方案》，将中央网络安全和信息化领导小组升级为中央网络安全和信息化委员会。这一改革措施在中央层面设立了强有力、权威性的领导机构，有利于党领导网络综合治理体系的建设。这也将改变之前网络信息多部门治理权力配置上缺乏紧密衔接和相互推诿的问题，推进网络综合治理体系的协同化和高效化。

在党中央的领导下，各级地方党委应该积极推进网络综合治理体系的建设，将其纳入网络监管的重点工作计划，并督促建立相应的网络综合治理部门。为逐步完善网络监控机制、网络舆情引导与化解机制等，各级党委应该开展领导统筹工作，特别注重党员干部队伍建设。通过加强党员干部的政治意识、思想意识、道德意识和法律意识的培养，提高他们把握网络发展规律的能力，为建设网络综合治理体系提供坚实的组织和队伍保障。同时，党委还应积极发动和汇聚全社会力量参与网络综合治理，形成党委领导、社会全员参与的生动局面，共同推进网络综合治理工作。

（二）政府：网络综合治理的主导力量

首先，政府需要强化自身的主导地位。这意味着政府需要树立全局意识，增强组织的整体观念，以系统优化的方式调整内部机构，并在此基础上重新构建权力运行体系。此外，政府需要加强内部职能部门之间以及各级政府之间的协作，建立合作性的协调联动机制，以加强彼此之间的协调与联系。例如，上海市网信办于 2018 年 11 月与其他单位共同成立“涉沪自媒体专项整治工作小组”，协调相关部门分批次处置违规自媒体账号。此外，政府还应深入推进网络立法执法工作，明确网络立法宗旨、基本原则、基本制度和法律责任，及时制定相应的法律规范，为网络综合治理提供法律保障。

其次，政府需要加强与社会的合作。在网络综合治理过程中，多元主体自治是必要的前提条件。政府应当倡导构建“合理分工、过程调适、齐抓共管、优势互补”的运行机制，充分发挥政府和社会的优势，进一步提高协同治理的效率。发达国家政府在社会管理中的角色经历了从“守夜人”到“警察”再到“保姆”的演化，这为当今中国提供了重要的借鉴。政府应当强调服务为先、民生为重的理念，着力发展社会事业，积极发展社会组织，鼓励民众主动参与社区事务，形成现代社会管理体制。

（三）社会：网络综合治理的有生力量

网络企业、社会组织以及社会公众应积极主动地参与到网络综合治理活动中来，以使网络综合治理活动的整体效益最大化。要实现这一目标，应当做到以下几点。

一是网络企业有序参与。网络企业作为网络治理中活跃的主体，是处于分散状态的市场产物，有趋利性特点。网络企业需要担起社会责任，要在法律范围内合法运营，对网络内容进行有效筛选，剔除不健康的网络内容。此外，网络企业需要提高自主创新能力，要充分发挥自身的专业优势，将企业的技术创新核心力量逐步转移到网络治理上来，简化治理程序，提高治理效率，进一步服务于网络企业自身的可持续发展和网络内容的正常有序传播。网络企业要注重和高校进行合作，培养网络安全治理人才，使网络安全专业教育更具有实践性和针对性，更好地满足企业对网络治理人才的需求。

二是社会组织积极参与。社会组织主要是指学校、网络社区、网络协会及各类社会组织，社会组织是连接政府与企业的纽带，其所具有的公共性，使得其在网络治理中要承担起以往只能由政府承担的微观管理和服务的责任，并对网络治理中的利益矛盾进行调解。在进行校园文化建设的过程中，要对网络安全的重要性进行积极的宣传，创造出一个良好的校园网络环境，让学生们能够在校园内形成一种积极、健康的网络文化，并对负面网络文化的侵害进行坚决的抵制。对于以网络为中心的各种类型的社会组织，应当培养其主动参与的意识，加强组织内部自律，增强其社会责任感和自我管理能力。

三是广大人民群众积极参与。构建网络综合治理体系的基本目的，就是要使广大人民群众能够共享良好的网络环境，并能分享到网络安全发展的社会成果。在构建社会治安综合治理系统中，广大人民群众是“主力军”。所以广大网民应该建立起对网络安全的正确认识，提高对网络治理的参与程度，增强对网络治理的责任感，为网络的综合治理做出贡献。我们可以通过开展网络文明活动、开展网络道德教育、进行网络舆论引导等方式，来持续提高网民的道德素养，使得更多的人能够识别网络中的虚假信息，并能够自觉、主动地抵制低俗网络文化。

二 合理配置网络综合治理的资源

要实现综合治理良好效益，就需要积极整合现有网络信息资源，科学统筹各主体掌握的网络文化信息，优化网络综合治理资源配置，使网络信息公开化、透明化，要实现网络综合治理资源协同共享，充分调动政府、网络企业、社会组织、网民及社会公众的资源分享积极性。

（一）整合现有网络信息资源

网络信息资源是实施网络综合治理的重要基础。然而，由于缺乏系统的设计和整合安排，政府内部和政府与社会之间的协同度不高，政府内部存在多头管理和重复建设的现象，政府和社会之间网络信息资源的流动不畅，导致了信息资源的浪费和“信息孤岛”的形成。因此，整合现有的网络信息资源成为建设网络综合治理体系的关键环节。

首先，要整合政府内部不同部门、机构和不同层级政府之间的网络信息资源。通过制定制度和协调安排，可以实现不同政府部门之间的协同互补，从而提高网络综合治理效率。其次，要整合政府和社会的信息资源，以促进两者之间的协同互补。政府和社会主体应考虑相互之间信息资源的整合、协调，以实现网络信息资源共享的目标。最后，应当加强智能化治理机制的建设，采用电子政务和大数据技术来提高信息数据获取和应用的水平，实现用网络数据感知事态发展趋势、畅通治理的协调渠道，以辅助网络综合治理的科学决策。

（二）完善网络信息公开机制

在我国，政府是网络综合治理的主导力量，掌握着大量网络信息资源。因此，网络的综合治理需要政府主导、社会协同，共同建设、共同防范，这就需要建立健全信息公开机制，使信息资源得以共享。

一是政府需要拓宽网络信息发布的渠道。这包括使用多种信息发布渠道，如政府门户网站、主流网站和社会网站等，以覆盖社会管理、民生政策和重大事件的信息发布。二是政府应完善信息发布渠道的相关法律法规。例如，《中华人民共和国政府信息公开条例》要求政府保障信息发布渠道的安全性、有效性和权威性。各级政府应根据实际情况认真贯彻落实这一条例，确保政务公开透明。三是创新网络信息公开方式。由于传统的信息公开方式已经无法满足网络治理主体对信息的需求，需要不断探索新的公开方式。政府可以利用微博、微信、QQ、新闻客户端等网络平台来传递信息，并通过创建政务微信公众号、政务微博等方式来保障政务的公开和透明。这些新型的信息公开方式能够更好地体现政府服务于人民、对人民负责的宗旨和原则，也能够促进网络综合治理的快速发展。

（三）实现网络信息资源共建共享

共建、共享网络信息资源，使其最大限度地发挥作用，从而有效地推动网络综合治理。

一是需要树立共建网络信息资源的意识，并建立科学的共建制度，以保障政府和社会主体的协调和利益，实现更高效的网络信息资源收集和处理。这将有助于降低政府内部职能部门和各级政府之间以及政府与社会主体之间网络信息系统集成的复杂性，实现信息资源的集中化治理。

二是实现网络信息资源的共享。网络信息资源共享是一种高效的资源配置方式，要打破政府内部各职能部门以及各级政府之间、政府与社会主体之间的“信息壁垒”，构建包含各类网络信息的公共基础信息资源库，以最大程度释放“网络信息红利”。此外，应基于公共产品理论，建立网络信息资源共享机制下的公共管理模式。例如，政府部门可以利用大数据和物联网等技术手段，更科学准确地确定不同地区人民的文化需求和公共文化服务资源的合理分配方式，从而提供更加精准和个性化的公共文化服务。

三是要发挥社会大数据的应用与共享潜力。要贯彻国家网络经济发展相关战略，推动网络经济与实体经济深度融合，通过优化资金流、技术流、人才流、物资流的配置来提高信息流的效率。政府应当主导社会协同，实现网络信息资源的公共分配，打破政府和企业、政府各部门、各层级政府各自对网络数据的垄断。同时，应当利用法律制度、道德教化、舆论压力等手段来推动网络信息资源共享机制的建立和发展，从而促进网络综合治理工作的开展。

三 完善网络综合治理的政策制度

建立健全网络综合治理体系的重要一环是建立网络综合治理的制度化交流渠道和协作平台。在网络综合治理中，出现了一系列的问题，这就要求有一套规范的制度作为保障。

（一）建立健全网络安全法律法规体系

完善的法律法规体系对于推进网络综合治理的法治化进程至关重要。这需要制定相应的法律法规，包括互联网信息内容管理、网络安全保护等领域的法规。这些法规可以规范网络空间的秩序，维护公民的合法权益，提高网络空间的治理效能。此外，还需要建立健全执法机制，加强对违法违规行为的监管和处罚，确保网络空间的法治化和规范化。只有通过法治化手段来推进网络综合治理，才能在法律法规的约束下，实现网络空间的稳定、和谐和健康发展。

第一，需要制定规范的网络安全法律，并建立覆盖全面、协调统一的网络安全法规标准体系。同时，应及时清理原有的法律法规，解决法律法规不适应形势需要以及相互间不协调、不一致的问题，以确保法律体系的统一性。第二，应加快将一些网络安全政策文件上升为法律法规，以增强网络安全制度的刚性和有效性。这不仅能够肯定前期法治工作，降低立法工作的难度，还能够提高人们对于网络相关法律的适应度。例如，2016 年全国人民代表大会常务委员会通过的《中华人民共和国网络安全法》规定了网络安全等级保护制度等多项制度。同时，需要通过相关立法来解决现实网络空间中出现的新问题，填补原有的法律空白，明确相关主体的法律责任和义务，以实现新问题的解决和法律制度的完善。例如，2017 年中央网信办印发的《国家网络安全事件应急预案》提出了建立健全国家网络安全事件应急工作机制的标准和要求。第三，要积极推进网络安全执法工作。必须完善责任追究和监管防护机制，全面发挥相关法律法规的科学指导作用。自党的十八大以来，《国家信息网络专项立法规划 2014—2020》成功推出，随后《互联网跟帖评论服务管理规定》《互联网新闻信息服务管理规定》《公共互联网网络安全威胁监测与处置办法》等法律法规和相关司法解释相继颁布，有效打击了网络不良信息和有害信息的传播，有力维护了网络安全。

（二）治理主体间互相激励与监督制度化

许多社会组织和公众因为缺乏正确认识，对参与公共事务和开展监督存在顾虑。在网络综合治理过程中，仅仅依靠规范治理主体的运行和治理是不够的，还需要法律制度来保障各主体的相互监督。保障各治理主体的监督权是完善监督机制的必要前提。特别是要拓宽与丰富社会组织和公众监督的途径与方式，如举办民主听证会、网上评议政府、电子政务建设等，以加强对网络综合治理的监督。为充分调动治理主体参与监督的积极性，需要建立精神与物质奖励相融合的网络综合治理激励机制。特别是在网络企业、社会组织和公众参与网络综合治理的过程中，应建立奖励制度，对参与网络综合治理过程的组织和个人，给予相应的物质或精神奖励。对于被采纳的有建设性的意见和建议，更应给予提出者表扬和奖励，以吸引更多的组织和个人参与到网络综合治理中。

（三）网络生态评价制度化

以生态学和系统学的视角来看我们今天所面对的互联网生态，它是一个紧密联系、错综复杂的多元生态系统，具有整体性、关联性、等级结构性和动态平衡性，而且牵一发而动全身。网络社会是一个自我协同演化的社会生态系统，其健康有序发展的前提是系统平衡。网络社会生态系统的不平衡会导致各种社会问题，也就是我们常说的网络社会问题。网络综合治理的评价指标越来越多元化，科学准确评价不应仅仅局限于单一的技术指标，而应更多地将衡量标准转向生态指标。可以通过设置网络综合治理体系的生态评价指标，探索建立以信用等级、人才队伍水平、教育规模、监督力度等为标准的网络生态评价系统，以科学的评价体系提升网络空间自我净化活力。同时，应建立网络生态评价制度，明确网络空间生态指标，优化整合网络治理资源，并形成属地负责人考评制度，将网络生态纳入政绩评价考核体系中，切实落实主体责任。

（四）网络安全人才保障制度化

习近平总书记强调指出："要把人才资源汇聚起来，建设一支政治强、业务精、作风好的强大队伍。"① 因此，在我国构建网络综合治理体系的过程中，如何发掘和培育可靠、能干的网络人才成为至关重要的问题。对此，我们应当从以下几点入手加强人才保障。

首先，政府应当加强网络治理队伍的建设。网络综合治理人才队伍建设需要具备全局意识、整体观念和开拓创新精神。为此，可以建立综合协调执法治理体系，同时配备专门的网信安全管理队伍。在招聘和考核过程中，应加大对网络治理实际操作能力的考查力度，定期组织培训，以提高网络治理队伍的执法水平。

其次，应加快推进网络信息安全学科专业建设，提升网络专业人才培养质量。虽然国内有 100 多所高校拥有信息安全类本科专业，但各高校建立网络空间安全专业并大量招收培养该专业本科、硕士、博士生仍需要时间。2016 年，已有 29 所高校获批网络空间安全一级学科博士学位授权点。因此，高校需要整合推进信息学科资源开发，大力推进网络空间安全专业建设，以培养网络综合治理体系建设所需的专业人才。

最后，发挥社会协同力量，挖掘社会人力资源。要创造优秀人才脱颖而出、施展才干的良好环境，以吸引更多优秀人才投身网络建设与管理事业。互联网企业可以利用市场性特征来挖掘适应市场需要的专业型人才；社会组织则可以利用服务性特征来挖掘适应网络事业发展需要的服务型人才。

四　提升网络综合治理的技术水平

网络空间的虚拟性和复杂性使得治理变得更加困难，而技术治理成为解决治理难题的重要途径，同时也是推动网络综合治理智能化的关键。技

① 《习近平谈治国理政》，外文出版社，2014，第 199 页。

术已经渗透到网络综合治理的各个领域，成为推动网络综合治理现代化的重要因素。当前，人工智能、大数据等技术在物联网、智慧城市、智慧交通等领域发挥着重要作用，同时在网络综合治理中也越发受到关注，并对推动网络综合治理体系的形成起到重要的技术驱动作用。早在 2016 年的网络安全和信息化工作座谈会上，习近平总书记就指出："网络安全和信息化是相辅相成的。"① 为了解决网络综合治理中存在的技术障碍和技术壁垒等问题，需要加强关键信息基础设施建设，完善网络综合治理的技术支撑体系，促进人工智能、大数据、区块链等技术在网络综合治理中的应用，探索技术因素在网络综合治理过程中的运行机理，进而形成网络综合治理技术保障体系，从而有效提升技术治理水平、加大治理力度。同时，以人工智能为代表的新兴技术的创新发展，为网络综合治理注入了新的活力和生机，人工智能的自适应性和学习调整功能极大地降低了政府的网络安全监管成本，增强了监管的针对性和有效性，为构建网络综合治理体系提供了技术支撑，网络综合治理技术保障体系正在逐渐成形。

五　打造网络综合治理伦理信用体系

社会是人类的共同体，为了在社会中和谐共存，人们需要遵守共同的伦理规范和行为准则来处理各种关系。同样，网络社会也需要如此。网络综合治理伦理信用体系作为社会信用体系的重要组成部分，基于伦理规范和信用服务体系，全面记录网络社会成员的信用记录，并增强与提高网民诚信意识和信用水平，以建立和谐而充满信任的网络环境。2015 年 12 月，习近平总书记在第二届世界互联网大会上强调了加强网络伦理和网络文明建设的重要性，提出应"发挥道德教化引导作用，用人类文明优秀成果滋养网络空间、修复网络生态"②。随着互联网、大数据、人工智能和实体经济深度融合，构建良好的网络信用环境已成为构建网络综合治理体系面临的重要现实挑战。目前，覆盖网络社会的伦理信用体系尚未形成，部分企

① 习近平：《在网络安全和信息化工作座谈会上的讲话》，人民出版社，2016，第 15 页。

② 习近平：《在第二届世界互联网大会开幕式上的讲话》，《人民日报》2015 年 12 月 17 日，第 2 版。

业和网民信用还有待提高，伦理规范的路径方法也还不成熟。同时，网络安全攻击、互联网黑色产业链等深层次问题仍然存在，网络社会的诚信氛围和信用机制还不够完善。但是，伦理信用的辐射范围比政策法规更广，影响更深远。伦理信用体系是政策制度体系的有力补充，在虚拟复杂的网络空间环境下尤其需要加强伦理道德和信用服务建设。网络伦理标准守则、伦理监督审查委员会、信用评级制度、诚信奖惩制度、实名认证制度、信用信息共享平台等新兴工具正在不断推进网络综合治理伦理信用体系的形成和发展。这些工具对激发网络社会内在活力和维护网络综合治理秩序能起到重要作用。

延伸阅读：

走"新"更走"心"，网络综合治理的"滁州答卷"①

近年来，在习近平新时代中国特色社会主义思想指引下，安徽省滁州市深耕全省网络综合治理体系建设改革"试验田"，深度聚焦网络综合治理"六大体系"建设，着力打造"琅琊论剑"等十大网络综合治理品牌，积极构建网络综合治理新格局，营造主旋律更响亮、正能量更强劲的清朗网络空间。

叫得响的网信"十大品牌"、全省首家数字党建馆、"滁小美云讲堂"网上理论宣讲品牌、"百年辉煌 e 心向党"网络文化季系列主题活动……这是一条用改革闯出来的滁州网络综合治理新路，烙印着滁州察民情、顺民意、听民声、解民忧、聚民心的实践，以实际行动和扎实成效向党和人民交上了一份网络综合治理的高分答卷。

搭建体系，下活治理"全网一盘棋"

滁州市自 2020 年承担全省网络综合治理体系建设改革试点工作以

① 王琼、徐益：《走"新"更走"心"，网络综合治理的"滁州答卷"》，《滁州日报》2021 年 11 月 30 日，第 1 版。

来，在省委网信办的精心指导和市委的坚强领导下，突出政治引领高位推进，明确治理路径打造品牌，构建完善四级联动体系，“上下协同、政令畅通”的网络综合治理“一盘棋”格局基本形成。

网络综合治理体系是一项复杂、多维、立体的社会系统工程，是构建网络强市的关键，是地方治理体系的重要组成部分。因此，从顶层设计开始就必须突出政治引领、坚持自上而下、做到与时俱进。市委常委会会议和市委网信委会议多次专题研究网络综合治理相关工作，并将其列入市委常委会、市委深化改革委、市委网信委年度工作要点，市委主要领导多次进行实地调研，制定操作性强、务实管用的20余项举措，为网络综合治理工作明确目标任务、搭建体系框架、明晰方法路径，将网络综合治理体系建设作为推进网络意识形态和网络安全工作责任制落实的重要抓手。

作为全省改革试点市之一，滁州市在2020年就初步构建“12345”网络综合治理格局，即“构建一个格局、组建两个中心、用活三类组织、实施四项工程、打造五支队伍”，将80多项任务落实到单位、细化到科室，实施跨部门、跨系统、跨领域“联合作战”。2021年，在此基础上，确定了“五项工程”“十大品牌”的网络综合治理体系建设深化提升方案，即深入实施网络发展“领航”、网络宣传“嘹亮”、网络清源“亮剑”、网络安全“护盾”、网络人才“强基”五大工程，着力打造“e心向党”“智享生活”“亭好滁州”“亭城朋友圈”“清朗亭城”“网上啄木鸟”“安全岛”“琅琊论剑”“e起来”“e路先锋”十大网信工作品牌。明确清晰的治理路径和方法，也得到了省委网信办的高度认可，为全省网络综合治理体系建设积累了经验、提供了样板。

为了将网络综合治理体系改革试点工作落地落细落实，滁州市成立推进网络综合治理改革试点工作领导小组，强化部门横向联动，建立网络综合治理协调机制，出台网信工作重大事项请示报告、会商处置等多项制度和实施细则等；各县（市、区）设立网信事务中心，配齐镇、村力量，形成市、县、镇、村四级联动，构建“横向到边、纵向到底”的高效工作体系，做到“上下协同、政令畅通”。

塑造品牌，创新唱响“滁州好声音”

作为全省首个网上党建教育基地，滁州市“e心向党”数字党建馆自2021年4月22日揭牌以来，到2021年11月已吸引了省内外70余批2000多人次学习观摩，成为党员干部的“红色加油站”和“正能量打卡地”；“滁小美云讲堂”网上理论宣讲品牌，综合运用视频、图文、H5、动画、快闪等传播形式，宣讲习近平新时代中国特色社会主义思想、党和国家重大路线方针政策、重要会议精神、“四史”，通过庆祝建党100周年系列活动等，让宣讲更精准、形式更活泼、政策更入人心；“100年100秒”“村里来了第一书记”“战疫助农”等主题宣传和公益扶贫活动，获得群众点赞、全省认可……在网络综合治理体系建设改革试点工作推进过程中，滁州市坚持品牌化传播，讲好中国故事滁州篇，开展主题网络文化活动，特色打造“琅琊榜”，线上线下“齐步走”，让网络文化活动走“新”更走“心”。

主题主线讲好“滁州事”。策划系列融媒体报道“百年奋斗路 启航新征程”“新阶段 再出发”等；围绕建党百年和党史学习教育，创新打造滁州市“e心向党”数字党建馆，集纳了百年党史、新中国史、改革开放史等7个数字馆，上海一大会址、井冈山、小岗村等30余个VR虚拟馆，集成了市党性教育、机关党建、党史教育等平台，将AR、VR等数字影像技术与党建主题相融合，构建全触感、沉浸式的党建学习体验。

探索创新，走好新时代网上群众路线

“凡益之道，与时偕行。”在这个信息互联互通的大时代，越来越多的群众通过网络发表意见、表达诉求、建言献策。近年来，滁州市坚持通过互联网走群众路线，在及时掌握舆情苗头、回应社会关切、提高服务水平方面积极探索，最大限度地运用互联网问政于民、问需于民、问计于民、问效于民，致力形成网上群众路线工作的“滁州模式”。

"线"上突破，从单一主导到多元利导。整合平台五大系统，全面升级打造"云雀""云鹰""云匦"三位一体的网络综合治理平台，践行网上群众路线，做到热点舆情快速发现、民意收集反馈交办等一体集成。开发自媒体管理模块，摸排属地商业和自媒体账号3000余个，纳入实时监测。畅通电话、邮箱、网站、微信公众号等多种举报辟谣途径，拓展互联网不良信息举报和辟谣平台联合处置功能。

"面"上覆盖，从被动应付向主动引导转变。建设主流媒体主力军、政务媒体集团军、网络媒体同盟军，"三军"齐上阵，打出"组合拳"。"美好滁州"微博号、微信公众号在全省排行榜中长期处于前列，有6个县（市、区）政务微信公众号在全省县（市、区）排行榜中长期位于前十；全市有影响力的微博、微信公众号、抖音号、头条号组成"四个100"新媒体矩阵平台；联动江浙沪皖4省市57家网络媒体组建滁州市网络媒体联盟，实现有效联动、聚合传播，集聚了千万微博粉丝，获得了10亿级的网络阅读量。抓好"引、荐、聚"，推进网络统战工作，以网连心、用网聚才、借网发力，最大限度扩大"亭城朋友圈"。2021年，网络大V"红色印记行"、"网红看滁州"和"滁州dou亭好"全民抖音挑战赛等，以赛为媒，挖掘草根力量，全方位多角度展示"亭好滁州"形象，活动阅读量突破400万次，曝光量近2亿人次。

"根"上治理，从网上应对向网下化解转变。网上网下联动共治。与公安、市场监管、文化旅游等十余个重点涉网管理部门建立"清朗亭城"网络综合治理联动工作站，统筹推行联席会议、会商研判、网络宣传、应急处置、网络执法、网络安全等"六联动"常态化网络综合治理工作机制，夯实主管部门"网下管什么，网上就管什么"的工作理念，全面凝聚工作合力。

"通"上搭桥，与时俱进走好新时代网上群众路线。打造"回声亭"网络问政工作品牌，用好"滁州万象"网络民意论坛，24小时巡查监测网络社情民意，发挥云匦系统"交转办"工作机制作用，向县（市、区）和市直部门交转办网民反映的问题和困难。定期对云匦系统办理、回复、反馈等情况进行通报。

科技支撑，变“最大变量”为“最大增量”

互联网是当下这个时代的“最大变量”，“最大变量”中也蕴含着“巨大能量”。滁州要实现高质量发展，必须把“最大变量”化为“最大增量”。近年来，滁州市通过开展网信普法活动、网络生态治理专项行动、组建行业协会、锻造网信铁军等方式，成功地营造了风清气正的网络空间，极大地提高了用网治网水平、提升了群众的获得感与安全感。

聚焦依法治网，提升网络空间清朗度。运用欧阳修、琅琊山、醉翁亭等元素制作网信普法系列宣传及文创产品，开展网信普法活动；建设滁州网信普法实践基地，组织网信普法进学校、进社区、进机关、进企业等“六进”活动；组建网信普法志愿者队伍，线上线下齐头并进。出台网络实名注册、新媒体平台登记备案等13项网络综合治理制度，成立网络执法联动工作站，实施联合监管，开展联合执法。开展“江淮净网”“清朗亭城”网络生态治理专项行动，2021年（截至11月30日），共清理网上有害信息1500余条，依法关停多个属地网站、违法违规账号，约谈违规网站平台及账号运营者。

聚焦技术管网，提升服务保障力。组建市互联网发展协会、市网络安全协会，覆盖全市网络运营商、电子商务、智能装备、网络安全、网络服务等92家重点互联网单位，推动行业健康发展。依托网络安全技术支撑单位，常态化开展“琅琊论剑”攻防演练和网络安全技能大赛，预警、预防网络安全风险。持续加大投入，提升信息化基础设施建设水平，全面推行“码上办事”，建设数字乡村云平台系统，“数字＋党建＋治理”的“智慧社区”，“数字＋服务”“数字＋城管”……掌上办、指尖办、数字滁州让信息化更好更快地惠及百姓。

聚焦人才兴网，提升网信队伍战斗力。坚持和加强党的全面领导，以党建引领发展，锻造一支讲政治、懂网络、敢担当、善创新的“e路先锋”网信铁军。开展多种形式的头脑风暴、网信大讲堂，以提升网络安全、网络意识形态工作、网络宣传、网络管理、网络社会组织等方面水平或能力为抓手，扎实开展提升“四力”教育活动，2021年（截至11月30日），组织各类教育培训40余次，参训人员达6000余人次。抓好中国好网民培育，精心打造“e起来”网络教育品牌，与滁州学院合作共建市互联网研究院，在课题研究、基地建设、人才培养、产教融合等诸多方面积极探索新型合作模式。设立青少年网络素养教育基地，建设滁州网信“未来e站”网络素养科普馆，开发青少年网络素养教育系列课程，年培训学生4万人次。

在滚滚奔涌的信息化大潮到来之际，滁州市围绕网络综合治理体系建设，由“12345”治理路径入手到全面打造网络治理十大品牌，由搭建“四梁八柱”到充实“筋骨血肉”，由巩固提升治理成果到建立健全长效机制，走出了一条有质量、有温度的治理道路，形成了许多可复制、可推广的鲜活样板。

第五章
突破互联网核心技术

随着互联网的普及和发展，中国在互联网领域的发展也越来越快。互联网核心技术是互联网发展中的关键部分，是中国在数字化时代建立自主创新能力的重要保障。习近平总书记强调，“互联网核心技术是我们最大的‘命门’，核心技术的受制于人也是我们最大的隐患”①。历史上多起美国对中国互联网企业进行技术打压的事件表明，互联网核心技术是建成网络强国的关键，是推动创新驱动战略的有力抓手。为了保障国家和互联网的安全，我们必须攻克核心技术的难题，掌握互联网发展的主动权。因此，核心技术的自主创新已经成为我国刻不容缓的任务，是我国互联网企业发展的必备条件。

第一节　我国互联网核心技术的发展状况

互联网是现代社会的重要基础设施和信息交流的主要渠道，互联网核心技术是保证互联网正常运行、信息交流畅通的基础，是各类互联网应用能够顺利实现的前提条件。20 多年来，中国互联网技术得到了长足发展，而其核心技术则始终是互联网产业的重要组成部分。

一　我国互联网核心技术的发展历程

互联网是当今世界的重要组成部分之一，它给人类社会带来了极大的

① 习近平：《在网络安全和信息化工作座谈会上的讲话》，《人民日报》2016 年 4 月 26 日，第 2 版。

便利和变化。在这个日新月异的时代，互联网技术也在不断地进步和发展。我国作为世界上一流的互联网大国，其核心技术的发展历程也是十分值得关注和回顾的。

1956 年，周恩来总理在《十二年科学技术发展规划》中把计算机列为发展科学技术的重点之一，并在 1957 年筹建中国第一个计算技术研究所，标志着我国正式进入计算机时代，此后，我国计算机事业得到了快速发展，逐渐形成了自己的计算机产业体系，这为我国互联网技术的发展奠定了基础。

20 世纪末，我国开始研制建设“中文电子政务网络系统”，其中重要任务之一是研制开发中国拥有自主知识产权的宽带 IP 网核心设备及路由器芯片等产品，为我国网络技术领域除国产计算机外又增加一项国之重器。

2002 年 8 月 10 日，我国成功制造出首枚高性能通用 CPU——“龙芯 1 号”。此后“龙芯 2 号”问世，“龙芯 3 号”也已成功生产。龙芯的诞生，打破了国外的长期技术垄断，结束了中国无“芯”的历史。

“十五”期间，我国启动了以宽带 IP 网核心芯片、路由器芯片及系列产品研发为代表的“核高基”项目，并于 2004 年成功研制出宽带 IP 网核心设备（路由器芯片）。

2016 年，国务院印发《“十三五”国家信息化规划》，明确提出要实施网络强国战略，其中就包括推动下一代互联网创新发展的任务。

2016 年 3 月 17 日，《中华人民共和国国民经济和社会发展第十三个五年规划纲要》提出要实施网络强国战略，建设“宽带中国”，超前布局下一代互联网，这是为了适应和满足我国经济社会发展需要。

此后，我国的互联网技术蓬勃发展，涌现出了一批国际一流的互联网企业。在这些企业的推动下，我国在移动互联网技术和互联网金融等新兴领域发展迅猛，已经成为全球互联网技术的重要发展中心。

二　我国互联网核心技术的发展特点

互联网核心技术是支撑互联网发展的核心要素，是实现互联网创新、促进互联网应用的关键技术。我国的互联网核心技术发展与发达国家相比，存在以下一些特点。

（一）起步晚，但起点高

我国在互联网核心技术的研究与应用上起步较晚，但起点较高，已经掌握了一些关键技术，如核心芯片、软件架构、网络协议等。这些技术的发展不仅推动了我国互联网核心技术的研究和应用，也为我国互联网产业发展提供了坚实的基础。

（二）差距大，但差距逐渐缩小

我国在互联网核心技术的研究与应用，包括操作系统、核心软件等方面与发达国家相比依然存在着很大差距，这也是我们需要进一步努力的地方。在此基础上，我们应该加大投入，加大研发力度，加强与世界其他国家的合作，力争缩小差距。

（三）应用广，但商业模式不明确

我国互联网核心技术的应用已经延伸到人们生活的方方面面，如手机支付、移动互联网、智能交通、云计算、物联网等。但是，我国互联网核心技术的商业模式不明确，还没有形成成熟的商业模式，这制约了互联网核心技术的发展。

（四）人才缺，且培养机制不完善

我国拥有一大批一流的互联网研发人员和专家，但由于缺乏足够的专业人才和成熟的培养机制，我国在国际互联网高端人才领域仍与发达国家存在明显差距。由于在全球范围内进行交流学习的机会不多，我国缺乏国际互联网高端人才。

（五）在某些领域已取得突破性进展

近年来，我国在网络安全、下一代网络等方面取得了一系列重大突破和重要的进展。例如，2006 年 2 月 9 日，国务院发布了《国家中长期科学和技术发展规划纲要（2006—2020 年）》。同时，我国自主研发了新一代骨干网络设备和传输设备等关键设备以及 IP 寻址系统等关键技术，实现了对网络安全的有效保障。此外，我国还在网络地址转换技术方面取得了重大突破，确保了网络地址转换的高效性和可靠性。

（六）重视应用，但创新力度不够

我国高度重视互联网核心技术的研究与应用，但对互联网核心技术创新的重视程度不够，在关键核心技术的创新方面存在着许多问题。首先，缺乏创新环境。我国虽然在互联网核心技术研发方面投入了大量人力、物力和财力，但是还缺乏良好的创新环境。在互联网核心技术的创新上力度不够，缺乏创新积极性，这与我国目前互联网发展现状不相符。例如，我国现有的互联网核心技术仍然停留在简单的应用层面，没有深入互联网核心技术创新层面。其次，缺乏核心知识产权。我国在互联网核心技术领域缺乏核心知识产权，这不利于我国互联网核心技术创新发展。最后，政策支持不足。缺乏系统完备的政策法规保障，缺乏创新激励机制。由于政府在互联网核心技术研发方面投入少、支持力度小、重视程度不够等，我国对互联网核心技术研发缺乏激励机制，创新力度不够。

三　我国在互联网核心技术上已取得的成就

（一）核心技术研发能力方面

“核高基”指核心电子器件、高端通用芯片和基础软件产品，这三个领域是21世纪电子信息产业国际竞争的制高点，在电子信息技术发展中起着至关重要的作用，是一个国家技术实力和创新能力的重要标志，也是一个国家电子信息产业发展水平的重要标志。“十三五”期间，我们按照“三个面向、一个依托”的指导思想，在核心电子器件、高端通用芯片和基础软件产品三个领域，进一步强化基础研究，强化优势领域的自主创新，加快突破关键核心技术和研发重大产品，培育一批具有国际竞争力的龙头企业和产业集群；进一步完善创新体系，引导各类创新资源向优势领域集聚，形成具有国际竞争力的高新技术研发与创新体系；进一步加强开放合作，促进产学研用深度融合；进一步推进关键核心技术攻关，加快重大产品研制和产业化；进一步加强基础设施建设与运行管理，优化完善重大科技基础设施布局。通过持续不断的努力，我们成功地提升了以“核高基”为主要方向的国家核心技术研发能力，科技取得了长足的发展，从而成为世界上最具竞争力的国家之一。

1. 在核心电子器件上的突破

我国在核心电子器件研发上取得了一系列重大成果，填补了一批国内空白，并形成了一批国际先进的核心元器件技术。

第一，在大规模集成电路方面，形成了以大尺寸、高性能、低功耗为特点的多代产品，突破了传统的设计方法，获得了更高的性能和可靠性，从而填补了国内在该领域的空白。中国科学院电子所于2012年成功研发出两款高可靠性大规模“慧芯”可编程逻辑器件，并于2012年10月进行了基于“慧芯2号”的实践九号B卫星在轨测试，首次对国产可编程逻辑器件进行了在轨测试。这意味着我国在自主研发大规模可编程逻辑器件上取得了突破，填补了我国在高端高可靠可编程逻辑器件研发方面的空白，推动了我国高可靠可编程逻辑器件的国产化，相关研究对于我国掌握一项国家级战略性高科技成果具有重大意义。2014年5月，中国航天科技集团一院十二所自主研发了一套四核并行片上控制系统，实现了火箭在轨稳定运行和精确入轨，极大地提升了其运载能力。2014年6月，我国第一颗自主研发生产的8英寸IGBT专业芯片“001号”正式下线，这意味着我国第一次突破了英飞凌、ABB、三菱等国外企业对IGBT专业芯片的垄断，从而提升了我国在轨道交通、智能电网、航空航天、船舶驱动、新能源、电动汽车以及其他一些高科技行业，尤其是关系到国家经济安全和国防安全的战略行业中，对信息安全的自主控制能力。SiC是一种新型的、高效的、低能耗的功率电子器件，在诸如空调、光伏、风电、高效电机、混合动力和纯电动汽车、高速列车、智能电网、特高压输变电等基础设施建设中有着重要的应用。中国科学院物理研究所和北京天科合达联合研发的6英寸SiC基片，实现了突破国际垄断、弥补国内的6英寸SiC基片空白。2015年7月，由山东天岳公司研发的4英寸高纯半绝缘SiC基片正式上市，为我国提供了一种具有自主知识产权、具有重大战略意义的新型半导体基片，为下一代雷达、卫星通信、通信基站等提供了关键的技术支撑，并有望用于机载、海陆、舰载、弹载等雷达系统，突破部分国家对我们的长期技术封锁与产品禁运。我国在总体技术上达到了国际先进水平，其中一些产品实现了进口替代，进一步提升了国内集成电路产业的发展水平。

第二，在新型半导体材料方面，近年来，我国石墨烯材料的自主研发取得了重大进展，经过一系列自主创新，我国石墨烯材料的生产技术、工艺装备和产品质量已经取得了突破，产业化步伐明显加快，并已取得了显著进展。[①] 已经研制成功65nm和90nm工艺的先进硅材料、外延材料和单片集成电路芯片，它们具有高质量、低成本、高性能等特点，能够满足更多应用领域的需求。2015年11月，常州二维碳素与深圳贝特莱成功研制出了世界上第一个基于石墨烯的触摸式压力传感器，该传感器具有超低的功耗，能够有效地检测压力变化，从而有效地改善传感器的性能，彻底改变了以往石墨烯只能取代传统材料的现状，为其带来了广阔的应用前景。此外，深圳华讯方舟也于2016年4月成功研制出了全球首颗石墨烯THz芯片，该芯片能够有效地在宽带通信、雷达、电子对抗、电磁武器和安检等领域得到应用，并取得了国际上的领先地位。2016年5月，中国科学院微电子研究所在30Gsps 6bit ADC/DAC芯片的研发上取得重大突破。超高采样率、宽频带的30Gsps 6bit ADC/DAC芯片，将直接影响未来通信的速率、带宽等。30Gsps 6bit ADC/DAC芯片是继20Gsps和12Gsps之后，业界第三代6bit ADC/DAC芯片。相较于第一代，30Gsps 6bit ADC/DAC芯片采样率提高了近40倍，带宽提高了近10倍，可以极大地提高高速模数转换器的数据转换速率，为我国在该领域摆脱国外技术壁垒限制增加了关键性的筹码。该项目成果将为我国在高精度、高速度通信领域提供有力的技术支撑。2016年6月，北京同方微电子有限公司自主研发的双界面金融IC卡芯片THD 88在获得国际CC EAL5+认证后又获得国际EMVCo安全资质认证，成为全球唯一一款同时获得CC EAL5+认证、EMVCo认证、银联卡芯片产品安全认证和国密二级认证的金融安全芯片。THD 88芯片在获得国际CC EAL5+认证后又获得国际EMVCo认证，标志着其完全掌握了打开国际市场的“金钥匙”。截至2015年底，THD 88芯片累计出货超过2000万颗，应用于国内多家银行，并已在巴基斯坦HBL银行、阿联酋Noor银行等海外银行实现发卡。

---

① 暴宁钟、白凤娟、何大方：《石墨烯新材料发展现状与研发应用挑战》，《中国工业和信息化》2018年第8期。

此外，我们还成功实现了8英寸硅片、外延片材料的批量生产，这些产品性能卓越，满足了现代工业的要求，并且能够用于为客户提供更高质量的服务。这些成果，不仅增强了国内集成电路产业的发展能力，而且也使国内集成电路产业的整体技术水平有了明显提高。

第三，在基础元器件方面，拥有了一批先进的基础元器件产品，如高可靠性、高密度磁记录材料，新型存储器件等等。如在高可靠性领域，突破了高可靠大规模集成电路设计技术、高可靠大规模集成电路制造技术、高性能CMOS工艺技术等多项关键核心技术。在新型存储器件领域，突破了新型存储器制造技术、新型存储器芯片制造技术等多项关键核心技术。其中，已经成功研制出了自主知识产权的低功耗、低成本的新型存储器芯片。在新型多层金属氧化物半导体场效应晶体管（MOSFET）方面，研制出了拥有多项自主知识产权的新一代MOSFET芯片。它们的出现，为提高我国电子信息产业的核心竞争力奠定了基础。此外，在新型显示器件方面，取得了多项成果，如平板显示器（FPD）、可穿戴显示设备、OLED显示技术等。近年来，我们已经研制出了具有自主知识产权的TFT-LCD、AMOLED等多种平板显示技术和器件，其中TFT-LCD和AMOLED显示屏的产业化进程已经得到了显著推进。这些产品具有低成本、高质量、高亮度、低功耗、高可靠性等特点，是液晶显示器和柔性OLED显示技术的重要发展方向。

第四，在高端磁性器件方面，取得了多项有影响的成果。如研制出我国首台高密度磁记录设备、国际上首台高密度磁存储设备、世界上第一台高密度磁存储设备等。这些成果将为我国发展新型微电子器件、提高电子信息产业的竞争力奠定坚实的基础。

2. 在高端通用芯片上的突破

第一，在处理器芯片方面的突破。从全球范围来看，我国在高端通用处理器芯片领域已经取得了一定成绩，尤其在CPU、GPU和FPGA等处理器芯片领域取得了重大进展。

在CPU方面，华为海思（Huawei Hisilicon）拥有自主知识产权的麒麟系列处理器，代表了我国在高端通用处理器芯片上的突破，如2012年2

月，华为海思推出了第一款自主研发的7nm工艺、16核、64位高性能通用处理器——麒麟910。

在GPU方面，以英伟达（Nvidia）为首的国外巨头在GPU市场占据绝对优势。2012年9月，英伟达推出了新一代旗舰GPU Tesla V100；2013年3月，英伟达又发布了新一代的旗舰GPU Tesla V100。2014年4月，英伟达发布了新一代的旗舰级图形芯片Tesla P4；2014年7月，英伟达又发布了新一代的旗舰级图形芯片Tesla P4；2015年9月，英伟达再次推出了全新的旗舰级图形芯片Tesla P4。

在FPGA方面，我国在FPGA芯片市场取得了一定突破，如2010年11月，国内自主设计的FPGA芯片——“龙芯3B”面世。“龙芯3B”是基于ARM9处理器核和Cortex－A9处理器核，并搭载了ARM架构的FPGA芯片。“龙芯3B”采用ARM9＋Cortex－A9双架构设计，内置ARMv8的核心，支持64位CPU指令集，具有32位浮点计算能力，频率达到1.5 GHz，可在500 MHz主频下运行OpenGL ES 2.1、OpenGL ES 3.2和Direct 3D等主流3D图形软件；“龙芯3B”内置了多达64个内存管理单元（MMU），支持最高64 GB内存和4K@60fps显示；“龙芯3B”还支持双通道DDR3/DDR2内存接口、双通道SDRAM接口、双通道视频输出接口。

第二，在存储芯片方面的突破。存储芯片是最主要的通用芯片之一，我国在存储芯片领域也取得了一定的成就。

我国在DRAM领域取得了突破，其中最具代表性的代表就是长江存储。长江存储是由中国武汉光谷产业投资有限公司、美国西部数据公司、日本东芝公司和中国台湾华亚科技四家公司共同投资成立的合资企业，是我国能进行自主研发、对产品具有完全自主知识产权、能够生产大容量存储器产品的高科技企业，其DRAM领域相关产品已经开始批量生产，并且已经有产品投入市场，长江存储从成立之日起就高度重视技术自研，因此它提出了自己的存储芯片技术标准Xtacking标准，已量产的128层NAND存储芯片在读取速度方面甚至超越了美日韩的存储芯片，可见长江存储在自研技术方面的优秀。这一成就不仅代表着中国在DRAM领域取得了重大进展，也体现了中国在存储器芯片领域取得的重大成就。

此外，我国在 NAND Flash 芯片领域还取得了另一成就，即与韩国三星公司合作开发的 2D Flash 芯片。三星公司是世界上最大的存储器制造商，拥有世界上最先进的 NAND Flash 生产线和 NAND Flash 生产技术。早在 2016 年，三星就已向长江存储公司订购了 64 层 3D NAND Flash 芯片。而长江存储与三星合作开发的 2D Flash 芯片具有更高的性能、更好的可靠性和更低的功耗，能够满足笔记本电脑、手机、平板电脑、智能电视等电子设备对大容量 NAND Flash 芯片的需求。

在新型存储芯片研究领域，随着人工智能、云计算等不断发展，探索新型存储芯片也成为一种趋势。而 ReRAM（阻变存储器）就是新型存储芯片，它的优势体现在读取速度快、功耗低、应用范围广阔。昕原半导体就是发展 ReRAM 存储芯片的国产公司，其成立于 2019 年，在 2022 年 2 月中旬正式建成了中国首条 28nm/22nm 的 ReRAM 生产线。基于这条生产线，昕原半导体可以更快将研究成果落地，补充完善国产存储芯片产业的生产供应链。在新型 ReRAM 产业中，入局的厂家还不是很多，而建成相关生产线的企业更是少之又少。放眼国际，昕原半导体的这一生产线建设成果都是领先的。这也意味着，中国已经在 ReRAM 领域中把握住了先手机会，未来可期。

第三，在射频芯片方面的突破。我国在射频芯片领域也创造了一定的佳绩。从 2006 年开始，我国就开始关注 RFID 技术的研究，但直到 2011 年，才有第一款我国自主研发的 RFID 芯片问世。随后，我国相继推出了几款 RFID 芯片，但都不是很成功。直到 2017 年，菜鸟主导研发的 RFID 芯片才得以问世。据悉，该芯片可用于商品防伪、物流追踪、物品管理、电子身份认证等场景。该芯片的应用领域主要集中在电子标签、电子身份认证、智能物流和智能家居等方面。

经过两年多的研究，菜鸟主导研发的 RFID 芯片于 2020 年 11 月实现量产。据悉，这款芯片可实现 99.9% 的识别率，而且可以穿透金属、液体和气体等障碍，同时具备高可靠性、高性能和低功耗的特点。2023 年 4 月 16 日，菜鸟又宣布其主导研发的 RFID 芯片出货量突破 1 亿片，这样的出货量在物流企业中位列第一，是国产芯片的又一突破。

现在全球都在大力发展5G网络。如果说5G网络是一条高速公路的话，那么RFID就是这条高速公路上的路标。从菜鸟物流科技主导的RFID芯片项目可以看出，我国在射频芯片方面已经取得了长足的进步。虽然我们在RFID芯片领域还存在一定的不足，但我们并不是没有实力。未来5G网络会应用在汽车上、工业上、物联网上、智能家居中、可穿戴设备上等，所以说，RFID技术非常重要。

此外，在农业芯片和车载芯片领域，也有一定的突破。“神农1号”芯片的发布填补了我国农业芯片的空白，“神农1号”芯片是河南农业大学团队研发的芯片，这款芯片是地方鸡基因组系列液相芯片，它能精准地感知鸡的生产环境，对鸡的保护、鉴定、开发起到推动作用；芯擎科技宣布7nm的智能座舱芯片“龙鹰1号”芯片实现量产，这款芯片已经被搭载在新能源汽车上。“龙鹰1号”芯片的整体性能媲美高通骁龙8155，这充分地体现了我们在车载芯片领域已经达到世界主流水平。不管是RFID芯片，还是“神农1号”芯片、“龙鹰1号”芯片，都体现了我国在芯片设计领域具有极强的实力。

第四，在高端服务器和高性能计算机方面的突破。我国自20世纪90年代初以来在高端服务器、高性能计算机等领域进行了持续不断的探索和创新。经过多年的努力，我国在高性能计算机技术领域取得了重大突破，已具备了研制千万亿次高性能计算机的能力，自主设计的高端服务器和高性能计算机在部分领域已达到世界先进水平。

在高端服务器方面，2000年12月，浪潮公司推出了国内首台基于PowerPC架构的8路高端容错服务器——浪潮E8800。该服务器采用英特尔至强可扩展处理器（Xeon E7－4800），支持64位操作系统，具有多核、高密度、高扩展能力、高可靠性等特点，并在国内率先采用双电源冗余设计和双热备系统，使其具备了在任何工作环境下都能稳定运行的能力。该产品填补了国内空白，并成功应用于国内多家大型互联网企业。与此同时，该产品在海外市场也取得了重大突破。2009年12月，浪潮推出全球首台16路高端容错服务器浪潮P6800；2011年8月，浪潮推出全球首台64路高端容错服务器浪潮P6900。该产品采用自主研发的“龙芯”处理器、“昆仑”操作系统及企业级硬件平台，支持 64 位应用程序，具有高性能、高可靠性、高扩展能力等特点；采用自主设计的 CPU、内存和存储系统、电源和散热系统等部件；采用双电源冗余设计和双热备系统，在任意工作环境下稳定运行的能力得到了极大的提高。该系列产品采用自主架构和飞腾 CPU 芯片，可为互联网、云计算、大数据等应用提供强大支撑。同时，该系列产品在扩展性、功耗、成本等方面有较大优势。

在高性能计算机方面，2009 年 11 月，由中国人民解放军国防科技大学研制的“天河一号”高性能计算机成功进入了全球超级计算机 500 强排行榜，成为当时世界上排名第五的超级计算机。“天河一号”在性能、功耗、存储密度、并行度、I/O 带宽等方面均达到了当时世界领先水平。与此同时，我国高性能计算技术也得到了长足发展，在关键技术领域实现了突破。2013 年 6 月，“天河二号”超级计算机在全球超级计算机 500 强排行榜上居第一位。为进一步提高我国高性能计算机的竞争力和影响力，必须突破包括处理器在内的高性能计算机关键部件的核心技术，并增强自主创新能力，研发出更多更好的国产高端服务器和高性能计算芯片。

3. 在基础软件产品上的突破

在操作系统方面，在政府、金融、能源、教育、财政、公安、审计、交通、医疗、制造等多个领域，已成功开发出民用、军用桌面操作系统，并成功开发出电子邮件安全保护平台、高级服务器操作系统（虚拟化版本）、高可用集群软件、通用服务器操作系统、高级服务器操作系统、安全邮件服务器操作系统、安全操作系统、安全云操作系统等，为我国操作系统实现“自主可控”做出了重要贡献。戴尔于 2014 年 8 月 1 日宣布，将会在多款商业计算机上安装中标麒麟系统，并将此系统逐步扩展到其他产品线上。由普华主导开发的汽车电子基础软件平台于 2010 年 5 月在上海正式上线，这是一项打破国外技术壁垒、满足汽车电子关键技术需要的成果，同时也将推动我国汽车电子和相关电子控制产业的快速发展。阿里巴巴集团于 2011 年 7 月发布了其手机智能操作系统 YunOS。YunOS 是阿里巴巴在大数据、云服务、智能设备操作系统等方面的创新成果，可以在智能手机、机顶盒、网络电视、智能家居、智能车载设备、智能穿戴设备等智能终端上得到广泛的应用，目前已经在魅族手机、海尔第一台“云厨”设备、世界第一种大规模生产的互联网汽车（荣威 RX5）等国内智能终端上得到了广泛应用。在 2015 年，YunOS 第一次超过了微软的 Windows Phone，成为第三大移动操作系统。YunOS 在 2016 年第一季度增加了 1700 万用户，占据的国内市场份额达到 16.08%。

在中间件方面，中创软件已开发出可定制、可裁剪的 Loong 互联网应用服务运营支持平台，形成了一套拥有自主知识产权的国产中间件技术及标准，将有助于解决我国“金字号”工程及重要产业中外国对中间件的垄断问题。金蝶在 2014 年发布的 Apusic 智能云平台（ACP），提供了一套支持应用、数据、业务逻辑的完备的技术和产品组合。目前，国产中间件已经构成了一个相对完善的产品体系，在我国政务、交通、金融、证券、保险、税务、电信、教育、军事等行业和领域的信息化建设中得到了广泛的应用，它也是大型应用系统建设中不可或缺的一部分。

在数据库方面，达梦数据库有限公司在 2012 年 5 月成功研制数据库管理系统 DM7，其获得了国家《信息安全技术 数据库管理系统安全技术要求》（GB/T20273—2006）中的 4 级安全防护等级认证。

在基础应用方面，2013 年 3 月，金山公司的办公软件 WPS 在技术上实现了对国外产品的完全替代，并在此基础上走出了一条“互联网 +”的发展之路，为我国其他办公软件的发展提供了一条可资参考的道路。在国内，它的市场占有率已经超过了 20%，并且凭借其高质量和低廉的价格，在软件的正版化过程中发挥了巨大的作用。海信公司于 2014 年推出“海信计算机辅助手术系统”，可将患者肝脏 CT 影像转化为 3D 数字肝，用于指导临床手术，达到数字化精准医疗的目的。由中国气象局国家气象中心、国家气象信息中心、清华大学大数据研究中心共同开发的 MICAPS 4.0 于 2016 年 5 月在国家气象部门正式投入运行。由于数据量是原来的数十倍乃至数百倍，通过该系统，可以将数据从生成到出现在预报员面前的时间从几个小时缩短为几分钟乃至几秒钟，这将使今后的天气预报在空间上可以准确到千米，时间上可以准确到分钟。

在“核高基”重大项目的支持下，中国在核心器件、高端通用芯片和基础软件产品等方面都取得了长足进步，初步形成了自主可控的“中国制造”生态圈。曙光、长城、联想、浪潮、中电、华芯、北大、众智、中国科学院、清华、阿里巴巴、中创软件、人大金仓、达梦等企业或机构组成了一条相对完整的产业链，具备一定的市场规模，能满足国防、经济、信息化等基本需求。

（二）自主创新成果方面

1. 神威系列高性能计算机

高性能计算机（又称超级计算机）主要被用来解决其他计算机解决不了的挑战性问题，通常指具有极快运算速度、极大存储容量、极高通信带宽的一类计算机。高性能计算机被视为计算机科学与工程的“皇冠”，多国近年来均频繁从国家层面启动研制计划。在中国高性能计算机多次进入全球高性能计算机 500 强后，美国自 2015 年起将多家中国高性能计算相关机构或企业列入“实体清单”，而我国高性能计算机整体实力和美国相比仍然有较大差距。因此，发展自主可控的高性能计算机至关重要。

1999 年 8 月，我国研制的“神威一号”高性能计算机问世，能模拟从基因排序到中长期气象预报等一系列高科技项目的实验结果，表明我国具备了研制高性能计算机的能力。2016 年 6 月，在法兰克福国际超算大会（ISC）上，新一代神威系列高性能计算机“神威·太湖之光”跃居全球超级计算机 500 强榜单之首，成为世界上首台运算速度超过每秒 10 亿亿次的超级计算机，其采用的处理器是全国产的“中国芯”——“申威 26010”，该处理器也成为我国自主研发、打破技术封锁的利器。2016 年 11 月 14 日，新一期全球超级计算机 500 强榜单中，“神威·太湖之光”以较大的运算速度优势轻松蝉联冠军。算上此前“天河二号”的六连冠，我国已连续 4 年登上全球超算排行榜的最高席位。2022 年 3 月，发表于 *Science Bulletin* 的一篇文章详述了中国科学技术大学在新一代神威超级计算机上首次实现的长达 7 天的全球 3 公里空间分辨率大气物理 - 化学全耦合数值模拟试验的过程，全面展现了新一代国产超级计算机软硬件系统的可靠性、稳定性和可用性，以及在其上构建全球高分辨率大气模拟系统的重大应用前景。

从中国高性能计算机100强中的主要公司来看，2002年之前，100强主要来自国外的HP、IBM，后期以中国的联想、曙光和浪潮为主。曙光在1998年完成“863计划”项目——“曙光2000”可扩展机群体系结构超级服务器，2001年完成“曙光3000”超级服务器，从2005年开始，在市场竞争中有了突出表现，曙光2010～2019年连续10年按装机台数计算市场份额排名第一，2019年所占市场份额接近40%。浪潮在2012年完成“863计划”容错服务器项目后，2014年开始有明显起色。联想通过2014年对IBM公司X86 HPC产品线的并购，市场份额异军突起，到2021年已实现在100强中按装机台数计算市场份额排名第一。

高性能计算机应用正在从过去的高精尖向更广更宽的方向发展。随着高性能计算机的发展，尤其是使用成本的不断下降，其应用领域也从具有国家战略意义的核武器研制、信息安全、石油勘探等领域向更广泛的国民经济主战场快速扩张，如制药、基因测序、动漫渲染、数据挖掘、金融分析以及互联网服务等。

2. 龙芯系列处理器

中国龙芯，是我国第一款CPU，也是一块打破国外技术封锁的“敲门砖”。它是中国科学院计算技术研究所自主研发的通用CPU。龙芯CPU设计之初的目的是打破国外处理器技术垄断，提高我国信息产业的核心竞争力。在这一目标的指导下，我国在研发龙芯CPU时采用了独特的技术路线，同时也结合了自己的优势，设计出了具有自主知识产权的通用微处理器芯片。

在2002年8月，龙芯进行了试产，所研发的“龙芯1号”是第一款属于我国的CPU处理器。“龙芯1号”CPU的诞生终结了我国无“芯”的历史，标志着我国已打破国外垄断。“龙芯1号”主要瞄准超低功耗嵌入式芯片市场，迄今已经研制成功了“龙芯1A”、“龙芯1B”、“龙芯1C”、“龙芯1D”等一系列低功耗SoC芯片。2015年3月，我国发射的第17颗北斗导航卫星首次采用了龙芯抗辐射加固处理器——“龙芯1E”和“龙芯1F”处理器芯片。2016年4月，我国首颗微重力科学实验卫星实践十号发射成功，其载荷管理器和载荷电控箱的计算机单元全部使用龙芯抗辐射加固处理器。

随后，我国推出了“龙芯 2 号”，其于 2003 年正式完成研发并发布，其采用先进的四发射超标量超流水结构，功耗低于国外同类芯片。使用“龙芯 2 号”系列处理器，已经分别生产出了 Linux 台式机 Municator、福珑 2E 迷你电脑、福珑 2F 迷你电脑和龙梦逸珑笔记本电脑。2007 年 12 月 26 日，我国首台采用国产处理器芯片“龙芯 2F”研制的万亿次级高性能计算机 KD－50－I 通过鉴定。2008 年，曙光公司推出了基于“龙芯 2 号”的防火墙产品，实现了从软件到硬件、从整机到芯片的完全自主知识产权。2009 年，面向笔记本电脑与手机客户等桌面和移动计算、工控、媒体与网络通信等领域的“龙芯 2G”完成流片。2012 年底，面向笔记本电脑、平板电脑等移动终端的“龙芯 2H”完成流片。

“龙芯 3 号”系列为高性能通用处理器，主要面向信息化应用，应用场景为桌面与服务器类。基于信息系统和工控系统两条主线开展产业生态建设，面向网络安全、办公与业务信息化、工控及物联网等领域与合作伙伴保持全面的市场合作，系列产品在电子政务、能源、交通、金融、电信、教育等行业领域已获得广泛应用。“龙芯 3 号”包括单核、4 核与 16 核三款产品，可用于计算机桌面、高性能服务器等设备。2009 年 9 月 28 日，我国首款四核 CPU“龙芯 3A”（代号 PRC60）流片成功，该芯片达到了世界先进水平。

如今，龙芯在芯片架构上也摒弃了美国的 MIPS 架构，彻底摆脱了美方对我国芯片的影响，具备了全国产化自主研发的能力，龙芯 CPU 已经成为高端服务器、工控、嵌入式系统等领域中广泛应用的产品，并取得了较好的应用效果。此外，其在信息安全、工业自动化控制、智能家电等领域也已得到了良好的应用。

3. 拟态计算机

按照拟态计算原理构造的计算机被称为拟态计算机。经典通用计算机是“执行结构固定不变、靠软件编程实现计算”。拟态计算机通过基于认知的元结构的拟态变换生成应用目标所需的物理解算结构集合，“依靠动态变结构、软硬件结合实现基于效能的计算”。通用和专用计算机的体系结构是拟态计算机执行结构与应用和环境无关的特例，表现为执行结构固定不变。拟态计算机的体系结构表达方式是迄今为止已发明的各种计算机中最为一般化的。2013 年 9 月，我国成功研制出世界首台结构动态可变的拟态计算机。[①] 这种计算机是由中国科学家融合了仿生学、认知科学和现代信息技术，创造出的具有动态可变结构的拟态计算机，可以根据外界环境变化而改变其形态，具有很强的灵活性和适应性。它的研制成功，不仅是我国高效能计算机体系结构的突破，更标志着我国计算机领域实现了从跟随创新到引领创新、从集成创新到原始创新的跨越，为我国计算机领域带来了一次跨越式发展。同时，这也是我国主动防御体系研究的重大创新，可从体系技术层面有效破解我国自主可控战略实行中在全球一体化时代背景下核心电子器材、高端通用芯片、基础软件产品等软硬件长期受制于人的困局，为国家安全及发展提供重要保障，因此具有重要的战略意义。

4. 可见光通信

可见光通信又被称为 Li-Fi（光保真技术），是利用 380 ~ 700nm 可见光光谱作为信息载体的新型高速数据传输技术，不需光纤等有线信道传输介质，可在空气中直接传输光信号，是一种利用激光技术实现的光通信，[②] 具有无电磁干扰、能耗低、保密性强、兼容性好、体积小等优点，主要采用高效能、长寿命和快响应的发光二极管（LED）作为通信光源，可以与其他技术结合，形成多种新型光通信系统。[③] 随着我国对可见光通信研究的日益重视，它已经成为我国高科技领域中的一个重要研究方向，对促进我国信息产业的发展具有十分重要的意义。

我国研究起步较晚，但是在《“十三五”国家科技创新规划》中将可见光通信列为新一代信息技术的重要组成部分，并发布了可见光通信国家标准，为我国发展可见光通信提供了强有力的政策支持。此外，在我国政府的努力下，我国已经发展出完善的技术体系，能够与世界发达国家同步

① 《我国成功研制世界首台拟态计算机》，中华人民共和国中央人民政府网站，http://www.gov.cn/jrzg/2013－09/21/content_2492260.html，最后访问日期：2023 年 4 月 18 日。

② 《可见光通信标准化白皮书（2016 年版）》，中国电子技术标准化研究院网站，http://www.cesi.cn/201612/1697.html，最后访问日期：2023 年 4 月 18 日。

③ 李征等：《LED 可见光通信的研究进展》，《照明工程学报》2023 年第 1 期。

发展，达到了与世界发达国家同等的水平。

2015 年 11 月，我国“863 计划”项目“可见光通信系统关键技术研究”又获得重大突破，将可见光实时通信速率提高至 50 Gbit/s，是当时公开报道的国际最高水平的 5 倍，使我国在可见光通信领域的研究处于国际领先水平。

2014 年，中国可见光通信产业技术创新与应用联盟在广州宣告成立。该联盟汇聚了我国相关领域内具有较强实力和影响力的企业、高校和科研院所。中国可见光通信产业技术创新与应用联盟的成立，能够整合资源，聚集力量，健全机制，协同创新，加速推进我国可见光实时通信速率提升。

当前，可见光通信技术已成为世界各国围绕其展开激烈角逐的下一代核心通信技术，可为 5G 移动通信网络室内深度覆盖提供绿色、泛在、廉价的接入手段。据了解，在首届中国国际智能产业博览会上公布的芯片组由战略支援部队信息工程大学可见光通信技术团队与东莞信大融合创新研究院、天津市滨海新区信息技术创新中心和重庆高新技术产业开发区等军地单位联合研发完成。该芯片组由光电前端芯片和数字基带芯片组成，可支持 Gbit/s 量级的高速传输，全面兼容主流中高速接口协议标准。

（三）技术创新群体方面

我国科技进步和经济发展，与那些辛勤耕耘在第一线的科技工作者密不可分，他们始终牢牢把握着时代的发展脉络，始终走在科技发展的最前沿，牢牢抓住难得的发展机遇，在大数据、云计算、人工智能、物联网等前沿技术方面，取得了令世界瞩目的成就，并在世界范围内，形成了一个以“BAT”，即百度、阿里、腾讯三巨头为首的世界领先的技术创新群体。

第二节　我国互联网核心技术存在的问题

2014 年 4 月 28 日，中央网络安全和信息化领导小组第一次会议召开。习近平总书记在会上发表重要讲话，指出了当前我国互联网发展面临的问题，即“关键核心技术受制于人是最大隐患”“我国互联网核心技术受制于人的局面尚未根本改变”，并提出“要强化国家战略科技力量”“要推进产学研深度融合，支持大中小企业和各类主体融通创新，加快技术创新成果转化应用”。[①] 我国高度重视互联网核心技术的研究与应用，但对互联网核心技术创新的重视程度不够，在关键核心技术的研究方面存在着许多问题。

一 核心技术中关键产品自给不足

我国数字产业链的发展在交易层面具有优势，公司科研开发也主要集中在使用层面。相较之下，在互联网的技术创新能力方面相对薄弱，在关键部件、高端芯片、电子器件、手机软件、数据处理方法剖析、数据可视化等关键技术行业严重欠缺独立自主专利权，严重依靠进口，对外依赖度高，面临“在别人墙基上砌房子”的现实挑战，现有研究大多基于国外科研团队的核心技术，具有自主知识产权的核心技术亟待创新。[②]

根据相关报道，2018 年一年中国制造的手机数量高达 18 亿部，计算机数量也达到了 3 亿台，而彩电数量达到了 2 亿台，分别占到了全球总产量的 90%、90% 和 70% 以上。此外，在其他领域，如汽车制造等方面，中国也处于世界领先地位。因此，可以说中国取得了令人瞩目的成就。中国的消费类电子产品种类在世界上最多，产业支持、技术应用、产业服务等方面在世界上处于领先地位。2018 年，中国手机、计算机、彩电、音响等主要消费电子产品出口额达 2947 亿美元，占中国外贸出口总额的近 12%。由于产品的大量生产，中国对 IC 芯片的需求占据全球市场供货量的 1/3。同时，这些产品为中国企业带来了良好的出口机会。然而，我国国产芯片的自给率仍不足三成，集成电路产值不足全球的 7%，市场份额更是不到 10%。尽管中国的信息制造业发展迅速，但由于技术水平相对落后，大量芯片仍然依赖进口。[③] 目前，在中国的信息制造业中，超过 90% 的芯片都

① 《总体布局统筹各方创新发展 努力把我国建设成为网络强国》，《人民日报》2014 年 2 月 28 日，第 1 版。

② 李丹、胡宇翔、邬江兴：《新型网络技术创新发展战略研究》，《中国工程科学》2021 年第 2 期。

③ 孟威：《着眼网络强国大局 实现核心技术突破》，《人民论坛》2018 年第 13 期。

是进口的，这不仅影响了企业发展，也给社会带来了不小的隐患。此外，我们不仅受到硬件上的制约，还受到软件上的制约。

二　核心技术研发主动性不足

习近平总书记说："近代以来，西方国家之所以能称雄世界，一个重要原因就是掌握了高端科技。"① 改革开放以来，中国作为快速发展的经济大国、工业大国，综合实力在不断显著提升。但相比之下，中国互联网核心技术研发主动性尚显不足，科技创新能力尚待增强。这一点在企业中尤为突出，从我国科技创新主力现状看，80%的科技创新主力聚集在高校和科研机构，而只有20%的工程师和科学家分布在企业；大中型企业的科技研发支出占主营业务收入比重平均仅为1%，与发达国家大企业平均5%的水平存在着明显差距。

在互联网核心技术研发方面我国投入了大量人力、物力和财力，但是还缺乏良好的创新环境。互联网的核心技术产品基本被国外几家巨头垄断，国内互联网企业自主研发能力不足，没有建立起完善的互联网生态，大量的创业项目和新兴企业无法生存。虽然我们可以制作出芯片和机器，但整个生态系统的机器、芯片、操作系统和数据库软件是一个整体，只要更改其中的一个或两个部分，就会导致其余部分无法兼容。中国互联网最大的问题在核心技术方面，没有自主知识产权的核心技术，中国互联网企业只能通过购买国外公司的产品来发展。虽然我们也有一些优秀企业，但是却难以形成强大的核心竞争力。在专利方面，我们只能通过购买来获得一定数量的专利，而没有建立起完善的专利保护体系。在软件方面，中国市场上有许多优秀的软件产品和服务，但是这些软件产品和服务都是基于国外产品开发而成的。

很多人认为国外巨头只做开发，不做销售，这种观念是错误的。我们在开发软件方面也需要建立起一个完善的生态体系。互联网生态体系有三个方面：技术研发、商业模式、用户体验。任何一种核心技术都离不开这

① 《习近平关于科技创新论述摘编》，中央文献出版社，2016，第39～40页。

三个方面。技术研发是所有核心技术和服务创新最根本的基础，没有足够强大的技术实力就无法研发出更多更好的产品和服务。商业模式创新需要强大的资源整合能力和完善的运营体系，任何一个企业想要在互联网行业取得成功都需要具备这些条件。用户体验是决定互联网产品是否成功的关键因素之一。无论是什么行业，用户体验都是最重要的环节之一。用户体验不仅包括产品质量和服务质量，也包括用户使用过程中产生的体验。

三　核心技术自研产品的市场支持率不高

由于国外产品在功能和服务上比较丰富和完善，目前国内主流使用的软件开发工具基本来自国外厂商。在操作系统方面，Linux 已有较好的生态，但国内开源社区不多，商业产品不多，国内应用比较广泛的主要有美国公司的开源软件 Github 和开源操作系统 Linux；在数据库方面，使用 Oracle 和 MongoDB 等国外商业产品；在服务器、交换机、路由器方面，自主研发的产品不多，国内主流品牌的服务器、路由器仍需进口。

虽然我国已研发了相应的国产操作系统、芯片等，本土企业在搜索引擎和社交网络领域有一定优势，但产品种类相对较少，核心技术门槛也相对较高，由于以上种种原因，我国产品始终没办法占领较大的市场份额，这就会导致该市场没用户，无法产生利润，国内的软硬件开发商也就会丧失开发积极性，最终无法形成良好的核心技术研发生态。反之，有了市场，国内开发商就愿意开发更多的产品并不断提升服务和完善功能，进一步地占领更大的市场份额，从而形成螺旋上升良性循环，市场、用户、产品存在的问题就会迎刃而解。

新技术和新产品在应用时会遇到一些问题，这是正常现象。无论是硬件还是软件，都需要市场的支持。在经过一定的论证后，我们必须尽可能地使用这些成果，让其在市场上试运行，发现问题再去改进，从而在使用过程中不断改进，提高质量，达到不断提升技术水平的效果。

第三节　突破互联网核心技术的建议

一　健全互联网技术的制度与政策体系，提供必要保障

我国的互联网技术在发展中还存在许多问题，目前我国还没有一套完善、规范、全面的针对互联网核心技术创新和发展的政策法规。在互联网核心技术方面也没有一部法律对其进行规范。因此，必须依靠制度与政策的不断完善，才能解决这些问题。首先，应加快立法步伐，为互联网技术的发展提供法律保障。《中华人民共和国网络安全法》已于2017年6月1日正式实施，这是我国首次在国家立法层面上对网络安全工作做出全面规定。《中华人民共和国网络安全法》是中国为确保网络安全而制定的一项法律，它对我国互联网技术的发展具有重要意义。然而，在互联网技术发展中还存在着许多法律问题，如如何保护网络安全、如何保护个人信息等。因此，有必要加快立法步伐，为互联网技术的发展提供法律保障。在相关法律中应明确鼓励探索我国互联网技术的发展方向、互联网技术的应用领域、互联网技术的发展管理制度以及各部门的责任划分等，为互联网技术的发展提供有效的法律保障。只有在此基础上，才能更好地推动中国网络安全和信息化事业的发展。尽快出台中华人民共和国信息产业法，以法律形式明确支持发展互联网核心技术和产业链。在发展思路上，要遵循“总体布局、突出重点、统筹兼顾、协调推进”的原则，在国家层面加强对互联网产业发展的战略规划与政策引导。同时，建议国家加强顶层设计，制定与完善发展互联网核心技术和产业链的战略规划与政策引导。此外，在国家层面，应该以政府为主导，依托现有的“863”“973”等重大科技项目，结合产业发展需求，在互联网核心技术和产业链方面重点突破，实现互联网行业的可持续发展。

其次，加大政策扶持力度，促进互联网技术的健康发展。我国已经建立了比较完善的互联网技术发展政策体系，但是由于各方面原因，我国互联网技术的政策扶持力度还不够，需要进一步加大对互联网技术发展的政策扶持力度。例如，在科研经费支持方面，应加大科研经费投入，鼓励自

主创新，加快产学研结合；在知识产权保护方面，要加大对知识产权的保护力度；在人才培养方面，要加强对网络人才队伍的建设和管理；在人才评价机制方面，应进一步完善考核指标体系、评价方法、激励机制和淘汰机制等；在技术创新方面，应不断加大对专利、软件著作权等知识产权的保护力度；在网络安全方面，应加强对网络安全法律法规、网络安全标准和风险评估等方面的研究。

最后，建议由科技部牵头，建立国家级互联网产业技术创新战略联盟，以提高中国互联网产业的技术创新水平，提高中国在国际上的影响力。通过该联盟，可以利用现有的互联网产业基础优势和国家工程研究中心、重点实验室等科研机构和平台的创新优势与产业服务优势，以及高校、科研院所、龙头企业和社会各界的资源优势，推动中国互联网产业发展。

二　坚持以人民为中心的发展理念，保持正确导向

以人民为中心的发展理念，是我们做好各项工作的基本方针，也是引领核心技术突破、确保核心技术造福于人民的基本遵循和行动指南。因此，我们首先要围绕国民经济主战场，确定核心技术突破重心。同时，要面向国民经济主战场，以创新为驱动，推动核心技术的研发和应用，在较短时间内缩短与发达国家的差距，甚至实现“弯道超车”。同时，还要立足我国国情，面向国民经济主战场，把握核心技术的发展趋势，在核心技术研发中抓住机遇、把握重点，抓住关键技术攻关方向和突破重心，进一步推进科技创新和发展。

首先，关注三个面向。面向战略性新兴产业和先进制造业，大力推进节能环保、生物、高端装备制造、新能源、新材料等重点领域的核心技术创新，推动科技创新能力的提升，增强产品性能，提高产品质量，促进技术改造，实现智能化升级，加快培育战略性新兴产业和先进制造业新的经济增长点。面向服务现代信息技术产业，集中突破高性能集成电路、芯片等关键电子元器件，数据库和操作系统等基础软件的核心关键技术，构建更具竞争力的生态系统，并建立完善的技术标准体系，使其能够支撑和服

务现代信息技术产业的发展。同时，还要加强与国际社会的合作，共同推进相关技术标准的制定和完善，从而改变关键技术受制于人的局面。面向新的工业革命发展趋势，重点推动新一代移动通信、下一代互联网、云计算、物联网、人工智能等领域核心技术突破，充分发挥高精尖技术对国家经济社会发展的支撑能力。

其次，做到四个围绕。应围绕补齐发展短板确定核心技术突破重点。习近平总书记坚持以人民为中心的发展理念，提出了“改善民生”“增强人民群众获得感”的新理念。[①] 在关键技术上的突破，既要以打好基础为重点，又要以补短板为重点，使技术创新与发展的成果惠及大众。同时，还要注意充分利用市场力量，构建健全的科技创新与技术转让制度，加大科研资金与人才的投入力度。围绕人民期待和需求，加快核心技术研发，降低产品成本，为老百姓提供用得上、用得起、用得好的信息产品，让亿万人民在共享核心技术突破成果上有更多获得感，加强政府和企业的合作，推动互联网、大数据、人工智能等新一代信息技术的发展，构建以服务实体经济为导向的新经济体系，深入推进信息化和工业化深度融合，重点发展智能制造领域的核心技术，充分发挥广大科技工作者的创新潜力，带动更多人创新创业，在更大范围内促进经济社会发展。围绕保障和改善民生，集中优势资源突破大数据核心技术，加快构建自主可控的大数据产业链、价值链和生态系统链，推进“互联网 + 教育”“互联网 + 文化”等，可以让百姓少跑腿、数据多跑路，不断提升公共服务均等化、普惠化、便捷化水平，让每个人都能享受到最优质的教育、最先进的医疗技术和最便捷的文化服务，同时也要推进安全、智能的社会治理体系建设，让百姓享有安全、便捷的生活环境。围绕保障国家安全，确定核心技术攻关难点，必须站在维护和保障国家安全的角度上，充分发挥科学技术力量，掌握关键核心技术，做到操之在我，才能给企业、给人民营造一个安全的生存和发展环境。当前，我们同世界先进水平相比，同建设网络强国战略目标相比，在很多方面还有不小差距，其中最大的差距就在关键核心技术上。因

---

① 《习近平：坚持以人民为中心的发展思想，坚定不移走共同富裕道路》，求是网，2021 年 2 月 28 日，http://www.qstheory.cn/zhuanqu/2021 - 02/28/c_1127149319.htm。

此，只有掌握关键核心技术才能解决问题，才能给企业、给人民带来安全、便捷的生活环境。

我国要加强对基础技术和通用技术、非对称技术和“撒手锏”技术、前沿技术和颠覆性技术的研究与突破，以超前部署、集中攻关为手段，着力解决关键核心技术方面的问题，力争实现“弯道超车”，努力尽快在关键核心技术上取得新的重大突破，以提升国家科技实力和科技创新能力。

三 加强互联网技术研发，促进科技成果转化

“发展数字经济，推进数字产业化和产业数字化，推动数字经济和实体经济深度融合，打造具有国际竞争力的数字产业集群。”① 这是党的十九届五中全会对发展数字经济的重要指示，也是对新一代信息技术寄予的厚望。目前，技术进步的速度尚不够快，对经济发展造成了严重的影响，因此我国明确指出要提升公共卫生管理、应急装备资金投入，加快5G互联网、数据信息等新型基础设施建设。新型基础设施建设的开展将为数字经济、智能经济迎来发展机会提前做好准备，有利于发展趋势变成新的经济突破点，为推动项目投资持续增长、经济高质量发展提供强劲的驱动力。同时，要紧抓新型基础设施建设的巨大发展战略机会，加快数字领域技术发展，建设数字国家，为未来经济社会可持续发展打下坚实基础。

近年来，我国新一代信息技术产业在自主创新方面不断突破，以云计算、大数据、物联网、人工智能、区块链等为代表的新兴信息技术加速拓展应用范围，新产品、新业态、新模式不断涌现。我国的互联网产业发展迅速，拥有一批世界知名的互联网企业和高科技企业。在加快数字化发展方面，我国在电子政务、电子商务、工业互联网等领域取得了积极进展；在推动互联网和实体经济融合方面，我国一些平台企业加快发展步伐，正在成长为具有国际竞争力的数字产业集群；在打造数字经济新优势方面，我国新型基础设施建设成效显著，但同时也存在一定的薄弱环节。针对这一状况，相关部门应研究制定方案，结合国内具体情况，加快新型基础设

① 《习近平谈治国理政》（第4卷），外文出版社，2022，第205页。

施建设的规划，将其列入第十四个五年规划建设现代化基础设施体系的主要工程项目中，持续提升公共卫生管理、交通出行、电力能源、应急装备保障等重点领域的资金投入，推动互联网大数据基础设施建设。

同时，应当持续提升关键领域的信息化水平，积极推动5G互联网、数据信息等领域新型基础设施建设，以更好地利用信息技术开展精准定位、智能决策、动态监测等。另外，应当探索基于物联网技术、云计算技术、人工智能技术的设施信息化管理运行机制，以确保信息设施的安全性和可靠性。以新一代信息技术和服务业相结合为导向，促进重点地区新途径、新产业、新模式的发展。此外，应该以政府部门为主导，以多元化投资、社会化运营方式为基础，坚持自主创新、重点跨越，努力实现优势领域、关键技术的重大突破，尽快形成一批带动产业发展的核心技术。要加强基础研究，强化原始创新、集成创新和引进消化吸收再创新。要坚持前沿导向，采取差异化策略和非对称性措施，强化重点领域关键环节的重大技术研发项目，突破关系发展全局的核心技术。构建出金融机构、商业保险、贷款担保等多方参与、风险共享的风险防控体系，从而构建出一个完善的社会化融资体系。

在企业层面，要引导企业加大核心技术研发投入力度，建立完善的组织核心技术研发、产品创新机制，加强与市场的紧密结合，要加快核心技术科技成果转化和产业化，培育产学研结合、上下游衔接、大中小企业协同的良好格局，充分发挥企业的创新优势，推动重大科技成果和核心技术产业化，加快发展高新技术产业。加快推进我国自主研发的操作系统、数据库、中间件等基础软件和重要设备的国产化进程，以满足国内市场的需求，更好地提升国内企业的竞争力。尤其要加大操作系统等基础软件关键技术的研发和产业化力度，建立完善的产业体系，以推动国产软件技术的发展。企业是否拥有核心技术、能否在核心技术上取得突破性进展，是评价企业核心能力最重要的指标；企业是创新的主体，必须充分调动企业的积极性和创造性，才有可能在关键技术上取得突破性进展。鼓励企业选择一条与自己的比较优势相匹配的自主创新之路，支持行业领军企业建立高水平的研发机构，并进行基础性前沿核心技术创新研究，培育出一批具有国际竞争力的创新型企业。让企业科技人员在核心技术研发、引进方面的作用充分发挥出来，激发科技人员的创新创业动力，提升企业的核心技术创新水平，以提升企业在市场竞争中的核心竞争力为目标。另外，应该激发私人投资参与的热情，构建具有较强示范性的数字经济销售市场以及金融体系全要素快速发展的金融业产业链生态体系。

四　加快数字经济与实体经济融合，推动企业互联网转型

为了加快数字经济与实体经济融合，推动企业互联网转型，必须在技术创新、资源整合、市场开拓和政策完善等方面加大投入力度，提升数字化水平，加快信息技术在实体经济中的应用，大力发展电子商务、数字金融等新业态，加强对市场数据的收集和分析，为企业提供更多精准的服务。

2021 年，习近平总书记在主持中央政治局第三十四次集体学习时强调，要“促进数字技术和实体经济深度融合，赋能传统产业转型升级，催生新产业新业态新模式，不断做强做优做大我国数字经济”①。要以推进数字产业化和产业数字化为重点，推进数字经济和实体经济深度融合，加快构建网络空间新秩序，发挥数据要素价值，推动企业数字化转型升级，大力发展基于 5G、人工智能、云计算等技术的新业态新模式，促进数字技术创新发展，推动数字技术和实体经济深度融合。要加强科技创新体系建设，提升数字技术水平和应用能力，建立健全数据资源共享开放机制，建立完善的网络安全保障体系，打造具有国际竞争力的数字产业集群。

我们要把加快发展“互联网 +”行动放在突出位置，以大数据、云计算、人工智能等新技术推动实体经济和数字经济融合发展，进行大数据分析和挖掘，充分利用市场机制，完善数字经济服务体系，实现资源配置优化、产业结构调整；要加快发展工业互联网，推进智能制造，加快制造业数字化改造，以数字化创新推动产业转型升级；要促进互联网和各类生产要素深度融合，促进工业企业转型升级；要鼓励互联网企业拓展国际市

---

① 《习近平著作选读》（第 2 卷），人民出版社，2023，第 537 页。

场，支持行业龙头企业参与国际标准制定，积极参与“一带一路”建设；要推动互联网在更多领域普及应用，让更多企业享受到互联网的红利。

五　立足全球视野谋划，加强核心技术创新

互联网已成为当今世界各国政府、企业、社会组织和广大民众参与全球治理的重要平台。在互联网全球治理体系建设中，要坚持多边参与、多方参与，实现平等对话、合作共赢，推动制定符合本国国情、体现时代要求的全球互联网发展治理规则。我国要积极参与世界互联网发展治理，推动建设公平公正、合作共赢的互联网国际新秩序，加强与各国在国际事务中的沟通和协调，维护世界和平与稳定。

中国人民自强、有毅力，中国是一个有开放性和包容性的国家。我们要坚持开放、创新、包容。习近平总书记曾说：“我们不拒绝任何新技术，新技术是人类文明发展的成果，只要有利于提高我国社会生产力水平、有利于改善人民生活，我们都不拒绝。”[①] 一个开明的人，内心一定是非常强大的。中国企业应该用国际化的眼光来规划和推进核心技术的创新，并学会整合国际化的资源，在学习和竞争中不断提升自己的核心技术创新能力。

要密切关注世界科技发展动向，加强科技外交和科技国际化布局，整合国内外资源，全面提升重大核心技术国际合作水平，完善科技外交体系，拓宽国际合作渠道，探索建立跨区域、跨行业、跨国界的科技交流机制，推动国际科技创新合作。支持企业在全球布局与其核心技术相关的创新网络，鼓励其成立国外 R&D（科学研究与试验发展）中心，按照国际惯例进行并购、合资或参股，并在中国建立技术研究与开发机构，以达到“引资”“引技”“引智”相结合的目的。

我们必须不断地进行自主创新，自力更生，这样我们就可以真正地掌握自己的核心技术，从而达到使我们国家能够在世界上立足的目的。习近平总书记曾不止一次地指出：“市场换不来核心技术，有钱也买不来核心技术，

① 《习近平关于网络强国论述摘编》，中央文献出版社，2021，第 111 页。

必须靠自己研发、自己发展。”①

要有“十年磨一剑”的定力，在芯片、操作系统、发动机、精密仪器等核心技术上，下定决心，迎难而上，将竞争和发展的主动权牢牢掌握在自己手里。中国在一些高科技领域，如北斗卫星导航系统、量子通信、探月工程、可燃冰开采等，要“并跑”更要“领跑”，要与世界各国共同努力，不要为了自己的利益而拆他国的台，要共同发展、共同进步。我们要争取在关键技术上取得突破性进展，争取在竞争中取得主动、在发展中保持主动，增强中国的科技力量和国际影响力。要积极建立技术联盟和产业联盟，加强在战略、技术、标准和市场等方面的沟通与合作，共同进行技术合作和创新。我们要积极推进国企与民营企业联合攻关核心技术，突出龙头企业的带动作用，调动一切可以调动的资源，形成上下左右齐心协力、协同攻关的局面和机制。要把握新一轮科技革命和产业变革趋势，充分发挥互联网在促进经济转型升级中的重要作用。

① 习近平：《在网络安全和信息化工作座谈会上的讲话》，人民出版社，2016，第12页。

第六章
做强做大互联网企业

对于互联网企业，并没有一个完全统一的定义，不同学者分别根据各互联网企业的特点或者按照企业的生产要素以及提供的产品和服务定义互联网企业。目前普遍认可的广义的定义是以互联网为基础、利用网络平台提供各类服务并以此为主要营业收入的企业，其中又包括互联网标准、规范制定企业，硬件设备制造方面的终端互联网企业。而狭义的互联网企业定义则是在互联网上注册域名、建立网站，并且利用互联网进行生产经营活动的企业，具体可分为网络服务提供企业、网络应用软件提供商、网络数据服务提供商等。①

广义的互联网企业指的是以互联网技术为基础，并依赖于信息化、数字化等方式，利用网络平台提供服务并因此获得收入，从事生产、销售、服务等方面业务的企业，这些企业可包括传统行业向互联网转型的企业。同时广义的互联网企业还包括网络媒体、电子商务平台、社交网络、在线支付、搜索引擎、物流配送等领域的企业。

狭义的互联网企业特指与互联网相关的科技型公司或非科技型公司中从事互联网相关创新业务的合法经营单位。这些企业通常以信息技术和数字技术为基础，通过开发 App、网站平台、各种软件、网络设备等提供服务，所涉及的行业领域较窄，主要集中在如电子商务、在线教育、在线娱乐、云计算、人工智能等领域内，即广义互联网企业中的终端互联网企业。根据这些互联网企业所提供的产品和服务，可将其分为互联网服务提供商、互联网内容提供商、应用服务提供商、互联网数据中心、应用基础

① 李承玺：《互联网企业价值评估思考》，《合作经济与科技》2023 年第 10 期。

设施提供商等。①

第一节　发展互联网企业事关国家发展

随着互联网与经济的深度融合，互联网企业已经成为新型经济形态中最活跃、最具创造力和推动力的代表之一，它们以其高速的成长和持续的技术创新改变了传统产业和商业模式的格局，成为新的经济增长点和国家竞争优势来源。同时，互联网企业也面对着巨大挑战和责任，其涉及网络安全、个人信息保护、经营规范等方面。引导好互联网企业的发展，提高其社会责任感，推动其健康有序发展，对于加快实现经济高质量发展、构建互联网安全和治理体系、推进数字化、网络化、智能化深入融合，提高国家治理能力现代化水平具有重要意义。

一　事关国家重大战略的落地和实施

随着互联网和经济社会的高度融合发展，互联网信息服务已经成为社会运行的基础性、支撑性、战略性信息服务，互联网企业的经济社会重要地位愈加凸显。互联网企业秉持创新、协调、绿色、开放、共享等发展理念，已经成为国家重大战略实施者和推动者。当前，互联网企业不仅成为"互联网+"、大数据、云计算、电子商务等国家网络科技类战略的首要实施者，在网络科技创新引领、应用普及推广、与经济社会融合创新等方面发挥首要作用，还成为国家诸多重大战略的重要参与者，以信息服务来增强国家"走出去"和区域协同发展等能力。

（一）互联网企业是"互联网+"政策的执行主体

互联网企业通过技术创新、信息化服务等积极推动"互联网+"发展。首先，互联网企业积极响应国家政策，依据政策要求，进行技术研究和业务拓展。例如，阿里巴巴积极响应政策调整自身业务布局，逐渐增加对实物商品的投资，推进线上线下融合。其次，互联网企业在智能化、数

① 王海忠主编《品牌管理》，清华大学出版社，2014。

字化方面展现出创新魅力，在车联网、工业互联网、智慧城市等领域提供前沿技术和解决方案。云计算和大数据等行业开放平台带给传统产业深度变革和颠覆式创新，有极强的赋能作用。此外，互联网企业加大人才培养力度，着力将高素质人才向数字经济领域聚集。例如，腾讯通过各种渠道挖掘优秀人才，同时也在加速自己的技术人才培养。同时，互联网企业加强与传统行业的合作，建立多维度、高效率的协同模式，优化生产组织和管理，推进产业数字化转型。例如，滴滴顺风车平台与公共交通和私家车共享等创新形式形成互融互促的发展关系，为“共享出行”提供了更普遍和应用规模更大的机制。

总之，互联网企业是“互联网＋”政策执行的生力军，以科技驱动实现“互联网＋”在各大传统行业融合创新，主动拥抱政策调整，积极响应政策引领，持续推进数字经济和数字化社会建设。

（二）互联网企业是实现创新驱动发展战略的主要力量

互联网企业致力于技术研究和应用，推进科技创新。通过在人工智能、5G等前沿技术的研究与应用中进行探索，提高了数字经济发展和信息化水平。

由于互联网更新速度与发展速度快，互联网企业在早期发展阶段就意识到技术是企业核心优势之一，它们将研发放在第一位，加大投入，专注于技术领域，在技术创新上保持敏锐和前瞻性。互联网企业依托其强大的资金实力和在行业内广泛的用户基础，汇聚了丰富的先进技术和数据资源，充分利用这些资源进行产品调整和技术升级，有效提高技术创新的水平和速度。同时，互联网企业大力鼓励开放创新，以开放、分享、透明为理念，致力于构建友好的开发者环境，通过开源赋能及合作共享的方式推动创新落地并打造良好的自身品牌形象。目前，互联网企业发展前景良好，发展潜力大，这也使互联网企业获得了充足的人才储备和丰富的人才资源，更利于企业的创新发展。互联网企业吸引了全球各地最优秀的科技人才，集中了大量的软件工程师、算法工程师和人工智能专家，他们助力企业通过创新化的技术路线，不断研发和应用高级技术。此外，互联网行业中存在的是一个充满激烈竞争的市场，竞争与压力带来了巨大的创新动力。因为在这样一个市场环境下，只有依靠卓越的产品质量、创新性的技术以及优质的服务才能获得竞争优势。只有不断地推陈出新、更新迭代，才能满足用户的需求，提高用户黏性，从而获得更多的市场份额。在面临市场挑战和竞争压力的情况下，企业也会更倾向于创造新的产品、服务和技术，以抢占市场并满足用户需求，提升自身发展能力，并在同类产品之间获得优势。因此，互联网企业会坚持技术创新，以优异的技术实力和服务质量牢牢占据市场地位，并不断挑战新的市场空间。

综上，互联网企业拥有先进的技术、丰富的数据资源和强大的科技人才队伍，同时鼓励开放创新、追求卓越并秉承敏锐前瞻的态度，这些优势共同促成了企业在技术领域取得卓越表现。

（三）互联网企业是推动国家发展战略落实的新兴力量

互联网企业在今天的经济全球化背景下，已经成为促进包括“一带一路”“京津冀协同发展”“长江经济带”等在内的多个国家和地区合作项目发展的重要力量之一。随着数字技术与网络互联的不断进步，越来越多的互联网企业积极参与国际经贸合作，推动信息、科技、产业、人文交流，具有十分重要的战略意义。这具体体现在以下几个方面。

一是加强与共建“一带一路”国家的合作。互联网企业积极响应“一带一路”倡议，拓展国际市场和合作空间。例如，中国移动先后赴巴基斯坦、泰国、缅甸等共建“一带一路”国家投资建设通信网络和数据中心，推进大数据产业异地扩张。互联网企业可以以数字技术为基础，为共建“一带一路”国家提供高品质、高效率的数字化产品和服务，促进数字经济的快速发展。同时，通过引入国际先进技术和管理经验，推动当地互联网产业现代化升级。互联网企业还可通过建设跨境电商平台、在线支付渠道，提供数字贸易等领域的服务，加强中国与共建“一带一路”国家的经贸合作。另外，还可以积极开展科技创新合作以及文化交流活动，增强共建“一带一路”国家的合作意愿。此外，互联网企业还可以运用自身优势，向共建“一带一路”国家输送先进技术、产品和管理经验等，助力当地经济发展。

二是发挥在京津冀协同发展中的支撑作用。互联网企业可以通过在线服务、电子商务、大数据分析等手段，为京津冀地区提供更多的支撑和服务。互联网企业携手政府、企业开展协同创新，促进京津冀协同发展战略的实施。例如，华为与河北省政府合作开展数字河北战略，推动信息技术在工业、教育等领域的落地应用。互联网企业可以利用自身的数据分析能力和深度学习技术预测市场需求，为京津冀的企业提供更精准的市场指导；还可以与当地企业合作研发新产品，推动京津冀地区产业升级。

三是推动长江经济带的发展。首先，互联网企业在基础设施建设方面发挥了积极作用。大数据、物联网技术的应用，使得互联网企业在交通、能源以及环境保护等方面均具有独特优势。比如，在交通领域，共享单车、网约车等出行方式，缓解了城市拥堵问题；在电力领域，智能电表、分布式光伏等技术应用，保障了区域能源供应；在环境保护领域，监测网络平台和在线大气污染预警技术的出现，有效提升了环保的工作效率。其次，互联网企业的创新与服务，尤其是数字经济的形成，将为长江经济带培育乃至吸引大量的人才资本。比如云计算、大数据、人工智能等新一代信息技术的广泛应用，帮助当地产业实现了数字化转型，打造了更高效甚至是全新的商业模式。同时，这些服务和产品的应用，也会满足居民日常生活、消费需求，直接改善当地经济和市场。最后，互联网企业的跨界合作，也将成为长江经济带发展的“策源地”。在数字技术高度发达的今天，互联网企业破除产业、技术壁垒的现象越来越突出。比如，在医疗领域、旅游业中，以及文化传承、康体健身等方面，互联网企业都能促进协同合作与共赢发展。在这样的过程中，不仅推动了当地经济发展，还加强了中国各地区乃至全球各国之间的合作与交流。

二　事关经济社会的发展和转型

互联网已经成为当前经济社会发展重要创新要素，互联网企业已经成为当前经济社会发展新动能重要培育者。互联网促进了技术创新和应用创新，技术红利正在快速释放，新技术的普及应用已经成为当前经济社会创新发展的重要力量来源，成为国家应对经济新常态、培育经济新动能、跨越中等收入陷阱的重要抓手。互联网促进了经济社会运行中组织模式、服务模式、商业模式的创新，组织模式的更新、新服务的发展、商业模式的重构让经济运行更加高效，网络化、平台化和生态化企业组织模式，众包、众创、众筹、众扶资源配置模式，移动服务、个性化定制、网络制造、远程运维等服务模式，精准服务、产销一体、服务化制造等新商业模式塑造了一个个新的经济发展动能来源。

（一）互联网企业推进经济社会转型、提档和升级

互联网企业已经成为当前经济社会转型、经济提档升级的主要推动者，服务业的提档升级、制造业的转型升级都离不开与互联网的融合创新发展。中国依托适度超前的基础设施、大规模数据以及丰富的数字技术应用场景，在数字化转型方面具有一定的优势。[①] 电子商务让传统服务业踏上了提档升级的高速列车，以电子商务应用为主要特征的现代服务业正在快速崛起。商超零售、餐饮娱乐、旅游住宿、家政服务、交通出行等传统领域电子商务的应用，不仅拓展了企业营销市场，及时对接了供求信息，更是大大提升了服务质量。互联网已经成为当前推进工业转型升级、提质增效的先导力量，互联网应用已经深入渗透到了工业企业研发设计、生产制造、经营销售、供应链管理等各个环节，推动了企业组织方式和生产模式变革创新，孵化出了个性化定制、用户全程参与、体验式制造、众包众创等新型制造服务模式。

（二）互联网企业肩负着推进城乡区域均等化发展的责任

互联网企业是当前推进城乡区域均等化发展最为强劲的力量。数字经济是实现脱贫攻坚和乡村振兴有机衔接的有效黏合剂，是实现乡村振兴战略目标的重要突破口。[②] 互联网正在逐步改变城乡二元的经济形态，繁华商场、大型超市、著名医院、名牌大学这些以前象征着城市人特权的资源，如今在互联网的浪潮下逐渐不再是城市专属的存在，由于电子商务的发展，农民利用电子商务实现了全球购，通过在线教育圆了大学的梦，依

---

① 李雯轩、李晓华：《全球数字化转型的历程、趋势及中国的推进路径》，《经济学家》2022年第5期。

② 刘宗童：《乡村振兴战略背景下农村数字经济发展模式研究》，《物流工程与管理》2021年第9期。

托远程医疗服务享受到了城市大医院的医疗服务。农村淘宝网店承载了千万农民工和返乡大学生创新创业之梦，从卖普通产品到卖各种定制产品和服务，从生产定做、包装发货到物流运输，农村淘宝网店展现出一派生机勃勃的景象。依托电子商务平台，让贫困地区和边远山区农民把特色农产品销售出去，实现脱贫致富，已经成为当前贫困地区脱贫致富的重要形式。

（三）互联网企业推进信用社会服务体系创建

互联网企业的发展正在为经济社会发展构建一个网络化、在线化的数字化运行空间，电子商务、社交娱乐、交通出行、金融支付、餐饮住宿、新闻资讯等各类互联网应用将个体活动、企业活动均在网络空间中以数字形式保存了下来，全程记录、处处留痕、事后可溯的模式让网络经济时代经济社会活动更加可信，个人信用、企业信用等信息将变得可实时化采集和综合化分析，信用成为网络经济时代最为宝贵的财富，基于信用的经济社会活动将更加全面普及。互联网企业的发展正在开启中国信用社会发展新篇章，重塑中国经济社会运行新秩序，为中国经济社会持续健康发展创造最为可靠的环境保障。

三　事关未来国际竞争新优势的培育

发展互联网已经成为网络经济时代一国培育国际竞争新优势的重要利器。互联网互联互通，没有国界，受各国政策壁垒影响较少，全球化互联网服务将成为一国参与国际竞争的重要利器，互联网服务输出将成为网络经济时代一国构建国际竞争力的重要手段。跨国公司外交时代已经过去，互联网企业外交时代正在到来，国际政治经济新秩序正在因为全球大量互联网企业的崛起加快重塑。阿里巴巴等大型互联网企业的崛起和“走出去”，改变了国际社会对中国的认识，大大提高了中国企业对他国经济社会活动的影响力，增强了中国对国际贸易新规则制定的话语权。

（一）促进国家治理体系和治理能力现代化

互联网信息服务的发展弥补了政务信息服务“最后一公里”能力不足的短板，支撑了政府履职能力的提升，促进了国家治理体系和治理能力现代化。“互联网 +”政务服务、移动政务、大数据决策、政务微博、政务微信等的广泛应用深刻改变了政府传统运行模式，构建起网络化、在线化、数据化和智能化全天候政府，精准服务、在线监管、预测预判、事中事后处置、网络民意调查等能力全面提升，创新了宏观调控、社会管理、公共服务和市场监管模式，促进了国家治理体系和治理能力现代化。政府社会治理正因为互联网企业服务变得更加深入、广泛、精准和高效，互联网企业正在以服务创新成为政府提升治理水平的重要依托。

（二）打造国家网络空间安全防护屏障

互联网企业已经成为国家网络空间钢铁万里长城的首要守护者。互联网和经济社会的融合发展让经济社会运行搬进了网络空间，网络空间成为各国经济社会活动的重要新空间。世界许多国家都将网络空间视为继领土、领海、领空、太空之后的第五战略空间，随着经济社会活动向网络空间的延伸，网络空间承载的经济社会和国家安全价值将越来越大，谁率先掌握了网络空间规则制定，谁就赢得了未来发展的主导权。互联网企业是国家网络空间技术创新的引领者，是国家网络空间的首要开拓者，也是网络空间安全的重要守护者，数据中心、网络平台、网络服务的技术创新、应用推广、安全保障都与互联网的发展密不可分。①

第二节　互联网企业的发展现状

随着互联网的快速发展，互联网企业作为新型经济形态的代表，在全球范围内蓬勃发展。当前，全球互联网企业正面临着前所未有的机遇与挑战。一方面，互联网企业以其信息化、数字化、智能化的特性，加速引领着信息时代的新潮流，推动了产业转型升级和创新业态的出现；另一方面，互联网企业的蓬勃发展也带来了诸多问题，如数据隐私和网络安全问题等，这些问题与社会和个人的利益息息相关，需要企业和政府共同合作解决。

---

① 苑诗晨等：《中国互联网企业风险投资网络及区位影响因素》，《热带地理》2023 年第 4 期。

中国互联网企业在快速发展中呈现非常显著的跨越式发展态势，从数量规模到技术创新都走在前沿，成为国家建设全球科技强国和数字中国的重要力量。近年来，国家也出台了一系列鼓励支持互联网企业发展的政策，同时加大监管力度保障网络安全、维护公平竞争，为企业稳健可持续发展提供有力保障。

对于各国互联网企业而言，都要坚定信心、迎接挑战、持续创新，以创新驱动推动互联网传统行业转型升级。同时，企业也要更好地履行社会责任，促进科技与社会的广泛融合，实现经济可持续发展和社会共同繁荣。

一　互联网企业引领新经济，全球竞相发力

互联网作为一种新兴产业，其具有的信息化、数字化和智能化等特点赋予了它在经济体系中重要的地位。自 20 世纪 60 年代诞生以来，互联网经历了一个漫长而曲折的发展历程。最初，互联网只是美国军方用于通信和数据交换的工具，随着时代的变迁和技术的进步，互联网逐渐被应用到商业领域，并形成了一个全新的基于信息技术的经济模式。

在起初的几十年中，互联网更多地应用于科研、军事等领域，直到 20 世纪 90 年代，蒂姆·伯纳斯－李（Tim Berners-Lee）开发出万维网，并将其对外开放，人们才真正看到了将互联网引入普通民众生活的可能性。这个时期也可以看作互联网经济的蓬勃发展阶段之一。在此后的几年中，最早进入互联网经济领域的电子商务企业如亚马逊、阿里巴巴等开始崛起，为人们提供了全新的购物模式和体验。而同时，ebay 等拍卖平台的兴起则进一步促进了在线买卖的盛行。在 21 世纪头 20 余年，社交媒体、云计算、移动端应用和支付宝等移动支付工具的出现再次引领了互联网行业的蓬勃发展，形成了一些基于互联网的新型产业，如 O2O、共享经济、在线教育等。

可以说，互联网经济自诞生至今，凝聚了众多个人和企业的不懈探索与实践。在全球化经济环境下，互联网深刻影响了经济发展方式，为全球提供了巨大的商业机会和经济增长点。随着 5G、物联网、人工智能、区块

链等新技术的应用和发展，互联网经济也越来越复杂和多元化。它已超出了传统商业舞台范畴，与各行业紧密融合，形成了一个全新的发展布局。其可持续发展不仅有助于推动固有产业变革和升级，还将进一步促进经济社会的数字化转型和智能化发展。同时，互联网生态圈的优胜劣汰以及底层技术的创新与完善，推动着互联网行业更加成熟、健康、有序地向前发展。

在这个全新的经济模式中，互联网企业迅速崛起。技术创新和不断升级改进产品成为互联网企业的核心驱动力，促进了社会经济的快速发展。它们通过提升消费者与企业之间沟通的便利性、提高供应链的效率、开拓新市场等方式，极大地推动了经济持续发展，并引领了数字经济和新经济时代的到来。

在全球范围内，各国对互联网的看法和倾向各不相同。当前，美国、德国、日本等制造业大国均从政策支持、经费资助等多维度持续推动工业互联网发展，全球工业互联网领域竞争日趋激烈。[①] 德国和日本等技术强国也非常注重互联网行业的发展，经过十多年的努力，在技术和人才方面提供了强有力的支持。亚洲部分国家，如印度、菲律宾等，更是看到了互联网的巨大市场规模，并将其视为未来发展的重要方向。此外，中国通过政府支持、自我创新等方式，在互联网领域不断发展，成为世界级科技领导者之一。

德国是世界知名的技术强国之一，在互联网领域，德国同样非常注重发展，并在技术和人才方面提供了强有力的支持。政府不断加大对科技创新的支持和投资力度，通过出台有关法规不断推动互联网企业的发展，同时也鼓励青年人才积极参与到互联网行业中。目前德国的互联网企业类型较为成熟，包括电子商务、金融科技等，得到了越来越多的国际认可。

作为世界高科技大国，日本非常注重互联网行业的发展。随着移动端设备的广泛普及，日本的互联网市场越发繁荣，各类企业迅速地推进数字化转型。作为亚洲互联网产业的代表，日本的互联网企业所涉及领域广

① 高柏、朱兰：《从“世界工厂”到工业互联网强国：打造智能制造时代的竞争优势》，《改革》2020年第6期。

泛，既包括搜索引擎、社交媒体等传统互联网企业，也覆盖了金融、教育、医疗等各种领域。

互联网被视为印度未来发展的重要方向之一，这也与印度目前拥有全球最大的互联网用户群体不无关系。在政府引导下，印度逐渐成为全球互联网投资的重点国家之一，其互联网公司的市值也在稳步上升。随着5G技术、云计算等新兴产业的崛起，印度在互联网领域依然保持着高速发展的势头。

以菲律宾为代表的发展中国家对互联网行业同样非常重视。近年来，菲律宾的移动互联网市场经历了爆炸式的增长，其中，游戏和电子商务是最火爆的两个领域。此外，菲律宾政府也制定出相应计划，鼓励企业参与到智慧城市建设中去。

作为世界第二大经济体，中国的移动互联网、在线支付、电子商务等得到了全球认可，同时中国的互联网市场规模也迅速扩大。近年来，互联网的发展已经成为中国经济深化转型的重要平台和支柱之一，并逐渐缩小了中国与世界先进互联网技术水平之间的差距。

未来，随着5G、人工智能等新兴互联网技术的普及，互联网将进一步改变各个领域的产业格局，并推动数字化转型和创新。同时，在全球范围内，越来越多的人开始依赖互联网从事日常活动和做生意，这也使得互联网所代表的“数字未来”不断向更广泛的领域延伸。可以毫无疑问地预测，在全球范围内，有一些国家会发挥其科技优势来帮助本国互联网企业崛起，占领全球市场份额。

二　机遇与风险共融并存，互联网企业仍面临挑战

随着全球数字化加速，互联网企业面临着广阔的市场前景和充足的机遇。其中，最明显的机遇来自在线购物、移动支付、在线娱乐等领域，这些领域都可以为消费者带来极大的方便。随着社会各行各业智能化和信息化的发展，数据技术越来越成为互联网企业在市场竞争中的核心竞争力。然而，互联网企业也面临一系列挑战与风险，其中最突出的当属信息安全和隐私问题。随着恶意软件、网络病毒、黑客攻击等攻击方式不断升级，

用户数据泄露和身份盗用事件时有发生，互联网企业需要加强安全防护体系建设和信息保护。此外，经济全球化趋势下仍然存在的贸易保护主义以及某些国家的技术限制政策也可能影响到跨国互联网企业的发展，在激烈的市场竞争中，互联网企业也需要面对市场份额、品牌形象和合法合规等方面的挑战。

（一）机遇充沛，互联网企业大有可为

包括科技革新、消费升级、移动设备普及等在内的这些机遇为互联网企业提供了广阔的市场前景和发展空间，并为企业的创新和发展提供了重要的驱动力。抓住机遇并积极探索新兴领域可以使互联网企业更好地满足不断变化的用户需求，同时提升其品牌形象，增加竞争力。

1. 科技革新带来的颠覆性发展机会

随着人工智能、区块链、物联网等新兴技术的出现，互联网企业面临着颠覆性的变革和巨大的市场潜力。例如，随着人工智能技术被广泛应用于金融、医疗等行业，互联网企业可以利用人工智能技术提高消费者体验、增强精准营销效果，或者打造智能客服系统等，同时在深度学习等技术上进行投资和研究。

2. 消费升级和个性化需求的增长所带来的机会

随着用户对全球商品多元性以及服务品质的要求不断提高，互联网企业迎来了消费升级和个性化需求带来的机会。例如，在电子商务领域中，许多平台采取了“新零售”策略，建立线上与线下结合的模式，为消费者提供各类定制化和个性化的产品，并深度探索消费者新的需求。

3. 移动设备的普及所带来的机会

随着智能手机等手持移动设备的普及率越来越高，互联网企业可以通过升级手机应用或软件以及定位服务等，提供更快捷、便利的销售渠道和服务形式。例如，在旅游行业中，许多公司都推出了基于 App 的旅游预订、导览、评价等服务，使得全球范围内的用户可以自由地享受到各种度假体验。

4. 大数据分析技术的充分利用所带来的机会

大数据技术是当前互联网企业业务发展的重要驱动力。可基于这些技术对用户数据进行分析挖掘，以实现精细化运营，即在确保用户隐私安全的前提下，推荐和提供消费者所需要的商品和服务，以优化目标市场定位策略。

5. 跨界合作和创新的机会

互联网企业可以在数字化发展的大趋势下，与传统企业展开跨界合作和共同创新。例如，互联网与汽车行业通过合作计算出智能车模型，发展自动驾驶、网联汽车等，从而应对消费者需求的快速变化和技术创新市场竞争。又例如，二手车行业同样利用网络平台的流通性，实现对汽车的全透明管理以及客户体验的提升。这些都证明了跨界合作和创新能为企业开辟巨大的发展空间，挖掘巨大市场潜力。

（二）警惕风险，互联网企业任重道远

互联网企业虽然面临着巨大的机遇和发展空间，但在竞争激烈、市场不确定、风险错综复杂的互联网行业中，企业必须清醒认识和充分了解所面临的各种风险和威胁，以降低风险，减少损失。

1. 数据泄露及个人隐私问题

随着网络存储、传输等技术逐渐成熟，互联网企业所处理和存储的数据量越来越大。然而，在这些海量数据中，很多数据是敏感性质的，如用户的身份证号码、信用卡号码等，一旦被黑客攻击窃取，就会对用户产生不良影响。

2. 监管政策的不确定性和变化

尽管互联网行业还是一个新兴行业，但针对其的监管力量已经增强了。由于国家相关的政策法规层出不穷，互联网企业要为政策变化做好准备，并建立更完善的合规审查机制。

3. 品牌形象和社会责任

互联网企业为消费者提供的服务往往牵扯到生产、营销等多个环节。若企业未能采取适当的措施保障产品或服务的质量，一旦相关问题被曝光，可能会引发舆情事件，进而损害品牌声誉甚至造成不可弥补的商誉损失。例如，上海钢联因其软件涉嫌“付费”限制信息披露遭疑后，就因迅速被处罚而经受着持续委托中断的风险。再例如，某免费 Wi-Fi 提供商曾经因为“恶意安装”与用户隐私泄露问题而受到侵权之批评，这影响着其在市场中的优势。

4. 技术创新压力大和投资成本高昂

随着互联网技术的快速发展，互联网企业需要拥有较高的技术水平和敏锐的市场洞察力，以满足用户不断升级变化的需求。同时，这也带来了技术创新压力和高成本的挑战。例如，互联网金融公司 Visa 的 CEO 查尔斯·沙夫（Charles Scharf）就表示，公司在以前的发展路上已经耗费太多时间和金钱，因而考虑退出非美市场。

5. 公司内部管理及文化

一家互联网企业成功的关键往往在于其创新能力和灵活性。但要保证这种创新能力和灵活性，就需要建立相应的公司治理结构和管理文化。例如，腾讯在 2018 年处理了一起个人隐私泄露事件之后，其管理人员决定采取一系列措施加强数据安全和用户隐私保护，修订了一批有关公司内部管理制度、流程等的文件。

6. 竞争对手和市场因素

竞争对手和市场因素可能是互联网企业面临的最大风险。现在互联网行业中领先的公司往往具有庞大的用户基础，这给其他公司营造需求造成困扰，它们不得不寻找新方向、增强自身实力，并试图掌握市场机会。长期以来，百度打败推特，阿里巴巴进军跨境贸易，京东开拓海外市场，在当前激烈竞争环境下，未来精英队伍的培养再次成为顶层设计的必要要素之一。

互联网企业在面对风险和机遇时，要全面评估市场状况和自身实力，制定相应的策略规划，加强科技创新和团队建设，做好合规管理、增强风险意识、提升企业责任感。只有这样才能更好地利用机遇，规避风险，推动企业不断向前发展。

三　中国互联网企业超前布局，成为全球竞争的重要参与者

据 2020 年 12 月发布的《2020 年全球最新上市互联网企业市值排行榜》统计，全球上市互联网企业市值排行前 10 名中有 5 家中国企业，前

30 名中有 11 家中国企业。依托我国海量数据和丰富应用场景的巨大优势，互联网企业通过持续推进技术和产品迭代创新加快开拓海外市场，逐步从产品输出、资本输出向技术输出、模式输出转变，不断提升国际竞争力和话语权。目前，在美国、欧洲、新加坡、印度、越南、泰国等地区，我国的互联网企业都已经占据了一席之地，实现了对全球主要互联网市场的覆盖，我国自主研发的存储、大数据技术也实现了一同出海，完成了进军全球市场的初步任务。

1. 移动支付

移动支付是指通过手机等移动设备进行的电子付款。在全球移动支付市场中，中国拥有最大和最活跃的用户群体。根据数据，截至 2020 年底，中国移动支付用户达到 7.65 亿，占整个支付市场的 85%。中国的移动支付已经成为生活中的主要支付方式之一，支持在线和离线购物、水电煤缴费、交通票务付费等，并且由于其高效、安全和方便的特点，被越来越多的外国人使用。

在移动支付市场中，阿里巴巴旗下的支付宝和腾讯旗下的微信支付是中国最大的移动支付平台。支付宝于 2004 年推出，在中国得到广泛使用，涵盖在线支付、借贷、保险和投资等领域。微信支付则于 2013 年开始运营，并凭借抢红包活动的热度和支付方式的快捷深入人心。这些移动支付平台不断发展创新，提高移动支付的体验，并加强互联网金融的创新，进一步推动数字经济的发展。

2. 社交媒体

社交媒体是指允许用户共享与传播信息、图片、音频和视频的在线平台。在全球社交媒体市场中，中国的社交媒体应用取得了非常大的成功。目前，中国最流行的社交媒体应用包括微信（WeChat）、新浪微博、抖音（TikTok）等。

其中，在微信这个超级应用程序之下，有着独特且完整的互联网生态系统，它能提供各种服务和功能，如即时通信，线上支付、商务、社交、游戏等。除此之外，其强大的语音和文本翻译功能也正在助推其覆盖范围扩大。而名为 TikTok 的短视频分享应用，则成为海外市场的一匹黑马。它能为用户提供基于各种主题，利用音乐、趣味和背景效果制造的高质量视频，与全球年轻受众的需求很好地契合，因此在海外尤其受欢迎。

3. 电子商务平台

电子商务平台是指通过互联网进行商品销售和购买的网络平台。在全球电子商务市场中，中国企业，如阿里巴巴、京东和拼多多等一直处于领导地位。这些电商平台通过整合线上和线下资源，打造出以消费者需求为导向的移动购物环境，并建立完善的订单处理、配送和客户服务体系。其经营的特点是普惠性、低成本、高效率和依靠强大的技术推动力，并且已经变得十分成熟。

例如，阿里巴巴是全球最大的网络交易市场之一，首次在纽约证券交易所公开募股（IPO）时，筹集了 250 亿美元。运行多年之后，它已经发展成一个覆盖全球超过 200 个国家/地区的综合性 B2B、C2C 在线市场，在中国甚至成为了传统零售行业的重要竞争对手。基于智能物流系统和新零售战略，阿里巴巴构建了庞大的商务生态系统，主要包括支付、物流、云计算等相关服务，不断开拓新的商业模式和场景，为数字经济发展带来了强大推动力。

4. 人工智能技术

人工智能技术是指使智能系统能够执行人类智力任务的技术，如语音识别、图像识别、自然语言处理等。在全球人工智能技术市场中，中国的企业已成为主要参与者之一。华为公司是中国在人工智能领域的代表性企业，致力于研究和推广各种相关应用程序，涉及领域包括嵌入式智能、数据中心、5G 网络等。同时，百度也在研究并投资 AI 技术，尤其在深度学习、自然语言处理、视觉识别等方面有较强实力。

这些企业通过提高算法效率、硬件能力以及产业整合度等手段，将人工智能应用于医疗保健、金融服务、安防设备、交通管理等领域，全面提升产品的安全性、实用性和用户体验。

5. 5G 技术

第五代移动通信技术（5G）是指具有更快速度、更高可靠性和更广泛连接性的移动通信技术。发展 5G 技术是中国政府提出的优先任务之一，企业积极响应政策并参与其中，推出了5G设备和相关服务。5G技术有助于推动物联网、智能制造等产业的发展，并将改变社会生活方式以及推进数字化转型。

例如，在全球范围内，华为、小米和中兴等中国通信企业已成为重要的5G领导者。这些公司在研发方面投入大量资金，着眼于提升速度、峰值数据吞吐量和系统可靠性，以支持日益增长的无线通信和数据传输需求。

6. 物流服务

物流服务是指商品运输和存储全过程中的服务。在全球物流市场中，中国企业正在发挥越来越重要的作用。例如，菜鸟网络是阿里巴巴旗下生态圈中的物流服务平台之一，目前通过自建团队或与第三组织合作的方式深入亚洲、欧洲和美洲等各个地区拓展团队，以高效、信息化、快速作业车间帮助企业实现全时满足中小商户交易需求，尤其在跨境物流上领先业内。

这些中国物流企业通过引入人工智能技术、自动化物流设备的更新换代以及整个行业规模的不断扩大，将物流服务打造成一个高效、全球化和创新型的产业，推动了全球贸易和物流往来。

中国互联网企业正凭借其强大的数字基础设施和核心技术在各自的领域中推陈出新，并通过创新和积极拓展国际市场，取得卓越的商业成果，同时，它们还为世界经济的发展做出了贡献。

第三节　做大做强互联网企业必须坚持三大原则

互联网企业已经成为现代经济中极其重要的一环，随着全球化和信息化的加速发展，互联网将会进一步成为推动经济、社会和文化进步的引擎。互联网企业通过不断寻求创新，为众多领域注入新的血液和生机。互联网界不断诞生的新技术和新商业模式，使得信息技术与实体产业融合更为紧密，促进了市场效率和企业竞争力的提升，并使互联网企业在科学研究、智能制造、虚拟现实等方面一直保持着前沿地位。做大做强互联网企业是推进产业结构调整、变革落后产业和提升现代服务业占比等的必然要求，对于国家乃至全球的可持续发展至关重要。同时，我们必须认识到做大做强互联网企业，用户至上、创新驱动、合规经营这三大关键原则是必须坚持的，只有把客户体验摆在首位，不断进行技术创新并始终遵守法律法规，才能够让企业在激烈的市场竞争中占据一席之地，实现可持续高速发展。

一　始终坚持用户至上

用户至上是互联网企业发展的核心原则之一。在当今互联网市场激烈竞争的背景下，用户体验和需求满足情况已成为衡量企业优劣的关键指标。作为服务提供商，企业必须始终把用户放在核心位置，关注和满足用户需求，从而提高用户体验、增强与提升用户黏性和忠诚度，进而带动企业长期稳健发展。

首先，以用户为中心可以大幅提升用户体验和满意度。随着市场日益成熟，用户选择产品和服务时，对质量进行的检验更为严苛。因此，互联网企业必须向用户提供能带来良好用户体验的产品和服务，从操作界面到功能设计都必须符合用户习惯和需求。通过让用户享受可靠方便的服务，增强其使用产品的愉悦感，吸引更多的用户使用，进一步提高用户体验，增强与提升用户黏性和忠诚度，形成良好口碑和品牌知名度。其次，优质的用户体验和及时的用户响应能够有效提高用户忠诚度。互联网行业十分注重用户数量，往往重视用户增长速度多于对现有用户的关注和维护。但如果忽视了对用户体验和反馈的响应，则可能导致用户流失，同时也可能产生用户恶评和差评。因此，企业要不断收集用户反馈，个性化升级产品和服务，建立良好的品牌声誉，获取用户认可，并促进用户留存。最后，以用户为中心是互联网企业实现持续发展和升级的基石。与传统行业相比，互联网行业变化快，市场变幻莫测。互联网企业需经常关注客户需求、市场趋势和技术创新动态，探索并掌握必要的核心技能，通过创新来打造有竞争力的产品和服务，并借此提高产业效益和增强价值链竞争优势。

互联网企业通过聚焦用户需求，提高用户体验和服务品质，可以建立良好的品牌声誉和用户生态圈。在贯彻用户至上原则这一方面，仍然有较多地方需要开展研究探讨。

首先，要加强对用户的调研。“没有调查就没有发言权。”深入有效的用户调研，才能帮助企业深入了解其目标群体，基于这些数据，企业可以关注到市场需求与趋势的变化，并不断优化产品和服务。通过收集并分析全面而准确的用户数据，做到根据用户需要进行产品和服务的调整升级，增强竞争优势，扩大业务范围，提升品牌价值。比如，互联网企业可以运用客户管理系统（CRM 系统）等技术来记录同一客户的所有数据和历史交易信息，从而实现随时了解可能的需求和客户详情，更好地适应和服务客户。

其次，要致力于提高用户体验和服务品质。对于互联网企业来说，用户体验是决定潜在客户是否留下来并成为忠实用户的关键，更是影响当今商业成功与否的重要因素之一。一个优良的体验设计能让网站更加人性化和具有亲和力，从而提高产品的可用性、易用性和实用性，增强用户黏性。企业应透过用户反馈收集意见和建议，并根据各种数据不断优化特定细节，保证产品始终贴近市场需求。除了基础的服务品质，寻找机会“跑出一条新路”也十分关键，即通过融入独特商务模式、深度切入垂直领域、打造独特差异化功能等手段，来建立竞争优势。

最后，在当今互联网时代，利用社交网络进行口碑营销和推广也是非常重要的一个策略。建设和维护以“用户中心 + 服务价值”为核心的生态圈在产业发展中扮演着极其重要的角色，它能够鼓励忠诚客户分享他们的经验和评价，形成有价值的社群资源。社交网络相当于企业内容传播的“外媒阵地”，可以协同多方面的宣传力量，加速知名度的提升，厘清企业的目标受众，打造较大的粉丝群和忠诚客户群。同时，也可以提高品牌形象、转化率和拓展社交关系，有效增强用户黏性。

总之，以用户为中心是互联网企业持续发展的必要条件。通过对用户需求和满意度的不断关注和提升，企业可为自己赢得市场竞争优势，在新市场、新产品或新技术上获得领先地位。因此，企业需要跟随市场的变动不断调整战略，掌握相关技能，并保持敏捷性，以适应快速变化的商界环境。

二　始终坚持创新驱动

创新驱动正是互联网企业持续快速发展的关键所在。在如今这样一个高度竞争的互联网市场中，要取得成功并成为领导者，需要具备正确的战略和长期规划，更需要长久持续地通过技术创新和商业模式创新来提升企业竞争力、灵活性和敏捷性，进而实现可持续发展和长期稳健增长。

创新驱动对于互联网企业持续快速发展的意义非常重要。首先，创新驱动能够帮助企业赢得市场竞争优势。随着互联网技术的不断发展和普及，越来越多的企业纷纷涌入这个市场。因此，如何打造自己的特色、增强自己的吸引力和竞争力成为一个亟待解决的问题。而创新正是解决这个问题的关键所在。通过不断推出创新型的产品、服务或运营模式，互联网企业可以吸引更多用户，提高用户满意度，进而逐渐树立起品牌形象，并在激烈的市场竞争中取得领先地位。其次，创新驱动可以推动企业构建内部创新文化，激发员工创新潜能。在一个注重创新和变革的企业中，员工们将更有动力、更具创造性地实现自己的目标，并以其创新的思维和行动推动企业不断向前发展。而建立健康的创新文化还可以让企业拥有更好的品牌形象和公信力，吸引更多优秀人才加入企业，为企业的未来发展打开更大的空间。因此，创新驱动对于互联网企业内部培育创新文化具有非常重要的意义。再次，创新驱动也是互联网企业进行战略转型和开辟新市场的重要手段。在一个快速变化、复杂多变的互联网市场中，企业必须不断地在产品、服务、运营等各个方面寻找突破口，以适应市场的变化并抓住商机。通过进行技术创新、商业模式创新以及战略转型等手段，企业可以做到快速响应市场需求，并且掌握主导权，赢得更多用户、扩大市场份额以及挖掘更多商业价值。最后，创新驱动也为企业带来了更高效、更智能和更卓越的可能。在信息化和数字化发展不断推进的背景下，互联网企业不仅可以通过技术创新提供更优质、更便捷的服务，还可以通过数据分析及人工智能等高端技术，实现更精准的营销，采用更优秀的产品设计以及更高效的管理方式等。这样，在满足用户需求的基础上，企业还可以实现自身的核心竞争力的全面提升。

目前，中国互联网平台发展迅速，市场复杂多变，不断有新的平台出现并分割市场，形成激烈竞争局面。从这一意义上来说，互联网平台对创新具有促进作用，且单一企业难以长期维持绝对优势。[①] 互联网企业作为新兴行业的代表，其商业模式的创新、技术的快速进步以及市场竞争的激烈，使得创新驱动这一原则在互联网企业运营发展中显得尤为重要。要坚持创新驱动原则，可以从以下四个方面入手。

一是搭建灵活的创新组织架构。互联网企业在贯彻创新驱动原则、落实创新驱动策略时，需要有一个能够支撑创新的组织架构体系，它必须有足够的灵活性来适应外部变化和内部创新需要。常见的组织架构方式包括职能型、项目型、矩阵型等。其中最受欢迎的是矩阵型组织架构，这种新型组织架构可以在同一时段中实现多个目标，同时也强调更加平等、开放、灵活的领导方式。矩阵型组织架构能够充分发挥人才的主观能动性，激发团队成员的热情，增强思维能力和解决问题的能力，从而推动企业进行持续不断的创新。

二是采用有效的创新激励措施。需要在员工招聘、培养和留用等方面量身定制创新激励计划。这些激励计划可能包括员工奖励制度、分享股权等多种激励方式。例如，在考核员工绩效时，应将创新成果与绩效指标联系起来，设立专门的创新创意推广奖项；另外，在员工日常工作中也要充分展示鼓励员工尝试新方向、新思路、新方法的态度，这样才能真正激发员工的潜力，发挥员工的想象力和热情来创造更加美好的未来。

三是积极借助外部生态圈创新资源。互联网企业应该利用外部生态圈，建立合理的平台和机制，开放数据和共享资源，丰富公司的内部知识库，构建强大的合作伙伴关系，在团队之外实现创新的整合。这样做不仅可以接收外界市场的信息，还能快速响应变化，提高对外沟通水平并且获得更多的战略合作机会。同时，企业必须具备开放的心态、尊重合作伙伴并持续为之提供较大的权益，创造一个既有吸引力又具有良好信誉度和增长潜力的合作生态圈。

---

① 清华大学中国经济思想与实践研究院（ACCEPT）宏观预测课题组：《中国宏观经济形势分析与未来取向》，《改革》2021 年第 1 期。

四是挖掘优秀创新人才的潜能。互联网企业最大的财富不仅是资金和技术，还有优秀、有潜力的人才队伍。以阿里巴巴、百度、腾讯、字节跳动等龙头企业为例，它们均致力于打造强大而优秀的人才团队，这些人才中不乏跨学科领域、拥有高层次专业知识的精英，善于做开创性思考的年轻才俊，具备新型网络沟通能力的先行者以及对用户体验极端重视的人士。因此，拥有优秀的人才就意味着企业已经在寻找下一步发展方向上得到了充分的保障。在面试时，可设置一些场景模拟题目来考察企业未来员工的变通能力和想象力，进一步挖掘人才的潜力。在优秀人才真正融入组织、形成完善的企业文化之后，互联网企业的创新驱动战略才能真正落地。

三　始终坚持合规经营

合规经营是指企业在运营过程中依照法律、法规、政策、行业规定等相关规范的要求，保持合法合规的经营行为。对于互联网企业来说，合规经营是确保企业做大做强的必要前提。它可以保证公司的稳健运营，树立良好的企业形象，使企业在市场竞争中立于不败之地，并获得更多的政策支持和利益。

随着网络经济的快速发展，企业也面临诸多挑战和压力。与此同时，监管部门对于互联网企业的管理日趋严格，因此还应该及时调整自身的合规风险控制体系，满足现代化大数据的需要，更好地适应不断变化的市场环境。

首先，合规经营有助于保护企业和用户合法权益。正确认识和遵循有关的法令规章，能够防止企业产生违法行为，并有助于企业向外界呈现较好的形象；企业所提供的服务和产品符合有关要求，才能保证用户享受到优质和安全的服务。如果由于违反法律法规而产生恶劣影响，即便是一次性行为，也会对企业的声誉和用户信任程度造成不可逆的损害。因此，合规经营能够保障企业和消费者的合法权益，防止不必要的风险。

其次，合规经营可以提升企业的竞争力和市场地位。在安全、合规的基础上运营，不仅有助于维护企业声誉，更是实现企业网络安全管理的必然要求。企业需要具备足够的资质才能得到监管部门及其他行业企业认可，并最终成为行业内优秀的企业，形成品牌效应以吸引更多用户和投资。

再次，合规经营有助于降低企业的管理和经营风险。与传统行业相比，互联网产业发展速度快，政策、技术等变化随时出现，因此妥善处理各种风险事故具有重要意义。通过采取系统、全面的风险管理措施，合规经营可以大幅减少由违反法规、规章引发的管理和经营风险，进而保证企业平稳、健康地发展。

最后，合规经营有助于互联网企业获取政策支持和利益。目前，国家政策已经开始从以支持大型互联网企业为主转向扶持中小型企业，优先为合法合规经营的企业提供资金、税收和政策等方面的支持和鼓励。因此，对于互联网企业而言，积极响应关于合规经营的号召，并依照相关法律法规维护企业与消费者的共同利益，不仅有助于赢得政府的认可和支持，还会获得更多的机会和资源，进一步拓展企业的市场空间。

当今互联网企业在合规经营方面需要考虑的问题越来越多，针对这些问题可以采取一系列措施来确保企业合规经营。

一是建立健全一套合规管理体系。一个合格的互联网企业需要拥有一套完善的内部合规管理体系，并通过建立规章制度等方式向员工传达合规理念和提供行动指南，共同推进企业的合规进程。要确定企业所在行业的法律法规、政策要求以及其他涉及企业的相关信息，再根据不同业务领域制定相应的合规制度。例如，对于金融类业务，互联网企业需要建立消费者资金账户安全管理制度，对消费者电子钱包等进行安全审核；对于网上商品交易业务，则需要规范平台经销商的操作行为，并围绕为消费者建立诚信评价机制进行相应的标准化和教育。另外，在内部管理机制方面，互联网企业还需结合自身业务特点和需求制定个性化的管理模式。

二是建立一套加强产品安全审查和信息内容审核的机制。互联网企业运营的风险较高，尤其是在 IT 技术日新月异的今天。随着人工智能、大数据等新技术的不断涌现，平台问题也更加复杂多变，如有害信息（如黄色、赌博、暴力或极端主义）的滋生和传播。此时，互联网企业需要加强产品安全审查与信息内容审核，防止恶意代码和漏洞攻击等安全问题，同时也要避免平台上出现相关违法信息。为了有效地监管和管理各类资源与信息，企业可采取一些技术手段，如创新图像和语音识别技术、启用人工智能过滤等来筛查和删除有害信息。虽然这些技术手段能够在一定程度上维持互联网企业的合规，但其仍然不够彻底，还需要加强内部培训和教育，增强员工的合规意识，才能达到预期效果。

三是建立一套与政府监管机构沟通与合作的机制。政府对于互联网企业的监管日趋密集，而互联网企业也需要积极响应国家相关政策，增强合规意识，主动配合政府监管机构的检查和调查。企业需设立尽职调查制度，及时识别并纠正违反法律法规和政策的行为，并凭借对产品、客户和市场的了解保持合规运营。加强与相关监管部门及产业协会等机构的合作交流，共同探讨应如何解决遵守法规的难点问题，推动企业及行业的规范化发展。同时，企业要通过充分的市场学习更好地了解用户需求并增强市场洞察力，以进一步完善自身的商业模式，进而实现将合规经营贯穿于整个管理过程中。

四是完善一套互联网企业内部审计机制。实施合规运营的基础是建立具备正式制度的内部控制和审计部门以确保合规运营持续有效运转。企业应该建立一个维护安全的运营环境的专业团队。此外，承担法律和道德义务，并及时而且诚实地披露上市情况，对提高企业贡献和回报股东是有不可替代作用的。企业还应定期进行自我审计，以便发现风险点并纠正问题。

一家有社会责任感和商业原则的互联网企业，应该时刻关注自身合规经营情况，秉承诚信、公平、透明的价值观，在法律法规等制度之内依法合规开展业务，维护用户权益和信息安全，积极响应并主动配合政府机构的检查和调查，实现健康、可持续发展。

第七章
依法治网

第一节　依法治网的现实背景

网络技术的飞速发展，促进了社会的进步和文明的发展，也推动了生活方式的极大转变，我们在享受网络便利的同时，也要看到网络技术带给我们生活的负面影响。从国家的角度看，网络已经是各国竞争的有力武器和资源，新的历史机遇衍生出网络治理新的挑战，正确地利用网络、加强依法治网成为治理网络空间不可或缺的必要环节。

一　网络快速发展和新技术的层出不穷

（一）网络推动生产力的快速发展

人类社会经历了好几次技术革命，而网络时代的到来，也宣告了一场新的技术革命的到来。在企业的生产中，我们不仅可以通过网络来对产品的外形、包装和性能做全新的设计，还可以通过网络对产品的生产、包装和配送过程做全程的控制，节省大量的人力和财力。而且我们甚至可以把企业和公司里的计算机组合成一个网络体系，由一台主机对分机进行控制，从而形成一个有效的连接网络，保证整个生产流程协调进行。而一些新材料、新能源的开发和利用技术也都将在这一过程中获得巨大发展，从而使科技作为人类社会第一生产力的地位显得更为突出，甚至可能会让科学技术逐渐上升为一种独立的力量进入物质生产过程。通过让网络进入生产过程，我们可以把原先大量的人力支配的生产环节中的人员节约出来，让他们去从事更为灵活的生产活动，这也可以说是人类生产发展史上的一个飞跃。

随着我国经济发展进入新常态，互联网与实体经济深度融合，为促进资源优化配置、经济发展方式和经济结构的优化提供新的动力。在第二届世界互联网大会开幕式上，习近平总书记以“引领了社会生产新变革，创造了人类生活新空间，拓展了国家治理新领域”[①] 概括总结了以互联网为代表的信息技术为社会带来的新变化。

（二）网络极大便捷人们日常生活

随着互联网的快速发展和广泛应用，网络已渗透到人们日常生活的各个方面，并成为人们工作、学习和生活中不可缺少的一部分。人们的基本生产生活方式受到互联网的影响，逐渐由线下交往的直接方式向更为便捷的线上模式转变，打破传统社会的时间和空间限制，生活进入一个崭新的模式中。

例如，通过网络购物，消费者可以在网络平台上下单自己需要的商品，由专业物流人员将商品直接配送到消费者家里，从而省去了购买商品时的麻烦。通过网络购物，消费者还可以把商品直接邮寄到家中，而不需要亲自前往超市、商场等地购买。此外，网络的快速发展，不仅让人们能够突破时间、空间的限制，了解世界各地发生的事情，也能让世界各地的人们了解到中国的一些生活习俗。比如微博，很多人都会用它来了解一些事情，而其中就有一些信息是来自国外的。同时，互联网的发展也增强了人们学习的积极性，在学习领域，出现了“猿题库”“作业帮”等线上授课 App，改变了原先的授课方式。疫情期间，为了防止病毒传播及扩散，大家都居家隔离，学校停课。为了不影响学习，采取了线上授课的新授课方式，让大家不耽搁学习。

可见，网络为人们的日常生活带来的是突破性的变革，使人们的生活方式发生了新的改变。网络使人与人之间的沟通更加方便，使人与人之间

① 《习近平关于科技创新论述摘编》，中央文献出版社，2016，第 86 页。

的关系更为密切，使世界各地间的距离变得越来越小。另外，网络还将为我们提供任何我们需要的服务，如收发信息、亲友联系、网上购物、了解即时新闻、收看电视节目以及完成工作和学习的任务等。总之，高效的网络系统为人们解决了生活中的许多问题。

二　面对网络领域突出问题的必然要求

（一）侵犯个人隐私、色情低俗、恶意营销等突出问题

互联网新业态的发展，使得个人信息收集、使用的范围更广，但也出现了侵犯个人隐私的现象。截至 2022 年 12 月，中国网民规模达 10.67 亿，互联网普及率达 75.6%。[①] 在网络世界里，每个人都是虚拟的，可以在网上随意发表自己的观点、表达自己的思想，而自己却不知道对方是谁，因此隐私问题也就凸显出来。一些网站未经授权或者超越授权使用公民个人信息，在用户不知情的情况下获取用户个人信息。网络上一些不法分子利用互联网进行各种不法活动，侵犯个人隐私。

不仅是侵犯公民个人隐私，伴随着互联网的普及，一些网站平台为谋取商业利益，放任甚至纵容“软色情”信息的传播，有的网站平台和“自媒体”违规推送娱乐明星绯闻、私人生活，宣扬拜金主义、享乐主义、奢靡之风，有的网络直播平台上充斥着低俗庸俗媚俗之风。此外，商业网站平台和“自媒体”扰乱网络传播秩序问题突出，一些网络“自媒体”为博眼球，在新闻信息中穿插大量商业广告，或制造耸人听闻的标题，或编造传播虚假的新闻信息，或炒作负面信息影响社会稳定，这些行为不仅扰乱网络传播秩序，还可能造成严重的社会危害。[②]

（二）网络直播内容生态不良、平台缺乏审核把关机制等问题

近年来，网络直播在国内迅速兴起，成为新兴的互联网娱乐形式，给网民带来了许多娱乐和愉悦体验。但与此同时，由于直播平台良莠不齐，

---

① 《CNNIC 发布第 51 次〈中国互联网络发展状况统计报告〉》，中国互联网络信息中心网站，2023 年 3 月 2 日，https://cnnic.cn/n4/2023/0302/c199-10755.html。

② 曾苗：《自媒体的爆发性发展对网络空间治理带来的挑战和机遇》，《传播力研究》2019 年第 30 期。

存在一些违法违规行为，如低俗化、恶搞等问题，严重危害了网络环境和青少年身心健康。随着互联网直播行业的迅猛发展，一些主播为了获得流量、增加粉丝数、提高知名度而不惜采用各种低俗化手段来吸引用户，如利用不雅行为博取眼球、使用低俗语言等；也有一些主播在直播过程中向用户传播危害国家安全、影响社会稳定、破坏民族团结、破坏文化传承的负面信息。[①]

三　实现“四个全面”战略布局的迫切需要

第一，依法治网是全面依法治国的必然选择。依法治国要求运用法律的强制性治理国家，全面依法治国要求国家各个方面的治理都要法治化。依法治网，作为全面依法治国战略的重要组成部分，是依法治国的具体表现，没有网络领域的法治，全面依法治国将无法完全实现。“四个全面”战略布局是党的十八大以来习近平总书记对中国特色社会主义事业总体布局的全面系统阐述。“四个全面”战略布局中的“全面建设社会主义现代化国家”和“全面深化改革”都是由习近平总书记亲自提出的，这两个方面都与网络息息相关。中国互联网发展的实践证明，网络不仅是一个信息技术领域，而且是一个涉及政治、经济、文化、社会、生态等各个方面的综合性领域，这就决定了网络空间治理必须是全方位的治理。因此，实现依法治网是推进全面依法治国的必然选择。

第二，依法治网是全面从严治党的客观要求。习近平总书记强调：“把握好网上舆论引导的时、度、效，使网络空间清朗起来。”[②] 我们要坚持依法治网，加快形成网络综合治理体系，加强网络空间治理，推动互联网持续健康发展。党的十八大以来，以习近平同志为核心的党中央坚持依法治国、以德治国相结合，努力使法治和德治在国家现代化治理中相互促进、相得益彰。

第三，依法治网是全面深化改革的应有之义。全面深化改革的重点在于全面，推进全面深化改革，需要不断促进治理体系和治理能力现代化。

---

① 姚润皋：《把“九个坚持”作为宣传思想工作的根本遵循》，《群众》2018 年第 19 期。

② 《习近平关于网络强国论述摘编》，中央文献出版社，2021，第 63 页。

网络日渐与多领域紧密结合，依法治网与生俱来的现代化特征，为党和政府提升治理能力和治理水平提供了重要平台，是深化各项改革、助推治理体系和治理能力现代化的重要一环。“四个全面”战略布局为推进依法治网提供了科学指导。因此，依法治网是全面深化改革的应有之义。

第四，依法治网是全面建设社会主义现代化国家的现实诉求。当前我国正处于社会利益深刻调整期、社会经济转型期，改革日益深化的同时，社会矛盾也日益凸显，各种民生问题、思想观念问题、经济发展不平衡问题等也以不同的形式在网络上呈现出来。如何处理好这些问题，是当前全面依法治国、建设社会主义法治国家的一大考验，因此，依法治理互联网，是全面依法治国的必然选择、全面从严治党的客观要求、全面深化改革的应有之义，更是全面建设社会主义现代化国家的现实诉求。全面建设社会主义现代化国家必须有法有据，坚持立法先行，运用法治思维稳步推进全面建设社会主义现代化国家。

四 总结国内外依法治网经验的客观要求

伴随着互联网技术的蓬勃发展，国家的政治经济发展与军事社会安全对互联网的依赖性逐渐增强，对网络空间治理的要求也日益提高，由于网络具有双刃剑特性，世界各国在享受互联网发展带来的巨大便利时，也面临着前所未有的挑战与威胁。云谲波诡的网络空间有可能会面临黑客攻击、国家信息数据泄露、网络内容颓靡、关键基础设施遭破坏等问题，这种危害与不确定性已受到各国政府及相关人士的密切关注。

有鉴于此，世界各国陆续出台了关于网络的法律，实施必要的治理。美国作为互联网的发源地，在网络治理方面所采用的最重要的手段还是法律，美国是世界上第一个将网络安全战略提升为国家安全战略的国家，并建立了一个以国土安全部为中心，国防部、商务部等机构共同协作的网络治理体系。其强调在确保国家和社会信息安全的前提下，运用法律手段保障网民言论自由，加强对网络信息的监管。美国还制定了相关战略和政策，赋予相关部门机构监控和查阅网络私密信息的权利，加强对网络不良信息的监控和管理。[①] 俄罗斯建立了系统的网络内容监管体系，针对不同网络主体，制定了不同的网络规范。此外，为了减少诱导青少年犯罪的网络言行、防止网络侵权行为的发生、配合国家反恐行动等，制定了相应法律法规，明确了日访问量超过 3000 次的博主需要承担的法律责任与义务，也赋予了相关职能机构对其实施监控的权力。[②] 法国在明确网民和网络平台责任上做出重要规定，一方面，网民需要对自己发表的言论负责；另一方面，网络平台需要对自身平台建设负责。社交网站及媒体等平台，依法履行对不当和非法言论及其内容进行监督检查并予以矫正的责任，否则一经查明，谣言散布者或违法主体将会受到法律制裁。

从国内外实践来看，依法治网是一个历史过程，也是一个动态过程。从人类社会发展的进程来看，依法治网有其产生的客观必然性和时代价值。从人类社会发展史来看，在法律出现以前，人类社会主要是靠道德来调整社会关系和规范行为的，而法律出现以后，人们便开始依靠法律来调整社会关系和规范行为。从国家治理体系现代化的角度来看，法治是国家治理体系的重要组成部分。在世界各国尤其是西方发达国家，依法治网已经成为其政府管理网络的基本方式。

特别是近年来，随着互联网技术的不断发展和普及应用，互联网已经成为全球最重要的基础设施和社会大众普遍参与的活动空间，成为一种新的社会意识形态萌芽地和社会基础设施。互联网不仅深刻改变着人类的生产生活方式、政治经济模式和文化传播方式，而且深刻影响着国际关系模式、国际政治经济秩序、国际治理体系和国际安全格局。全球正处于互联网深刻变革时期，国际竞争格局发生深刻变化。网络空间日益成为大国博弈的新战场和战略竞争的新领域，谁能在这一领域取得先机、赢得主动、赢得优势、赢得未来，谁就能在未来国际竞争中占据有利地位。与此同时，随着各国间联系越来越紧密，网络空间安全已经成为事关各国政治经济发展的全局性问题，网络空间已成为继陆地、海洋、天空和太空之后人

① 美国国土安全部、网络安全和基础设施安全局、美国国防部：《5G 安全评估流程指南（译文）》，陈河、何宜馨译，《信息安全与通信保密》2022 年第 7 期。

② 谢飞：《俄罗斯网络应用与监管》，《传媒》2016 年第 19 期。

类生存和发展的第五空间。

除了上述诸国，其他国家如德国、英国、韩国、日本、澳大利亚、新加坡等在依法治网方面也开展了不少工作，总结其他主要国家依法治网的经验，可以为我国依法治网提供重要借鉴。

随着网络时代的到来，人们对互联网的利用渗透到社会生产和生活的各个方面，网络为企业的生产和经营活动的开展以及老百姓的工作和生活带来极大的便利。在互联网的联系和沟通下，各种信息传播的速度将加快，企业和个人对网络信息的依赖程度也不断地加深，信息需求程度相对较高的部门将成为未来社会中创造高附加值的行业，带动相关知识产业的进步和发展，甚至带动全社会的经济结构的优化调整，推动社会经济的全面进步。

互联网取得今天的发展成就，是人类文明进入更高阶段的标志，它推动着人类社会向更现代化的方向发展，同时推动了知识经济时代的到来。但是，网络也给社会带来了更多的挑战，网络谣言、色情低俗、网络暴力、恶意营销等问题日益凸显，严重污染网络生态环境。此外，网络直播行业进入了快速发展期，与此同时，网络直播行业存在的主体责任缺失、内容生态不良、主播良莠不齐、充值打赏失范、商业营销混乱、青少年权益遭受侵害等问题也日益突出，社会反映强烈。

此外，如前所述，网络的快速发展使得网络与各行各业息息相关，习近平总书记提出的“四个全面”战略布局与网络密不可分，这决定了对网络空间必须全面治理，同时对网络的依法治理也体现了党中央坚持依法治国的客观要求。放眼世界，互联网技术的发展成为各国的主要竞争手段，影响着国际关系、国际安全的格局。我国的网络发展与西方仍有差距，尤其是在涉及国家政治和经济发展的问题上，因此，西方国家依法治网的经验，也是我国网络发展的重要依据。总的来说，我们需要正确地认识到网络有其利也有其弊，必须对其进行正确的利用，才能使其真正地为社会发展服务。

第二节　依法治网的必要性

随着互联网影响逐渐增强，网络空间对个体和社会的影响随之增加，新的历史机遇衍生出网络治理新的挑战，加强依法治网成为治理网络空间不可或缺的必要环节。因此，在这样一个新的社会发展阶段，顺应时代趋势，推动我国信息技术革命发展，进行合理有效的网络治理，是依法治网重要论述提出的现实需要，是推动网络向更高的阶段发展的必然要求。

一 依法治网是尊重网络主权的需要

网络空间主权是国家主权在网络空间的延伸，是指一个国家对其管辖下的网络享有的权利和承担的义务。互联网不仅是一种新的技术、新的手段，更是一种新的社会形态。随着互联网技术应用的不断深入，网络已经成为经济社会发展不可缺少的基础设施，对经济发展、社会运行、人民生活都产生了越来越大的影响。网络空间已成为与陆地、海洋、天空和太空同等重要的人类生存空间。

立法权的行使是国家主权的重要内容。网络空间是人类智慧的创造，它突破了物理空间的限制，扩展了人类交往的时间和空间。尽管网络空间的一些特点对国家主权理论提出了一定挑战，如网络空间的边界不像地理疆界那样易于划定，给国家管辖范围的划分造成了困难，网络跨境交易所导致的国家关税征收困难给国家经济主权的行使造成了障碍，网络多元文化形成的文化冲突对国家文化主权造成了冲击，等等，但国家的存在及其对网络架构和网络参与者的属地管辖，使国家主权理论获得了历史性的发展，从而能够适应网络主权的要求并使通过国家或地区间的合作来解决跨境带来的法律问题成为可能。互联网法治直接体现了国家通过行使立法权来主张和行使网络空间的主权，并通过法律制度的竞争与输出来促进网络空间中国家利益的实现。

当前，在信息技术革命推动下，世界各国都积极抢占网络空间话语权，争夺网络空间主导权和规则制定权。美国等西方国家通过实施网络自由战略、推行网络空间霸权政策、利用互联网传播虚假信息、攻击他国计算机系统等方式开展所谓“网络空间行动”。[①] 这些国家在利用网络技术手

① 张传新等：《互联网行动类信息线索分析的方法和系统》，2021 年 8 月 17 日，专利号：202110443364.7。

段维护自己利益的同时也给中国带来了挑战。正如习近平总书记所指出的，要“充分认识做好工作的重要性和紧迫性，因势而谋，应势而动，顺势而为。网络安全和信息化是一体之两翼、驱动之双轮”①。

习近平总书记指出，“网络安全和信息化是事关国家安全和国家发展、事关广大人民群众工作生活的重大战略问题”②。网络空间日益成为国家间相互博弈的新疆域，据统计，全球网民数量已超过20亿，互联网已成为世界上最大的信息来源，几乎每个人都通过网络获取各种信息。③ 在社会层面，网络正日益成为民众交流互动的主要平台、社会治理的重要工具、经济活动的重要载体，对国家经济发展、社会运行、民众生活都产生着越来越重要的影响。在军事层面，网络已成为国家实施战略威慑、作战指挥、联合作战和战场管理的重要平台。在一个“一切皆由网络控制”的信息时代，震网病毒、“棱镜门”风波、勒索病毒等一系列事件或事物表明，网络安全“零日威胁”近在咫尺。互联网不仅消除了线上线下和前方后方的边界，而且使得军事安全对网络技术的依赖性越来越强，整个安全体系中任何一个信息化设备都有可能成为信息安全屏障的突破口，攻击者可通过其直接威胁军事安全，最终破坏总体安全。在国际层面，网络的互联互通与跨国性对互联网全球治理提出了更高要求，主权国家参与互联网全球治理体制的构建与治理规则的制定是其行使主权的重要体现。对此，我国立足于发展现实和实践需求，重视和积极参与互联网治理的国际活动，同时积极主办和组织互联网治理的国际活动，在有关互联网发展与治理的国际平台上积极提出、丰富我国的基本立场和观点。习近平总书记强调要“推动建设开放型世界经济”④。当前，世界经济发展迫切需要新动能，而数字经济的蓬勃发展能够催生大量新产业、新业态、新模式，能够不断挖掘新的经济增长点，推动各类主体加强互联互通与开放合作，进而推动“你中

① 《习近平关于社会主义经济建设论述摘编》，中央文献出版社，2017，第181页。
② 《习近平关于全面建成小康社会论述摘编》，中央文献出版社，2016，第140页。
③ 鹿鑫：《网络环境下隐私权民事法律保护研究》，硕士学位论文，西南大学，2011。
④ 《十九大以来重要文献选编》（中），中央文献出版社，2021，第764页。

有我、我中有你”的世界经济健康发展。[①] 近年来，世界各国都高度重视数字经济的发展，数字经济交流与数据共享不断推进，数字化变革成为很多国家实体经济发展的主要方向，数字经济在经济总量中的比重不断增加，各国都在加快共享数字经济发展的红利。数字经济的发展还突破了国际贸易的时间和空间约束，推动全球贸易由线下走到线上、由实体走向虚拟，大幅提升了国际贸易的效率。[②] 但也应看到，当前世界数字经济领域仍存在着“数字鸿沟”“赢者通吃”等情况。一些发达国家为了维持自己的技术优势地位，人为设置技术壁垒，封锁技术传播，为构建网络空间命运共同体蒙上一层阴霾。习近平主席在二十国集团领导人峰会上关于世界经济形势和贸易问题的发言指出：“我们要提倡国际创新合作，超越疆域局限和人为藩篱，集全球之智，克共性难题，让创新成果得以广泛应用，惠及更多国家和人民。”[③] 可见，我国始终坚持和尊重各国在网络空间中的主权，坚持自由与秩序、发展与治理并重。一方面，支持和促进信息基础设施建设与互联网产业创新发展，加快网络普及与互联互通，促进网络文化交流；另一方面，始终致力于维护网络和平安全，构建和平、安全、开放、合作的网络空间，建立多边、民主、透明的全球互联网治理体系。

中国是网络主权的坚定倡导者和有力维护者，坚持正确处理网络空间自由与秩序、安全与发展、开放与自主的关系。网络主权植根于现代法理，是现代国家主权在网络空间的延伸，尊重网络主权是反对网络霸权的必然要求，是维护和平安全的重要保证，是坚持开放合作的基本前提，是构建良好秩序的坚实基础。

二　依法治网是维护和平安全的需要

和平与安全是人类社会的基本目标。新中国成立后，我们党把维护我国的独立和主权作为外交政策的首要目标，和平解决台湾问题，坚持“一

① 杨长湧：《构建新发展格局下我国推动高水平国际经济合作的路径与方向》，《全球化》2022 年第 5 期。

② 包振山等：《数字经济如何促进对外贸易高质量发展》，《国际经贸探索》2023 年第 2 期。

③ 习近平：《携手共进，合力打造高质量世界经济——在二十国集团领导人峰会上关于世界经济形势和贸易问题的发言》，《人民日报》2019 年 6 月 29 日，第 2 版。

个中国”原则，在此基础上与其他国家发展友好合作关系。改革开放后，我国积极参与国际事务，坚持和平发展道路，推动构建新型国际关系，维护世界和平稳定。我们党始终坚持以和平的方式处理同世界各国的关系，积极维护以联合国为核心的国际体系和以国际法为基础的国际秩序。我们党坚持走和平发展道路，强调世界上只有一个体系，那就是以联合国为核心的国际体系；只有一套规则，那就是以联合国宪章宗旨和原则为基础的国际关系基本准则。我们党坚持以和平共处五项原则为基础发展同世界各国的友好合作关系，积极参与全球治理体系改革和建设，倡导践行和平共处五项原则。同时，我们党高度重视网络空间安全和信息化发展战略规划问题。党的十八大以来，以习近平同志为核心的党中央高度重视网络安全和信息化工作，亲自决策、亲自部署工作以解决网络安全和信息化重大战略问题。习近平总书记指出，“没有网络安全就没有国家安全，没有信息化就没有现代化。建设网络强国，要有自己的技术，有过硬的技术；要有丰富全面的信息服务，繁荣发展的网络文化”[①]。

习近平总书记强调，要坚持依法治网、依法办网、依法上网，让互联网在法治轨道上健康运行。[②] 当前，我国网络安全形势严峻复杂，给国家政治、经济、文化、军事、社会生活等各个方面都带来了重大影响。

首先，网络安全问题影响国家政治安全。互联网发展带来了社会生活的深刻变化，也给国家安全带来新挑战。以美国为首的西方国家在网络空间制造紧张空气，大肆推行“网络自由”和“网络霸权”，妄图破坏我国互联网安全。美国通过制定《国际互联网反恐怖主义法》等“长臂管辖”法律，以打击国际恐怖主义、跨国犯罪为借口破坏我国网络安全。[③] 其次，意识形态领域的斗争是网络空间安全问题的重要表现形式。随着互联网的普及，网络意识形态领域斗争日益尖锐复杂，既存在着围绕我国国家制度和社会主义意识形态的斗争，也存在着围绕西方腐朽思想和文化渗透的斗争。这些斗争表面上看起来不直接相关，但实际上都涉及国家政治安全问

① 《习近平关于全面建成小康社会论述摘编》，中央文献出版社，2016，第 141 页。

② 《习近平谈治国理政》（第 2 卷），外文出版社，2017，第 534 页。

③ 东艳：《美国“长臂管辖”政策背后的政治生态》，《人民论坛》2021 年第 35 期。

题，都会对国家的政治制度造成冲击，影响社会稳定和发展。

在经济和社会领域，2020 年，我国的数字经济总量已达 GDP 的 38.6%，并且随着传统产业信息化程度的提高以及数字经济与传统实体经济的融合发展，数字经济的规模还将持续扩大，迫切需要保障网络安全。[①] 第一，在宏观调控方面，金融是现代经济的命脉，要有效促进经济发展，就必须加强金融调控。可以说，对货币市场、资本市场、保险市场等各类金融市场的调控，都离不开网络安全的强力支撑，因此，必须确保网络安全。第二，在市场规制方面，现代国家要有效促进经济发展，必须维护良好的市场秩序，切实保障经济和社会秩序。因此，对网络攻击、窃取网络信息或数据的行为，以网络技术手段实施的垄断和不正当竞争行为，基于网络的侵害消费者权益的行为等都必须予以有效规制。只有加强对网络行为的有力监管，才能保障网络安全，维护与网络相关的交易秩序以及竞争秩序。第三，在平台经济发展方面，无论是消费类平台还是生产类平台，都要依托网络运行。只有确保网络安全，才能促进平台经济的发展，推动线上线下的有机融合，实现各领域商品和服务的优化，推动传统产业的转型升级，进而带动数字经济乃至整体经济的发展。第四，在信息产业发展方面，我国与信息相关的各类产业都处于创新发展的前沿，其发展更要以网络安全为基础，没有网络安全，信息产业的发展是不可想象的。随着互联网、大数据、云计算、人工智能等的广泛运用，信息产业的网络化、数字化、智能化得到空前发展，只有从基础设施到相关内容都确保网络安全和数据安全，才能有效推动信息产业和整体数字经济的发展。[②] 因此，无论是政府实施的宏观调控或市场规制，还是平台经济、信息产业的发展，都需要保障网络安全。

在军事领域，网络空间作战武器装备主要包括信息系统、电子对抗系统、精确制导武器和网络攻击系统等，网络安全问题对军事作战的影响是

---

① 徐飞：《中科院计算技术研究所研究员李炼：护航数字经济 提升系统免疫力》，《中国高新科技》2022 年第 7 期。

② 徐宗本：《数字化 网络化 智能化：把握新一代信息技术的聚焦点》，《网信军民融合》2019 年第 3 期。

多方面的。首先，网络安全问题会影响军队的战备训练。互联网具有很强的实时性，能够为部队提供作战支援和后勤保障服务，如果部队没有提前做好应对措施，极有可能导致战争在全无准备的情况下发生。军队是一个特殊的组织群体，必须严格遵守纪律，需要高度警惕和严密防范网络安全问题。[①] 其次，网络安全问题会影响军事技术创新和国防科技工业发展，军队信息化建设水平对战斗力有直接影响。当前，我国军队信息化建设已经取得了一定成果，但总体上还存在着一些薄弱环节。我国军队的技术创新还不够快、不够多、不够强。比如，我军在网络攻防技术、指挥信息系统等方面与世界先进水平相比还存在很大差距，在网络安全管理和防范体系建设方面也存在明显短板。

"没有网络安全就没有国家安全"[②]，放眼世界，各国都在大力通过法治方式加强网络安全建设和顶层设计。只有依法治网，积极加强国家网络安全法治建设，统筹解决涉及政治、经济、文化、社会及军事各个领域的网络安全重大问题，才能不断增强安全保障能力，维护国家安全不受侵犯。

三 依法治网是促进开放合作的需要

发展互联网是全球性事业，网络空间已经成为人类共同的活动空间、各国政治经济文化交流的新平台和人类文明进步的新空间，推进互联网全球治理体系变革离不开各国的共同努力，更离不开国际社会的共同参与。中国坚持国际法治，倡导共同、综合、合作、可持续的安全观，倡导共同治理和普遍参与，推动各国在平等参与网络空间国际规则制定中发挥更大作用，推动构建网络空间命运共同体。

首先，良好的网络环境是世界各国共同合作的基础，依法治网有利于营造良好的网络环境。随着互联网的飞速发展，人工智能、大数据、5G 等新技术不断涌现，数字经济成为推动世界经济增长的重要引擎，并深刻改变了人们的生产生活方式。法治是维护网络空间和平、安全、稳定的重要保

① 解文新：《部队网络安全问题防范面临的形势及对策》，《赤子》2019 年第 22 期。

② 《习近平关于全面建成小康社会论述摘编》，中央文献出版社，2016，第 141 页。

障。近年来，中国不断加强对网络空间的管理，习近平总书记指出："法治是最好的营商环境。"[①] 网络空间的治理关系到企业和个人的切身利益，依法治网有利于保护企业和个人的合法权益，有利于营造开放公平、非歧视的数字发展环境。[②] 中国高度重视网络安全和信息化工作，采取一系列有力措施保障公民、法人和其他组织合法权益，努力营造安全、健康、有序的网络环境。[③]

其次，依法治网有利于促进各国资源的互通互联，使资源利用最大化。《联合国宪章》第二条规定：各会员国应彼此尊重领土完整、政治独立。中国高度重视互联网基础资源管理体系安全稳定，坚持依法治网，推动互联网治理法治化，提升网络空间治理能力。中国坚持开放合作，支持开放包容、互利共赢的互联网基础资源国际合作机制建设。2019 年 11 月，习近平主席在第二届中国国际进口博览会开幕式上宣布中国将再向有关国家提供 1 亿美元现汇援助，用于支持发展中国家应对网络安全挑战和开展务实合作。[④] 中国致力于促进互联网基础资源管理体系安全稳定，为构建人类命运共同体提供充沛的数字化动力。习近平总书记强调："世界各国虽然国情不同、互联网发展阶段不同、面临的现实挑战不同，但推动数字经济发展的愿望相同、应对网络安全挑战的利益相同、加强网络空间治理的需求相同。各国应该深化务实合作，以共进为动力、以共赢为目标，走出一条互信共治之路，让网络空间命运共同体更具生机活力。"[⑤]

依法治网有利于推动建设一个和平、安全、开放、合作的网络空间，一个适合各种信息传播渠道的公共平台，这将进一步深化互联网领域对外合作交流，增进各国对互联网发展现状和未来趋势的了解和共识，并有助于中国本着相互尊重原则开展务实合作，与各国共同建设开放包容的互联网。

---

① 习近平：《完善法治建设规划提高立法工作质量效率 为推进改革发展稳定工作营造良好法治环境》，《人民日报》2019 年 2 月 26 日，第 1 版。

② 陆娅楠等：《法治是最好的营商环境》，《公民与法》（综合版）2019 年第 5 期。

③ 张洋、倪弋：《开启网络强国新征程——党的十八大以来我国网络安全和信息化工作综述》，《网络传播》2018 年第 12 期。

④ 赵嘉鸣、刘士安、王云松：《习近平出席第二届中国国际进口博览会开幕式并发表主旨演讲》，《人民日报》2019 年 11 月 6 日，第 1 版。

⑤ 《习近平关于网络强国论述摘编》，中央文献出版社，2021，第 165 页。

四　依法治网是构建良好秩序的需要

法治是人类社会进步的标志，也是实现社会公平、公正、公开的基本手段。依法治网，就是要使我国的网络在法治的轨道上健康有序发展，把网络建成用法律规范、用法律制约的健康文明的公共空间，保护个人权利，促进经济社会发展。

网络空间治理既要尊重网络空间中人们交流、表达的权利，也要维护好网络空间的良好秩序。网络安全秩序不仅需要技术的维持，更需要法治的保障。法治能为网络安全保驾护航，让网络在法治轨道上健康运行，这主要体现在以下几个方面。一是法律对网络空间的整体性保障。从网络经济、网络政治、网络文化到公民的网络活动，从国内到国外的网络相关事务都由法律调整，都要依法治理，即网络覆盖到哪，法律就调整到哪。二是法律对网络空间的体系性保障。从立法、执法、司法、守法到法的教育，从私人领域到公共领域，都由法律进行多层次、多方位的调整。三是法律对网络空间的目的性保障。法治的最终目的是维护国家稳定安全，让人民安居乐业。没有网络安全就没有国家安全，就没有经济社会稳定运行，广大人民群众利益也难以得到保障。四是法律对网络空间的长期性保障。法律以社会为基础，依法治网与网络发展同步，网络的兴起发展倒逼相关网络法律的出台，网络信息技术日新月异，引领着社会生产新变革，法律也会随着网络信息技术的发展对网络空间秩序进行调整。

从实践来看，依法治网是我国网络发展的客观需要。网络作为当今时代重要的新媒体，在改变人们生活方式、工作方式、思维方式、价值观念和行为模式的同时，也带来了许多新问题。互联网产业在我国已经具有相当大的规模和市场，并且已成为国民经济新的增长点。但是目前，我国在互联网产业方面还存在许多问题，一些不法分子利用网络进行违法犯罪活动，损害国家利益和人民利益，危害社会稳定。这些行为严重危害了我国网络安全和社会秩序，破坏了互联网的健康发展，必须依法治理。

从理论来看，依法治网是对网络信息传播规律和管理规律的正确把握。互联网在本质上是一种信息传播形式和信息流通工具，互联网信息传播具有广泛性、及时性、互动性等特点，但也导致了“信息鸿沟”现象的产生，而这一现象进而使得很多现实社会中不受关注或者很难被发现的信息被屏蔽在网络系统之外。[①] 由于互联网传播具有这些特点，所以互联网不仅是一种新媒体、新技术和新业态，而且也是一种社会组织方式、经济组织方式和社会联系方式，需要根据其自身规律进行治理。这意味着网络空间作为一种特殊的社会形态，具有不同于现实空间的规范体系和治理方式。[②] 在治理网络空间时必须要专门立法、严格执法、公正司法，确保网络领域有法可依、有法必依、执法必严、违法必究。

依法治网有利于促进我国网络产业的健康有序发展，为了全面贯彻落实党的二十大精神和习近平新时代中国特色社会主义思想，我国迫切需要加强网络立法，完善网络法律体系，保障公民个人信息、财产、隐私等权益不受侵犯。依法治网是保障网络文化产品和信息服务健康有序发展的必要手段，是我国网络文化产业健康有序发展的内在要求，是建设社会主义法治国家的必然要求，也是促进我国社会文明和谐发展的必要手段。

总之，在依法治网这一主题下，前文中尊重网络主权、维护和平安全、促进开放合作、构建良好秩序这四种主张是一个有机的整体，它们缺一不可。只有尊重网络主权，尊重各国自主选择的网络发展道路和平等参与国际网络空间治理的权利，全球互联网共享共治才有实现的可能；只有维护和平安全，不让网络空间成为各国角力的战场和违法犯罪的温床，世界各国才能超越社会制度和意识形态的差异，共同建立网络空间的规则；只有促进开放合作，推动彼此在网络空间优势互补、共同发展，更多国家和人民才能搭乘信息时代的快车；只有构建良好秩序，坚持依法治网、依法办网、依法上网，全球互联网才能够良性运行、健康发展。

网络主权既能体现主权国家依法管理网络空间的责任与权利，也有助

① 李军：《运用新媒体加强国有企业青年思想政治工作的实践与思考》，《各界》2018 年第 2 期。

② 李艳：《网络空间国际治理中的国家主体与中美网络关系》，《现代国际关系》2018 年第 11 期。

于推动各国构建政府、企业和社会团体之间良性互动的平台，为信息技术发展以及国际交流与合作营造一个健康的生态环境。此外，网络渗透到了社会生活方方面面，依法治网有利于维护国家和个人的安全。

从国际的角度看，当前互联网领域发展不平衡、规则不健全、秩序不合理等问题日益凸显。国际社会应该在相互尊重、相互信任的基础上，加强对话合作，推动互联网全球治理体系变革，共同构建和平、安全、开放、合作的网络空间，建立多边、民主、透明的全球互联网治理体系。此外，坚持依法治网、依法办网、依法上网，才能让互联网在法治轨道上健康运行。在依法治网的大背景下，加强对互联网行业的监管是我国社会经济发展的必然要求，是实现中国梦和网络强国战略目标的必然选择，是促进我国网络发展的必要手段。

第三节　依法治网的具体措施

依法治网，要强化法治思维，发挥法治规范引导网络行为的基础作用。[①] 对此，国家网信办有关负责人表示，近年来，网信系统坚持依法治网、依法上网，不断提升网络空间治理法治化水平。互联网治理过程中，无论是政府监管、行业自律还是社会自治，都需要在法治化的基本轨道上运行，用法律来衡量、规范、引导网络空间中的人际行为和关系，促进网络空间的健康、有序发展。

一　健全网络法治体系

制定网络安全、数据安全和个人信息保护等领域的立法规划，形成较为完善的网络空间治理法律体系。2018 年，全国“扫黄打非”工作小组办公室等单位共同印发《关于加强网络直播服务管理工作的通知》，对网络直播服务内容进行了规范。[②] 2017 年，国家网信办发布《互联网用户公众

① 王佳：《运用法治思维和法治方式推进网络空间法治化》，《人民日报》2017 年 4 月 18 日，第 11 版。

② 杨胜忠、陈勤：《网络直播行业政策走向》，《声屏世界》2016 年第 12 期。

账号信息服务管理规定》，对公众账号生产运营者主体责任、运营行为规范以及违反相关规则的处置措施等做出规定。[①] 2021 年 8 月，全国人大常委会审议通过《中华人民共和国个人信息保护法》，这是我国首部专门针对个人信息保护的法律。[②]

2017 ~ 2021 年，国家网信办先后出台了《互联网用户公众账号信息服务管理规定》《关于进一步压实网站平台信息内容管理主体责任的意见》等一系列文件，建立健全了网络生态治理法治体系。特别是 2019 年以来，国家网信办等部门先后出台《网络音视频信息服务管理规定》《互联网用户账号信息管理规定》等规章，不断完善网络生态治理法律制度体系。

在充分肯定这些年来我国在网络空间法治建设上的各项成就的同时，我们更应该清醒地认识到，与日新月异的互联网发展需求相比，当前我国网络空间法治建设依然存在不少差距。比如，网络空间立法的顶层设计和统筹规划有待加强，现行法律效力等级不高、及时性针对性不足、存在立法碎片化和制度老化问题；制度体系有短板、制度规定有漏洞；网络执法不够规范，存在执法不严、执法不到位等问题。面对这些问题，应进一步提高认识，充分运用法治思维和法治方式管网治网，加强网络立法，严格网络执法，引导网民守法，全方位推进网络空间法治化。

健全网络法治体系，具体表现为以下几点。一是建立完备的网络法律规范体系。这就要求制定科学的立法规划，全面推进网络立法，同时要求完善相关司法解释，推动现有法律延伸适用到网络空间。二是形成高效的网络法治实施体系。一方面，要理顺网络执法体制机制，明确执法主体、执法权限、执法标准，推进政府职能整合，着力解决执法权交叉、执法权限模糊等问题。另一方面，要加强执法能力建设。通过执法方式改革与手段创新，形成执法合力，严格落实责任追究机制，切实解决执法不作为等问题。三是构建有力的网络法治保障体系。一方面，要建立一支高素质的

---

① 马澈：《解读〈互联网用户公众账号信息服务管理规定〉新规》，《现代广告》2021 年第 C1 期。

② 程啸：《保护个人在个人信息处理活动中的权利——〈中华人民共和国个人信息保护法〉解读》，《网络传播》2021 年第 9 期。

网络法治工作队伍，培养复合型人才，提高网络法治的应用能力。另一方面，要大力培育行业自律等社会治理机制，形成网络社会多元治理的机制，建立健全网络社会组织，充分发挥社会组织自我管理、自我监督作用。[①]

党的二十大报告提出："健全网络综合治理体系，推动形成良好网络生态。"网络法治既是数字治理的重要方式，也是数字文明建设的重要成果。[②] 放眼未来，不断推动网络空间运转的规则化、治理的法治化，是我国走向网络强国的必经之路。网络法治体系是确保我国网络平台健康发展、网络秩序规范运行的基本遵循，也是提升国家治理体系和治理能力现代化水平的基本指针。下一步国家网信办将继续深入贯彻习近平总书记关于网络强国的重要思想和依法治网重要论述，坚持依法治网，努力推动我国网络法治建设取得新成效，不断出台法律法规，不断健全网络法治体系。

二　缜密防范网络犯罪

网络秩序的良好运行，需要刑法对网络犯罪进行限制，更需要防范网络犯罪。2022 年，《关于进一步规范网络直播营利行为促进行业健康发展的意见》指出，应明确直播营销平台、直播营销人员、电商平台应当履行的法律责任，应明确依法治网、依法管网的制度机制，防范和惩治网络直播营销违法犯罪活动。2020 年，中央网信办联合 13 个部门在全国范围内开展了为期 3 个月的 2020"清朗"未成年人暑期网络环境专项整治行动。[③] 在专项整治中，查处了一批重点网站平台、应用程序存在的突出问题，整改完成一批影响青少年健康成长的网络乱象。比如，针对网络暴力、网络谣言、流量造假、黑公关、利益输送等问题，开展了为期 2 个月的集中治

① 习近平：《高举中国特色社会主义伟大旗帜　为全面建设社会主义现代化国家而团结奋斗——在中国共产党第二十次全国代表大会上的报告》，人民出版社，2022，第 44 页。

② 刘德良、陈莉：《网络暴力法律界定的问题审视及治理进路》，《南都学坛》2023 年第 2 期。

③ 张小婷：《关于整治"网红儿童"乱象的政策议程设置分析——基于多源流理论》，《少年儿童研究》2022 年第 4 期。

理；针对未成年人沉迷网络问题，开展了为期 1 个月的集中治理；针对低俗色情、血腥暴力等问题，开展了为期 2 个月的集中整治；针对短视频领域存在的乱象，开展了为期 1 个月的专项整治。

为防范网络犯罪，一方面，需要强化刑法对网络秩序的规制。例如，将利用计算机实施的相关犯罪规定为“危害计算机信息系统安全罪”；将使用黑客技术和“利用计算机实施金融诈骗、盗窃、贪污、挪用公款、窃取国家秘密或者其他犯罪”规定为“计算机犯罪”；将“窃取或者以其他方法非法获取国家秘密”规定为“间谍罪”；等等。另一方面，需要制定与网络犯罪相适应的刑事责任规则。我国目前已有相关法律，但这些法律只是对网络犯罪的定罪和量刑进行了规定，而没有对网络犯罪的预防措施进行规定。网络犯罪发生后，受害者的救济问题并没有得到充分解决，这与网络犯罪的预防措施不完善有关系。例如，在网络上实施非法入侵、破坏等行为，不仅会对受害者造成严重影响，而且会使受害者丧失通过法律获得权利救济的机会。对此，应考虑设立专门的刑事责任规则，将针对一些在网络空间中实施的侵犯公民人身权利、财产权利和民主权利等的犯罪行为的预防措施具体化，通过立法明确网络犯罪的刑事责任，规定网络犯罪的预防措施，包括加大对网络犯罪行为的惩罚力度、加强网络犯罪的预防。

2020 年 11 月 16 日，习近平总书记在中央全面依法治国工作会议上的讲话指出：“网络犯罪已成为危害我国国家政治安全、网络安全、社会安全、经济安全等的重要风险之一。”① 应通过专项行动的开展，营造清朗的网络空间。国家网信办有关负责人表示，下一步将继续加大网络执法力度，持续推进网络生态治理。同时，还将推进网络信息内容生态治理工作，推动完善网络社会管理机制，健全网络诚信体系，深入开展网络法治宣传教育，持续着力规范网络传播秩序，严厉打击各类网络违法犯罪活动。

三 保障网络执法公正

徒法不足以自行，严格执法是依法治网的关键环节。网络空间已成为

---

① 《习近平著作选读》（第 2 卷），人民出版社，2023，第 383 页。

新型生活秩序的载体，网络秩序关乎数字时代人民群众合法权益和社会公共利益。传统社会向线上社会全面映射的过程中，各项权益也向网络空间延伸叠加。因此，严格规范公正文明网络执法，加大关系人民群众切身利益的重点领域执法力度，全面保护人民群众合法权益、维护社会公共利益，推动形成健康规范的网络空间秩序刻不容缓。

从个人层面说，以保障个人信息权益为重点，持续加大处置力度，专项治理突出问题。从企业层面说，围绕网络知识产权保护、网络市场秩序维护两个主要方面，有效保护企业创新利益，促进网络市场公平竞争，推动形成优质的网络营商环境。从国家层面说，把维护国家网络安全和构建良好网络生态作为根本，切实筑牢网络安全防线，规范网络信息传播秩序，特别是针对未成年人网络保护的新命题，开展“护苗”等专项行动，促进形成健康有序、人人适合的网络空间。

党的二十大报告做出重要部署，要求“全面推进严格规范公正文明执法”①。公正司法是维护社会公平正义的最后一道防线。中国坚持司法公正、司法为民，积极回应网络时代司法需求，完善网络司法规则，革新网络司法模式，保障网络空间主体权益，使人民群众获得更加公平公正、公开透明、高效便捷、普惠均等的司法服务，深入持续开展网络执法工作，切实保障法律实施，促进形成法治环境。

国家网信办将在深化网络法治建设上进一步下功夫、求实效，持续织密法律之网、夯实法治之基、强化法治之力，不断夯实网络文明建设的法治根基，为网络文明建设提供坚实的法治保障。

四　严格落实网络平台主体责任

国家网信办有关负责人表示，近年来网络平台发展迅速，在提供便利化生活服务、助力经济社会发展等方面发挥了重要作用。为切实维护广大网民合法权益，网络平台须切实落实主体责任，加强网络生态治理。

① 习近平：《高举中国特色社会主义伟大旗帜　为全面建设社会主义现代化国家而团结奋斗——在中国共产党第二十次全国代表大会上的报告》，人民出版社，2022，第41页。

互联网信息内容管理是一项复杂的系统工程，要加强顶层设计、完善管理制度、强化技术支撑、加强从业人员教育培训。2020 年，国家网信办实施《网络信息内容生态治理规定》，从制度层面进一步明确了网络信息内容生产者、网络信息内容服务平台的法律责任。此外，国家网信办等部门还出台了《网络交易监督管理办法》《互联网新闻信息服务管理规定》《网络音视频信息服务管理规定》等一系列文件，明确了互联网信息服务提供者、平台的法律责任和义务。在此基础上，国家网信办建立了全国网信系统“一盘棋”的监管格局。2023 年 3 月，国家网信办公布《网信部门行政执法程序规定》，进一步规范和保障网信部门依法履行职责，保护公民、法人和其他组织的合法权益，维护国家安全和公共利益。

依法治网要求牢固树立依法治网意识、提高网络空间执法水平、规范网络空间执法行为、依法维护网络空间秩序。国家网信办下一步将全面落实网络行政执法责任制，明确执法机构、执法岗位和执法人员责任，建立网络执法全过程记录制度，严格落实责任追究机制。只有在法律层面上不断对网络治理进行细化，特别是对依法治网的治理主体、治理内容、治理目标等方面进行完善，才能极大地推进网络法治的完善与发展。

五 执法司法与普法守法相结合

不断增强全社会法治意识，促进依法治网，强化网络法治宣传教育。互联网正在改变政治参与的内容与形式，任何人都可以通过网络反映自己的心声，发表自己的意见与诉求。当这种意见与诉求具有较强的普遍性时，便会得到广泛的支持，并通过网络的强大力量形成一种舆论，进而可能对现实的立法与决策产生重要的影响。因此，以依法治网保障网络生态清朗，使民意得到充分自由表达，是全面从严治党的客观要求，是巩固党的执政地位和增强党的凝聚力与战斗力迫切需要解决的时代问题。

党的十九大以来，习近平总书记多次就推进网络空间治理提出重要论述、做出重要指示。2019 年 11 月 28 日，习近平总书记在主持中共中央政治局第十九次集体学习时强调：“要提高网络综合治理能力，形成党委领导、政府管理、企业履责、社会监督、网民自律等多主体参与，经济、法律、技术等多种手段相结合的综合治网格局。”[①] 2020 年 11 月 26 日召开的中央全面依法治国工作会议提出：“要依法规范和引导网络行为。”

“法立于上而俗成于下。”法律的权威源自人民的内心拥护和真诚信仰，人民权益要靠法律保障，法律权威要靠人民维护，要让维护法律权威变成自觉行动。[②] 一是充分运用互联网开展法治宣传教育。政府网站、公众号设立普法专题专栏，围绕宪法、民法典、《中华人民共和国国家安全法》等重要法律法规，以及生态文明建设、个人信息保护等人民群众关心关注的问题，开展网上法治宣传，全面普及法律知识。二是积极运用网络媒体开展网上普法活动。互联网媒体发挥内容、渠道、资源优势，结合不同群体普法需求，运用图解、动漫、短视频、网络直播、网络音乐等多种形式创作大量网络普法作品，通过微博、公众账号、网络直播等多种渠道向公众提供法律知识、解读法律法规。三是线下普法活动向线上延伸。随着互联网与经济社会生产生活的广泛融合，传统的线下法治讲座、普法基层行动、法律咨询服务、法治文艺展播等普法活动借助互联网不断扩大影响力和覆盖面。学习培训、微视频比赛、互联网法律法规知识大赛等更多“键对键”的线上活动和“面对面”的线下普法相互融合、相互补充、相得益彰，吸引更多人群参与法治宣传教育，让网络法治宣传教育惠及更广泛社会群体。

国家网信办将进一步规范网上信息传播秩序，积极主动应对网上传播热点，加强对自媒体、短视频等领域的规范引导；严格执行《互联网信息服务管理办法》等规定，严厉打击各类违法违规行为，加大对网站平台的监管力度。同时，将进一步加强互联网法律法规宣传普及工作，增强全社会法治意识，提高广大网民依法上网、文明上网的能力，坚持执法司法与普法守法相结合。

依法治网有五大要点。第一，落实好网络安全审查等制度，保障关键信息基础设施运行安全。持续推进网络信息内容生态治理工作，推动完善网络社会管理机制，健全网络诚信体系，出台相关法律法规，形成法律效

① 《习近平谈治国理政》（第 3 卷），外文出版社，2020，第 306 页。

② 张希彤：《“良善”的民法典》，《时代人物》2022 年第 8 期。

力，全面推进网络空间法治化。

第二，加大执法力度，以专项行动推进依法治网。尤其是围绕网络直播行业存在的突出问题，对一些社会影响恶劣、问题性质严重的直播平台进行严肃处理，依法查处一批违法违规网站和账号，及时整改一批突出问题，开展网络安全执法检查和专项整治行动。

第三，公正司法是依法治网的关键一步，严格规范公正文明网络执法，加大关系人民群众切身利益的重点领域执法力度，全面保护人民群众合法权益。

第四，落实网络主体责任制，从法律层面上明确关于互联网信息服务、互联网用户个人信息保护、互联网平台企业责任等的基本原则和基本制度。加强个人信息保护与促进个人信息合理使用相结合，规范和约束企业、社会组织及个人在处理个人信息方面的行为，加强对广大网民特别是青少年的保护力度，明确国家机关、企业事业单位、社会组织和个人在个人信息保护方面的义务与责任。

第五，深入开展网络法治宣传教育。不断增强与提升全社会网络法治意识和素养，创新法治宣传教育的内容、形式、手段，让社会主义法治精神在网络空间得到全面彰显。

第八章
发展健康繁荣的网络文化

第一节　发展健康繁荣的网络文化的必要性

文化是国家和民族的灵魂。网络文化是网络信息技术和社会文化生活相结合形成的一种文化形态，是文化的一部分。如果没有健康繁荣的网络文化，网络空间就没有活力。在社会思想观念比较活跃和相互交融的大背景下，互联网作为社会信息大平台，越来越容易影响人们的世界观、人生观和价值观。因此，习近平总书记提出，在网络空间中，如果没有共同的价值观和目标来引导，就什么事也办不成，这种局面不符合人民的利益，也不符合国家的利益。[①] 为了网络安全和信息化发展，必须弘扬主流的先进言行，培育积极健康、向上向善的网络文化，为网络文化的建设提供强大的精神支撑。

一　互联网给文化娱乐与精神生活带来了变革

当今的互联网不仅是信息传递的工具，而且已经成为人们获取文化和娱乐信息的主要途径之一。在互联网上，我们可以看到来自世界各地的文化、娱乐内容和艺术形式，使我们的视野变得更加开阔。例如，流行的视频网站和社交媒体平台为用户提供了海量的音乐、电影、电视剧和短视频内容，用户可以自由浏览、下载或分享这些内容。此外，在线阅读平台也提供了大量的电子书、漫画和杂志，为读者提供了更便捷的获取阅读素材

① 习近平：《论党的宣传思想工作》，中央文献出版社，2020，第 194～195 页。

的方式。互联网文化的丰富性也促进了各种新文化的出现和传播。比如，在互联网上出现了许多网民自发组织的社群、粉丝团和线上活动，这些社群聚集了志同道合的人，他们共同追求着各种文化和艺术形式。此外，网络直播和在线视频直播也成为文化娱乐产业中的重要一环，各类演唱会、音乐节、体育赛事、游戏比赛等都可以通过互联网观看，这为人们提供了更加便捷的观赏体验。总而言之，互联网作为一种新兴的传媒形式，其对于文化娱乐的传播和发展起到了越来越重要的作用，同时也催生了新的文化和娱乐形式，丰富了人们的文化娱乐生活。

但文化生活与文化产品有其特殊的属性。文化产品是文化创作生产的成果，它不同于普通产品，而是直接影响着人们的精神世界，关系到民族精神面貌和社会文明进步。文化创作生产活动的繁荣是社会主义文化大发展大繁荣的关键环节，是社会主义核心价值体系的重要载体，也是人民群众精神食粮的重要来源。它也能够保障公民文化权益，推动文化事业和文化产业的共同发展，进一步激发文化创作生产活力。所以提高文化产品质量，是满足时代要求、满足人民新期待的必要措施。推动文化创作生产的繁荣发展，全面提高文化产品质量，尤其是推出更多的文化精品，对于国家和人民来说都至关重要。虽然我国的文化产品已经相当丰富，但与人民群众的需求还存在一定差距。回顾中华民族五千年的文明史，文化发展的高峰期无不是文化创作生产的活跃期。实现中华民族伟大复兴和建设社会主义文化强国的伟大事业需要社会主义文化大发展大繁荣，需要涌现出一大批能体现民族精神和时代特色的优秀文化产品。只有社会主义文化百花园绚丽多彩，才能实现社会主义文化大发展大繁荣。

2014 年 9 月，习近平在北京师范大学考察工作时指出，做好教师这个工作需要有扎实的知识功底。[①] 在信息时代，如果老师所教的内容在网络上轻易可查，那么教师就难以在教学中游刃有余。互联网是一种横向信息传输网络，与传统媒体不同，网络空间不存在信息中心源，信息可以快捷地传播。无论生活在何处，人们都能通过互联网获取文化信息，并将其分

---

① 习近平：《做党和人民满意的好老师——同北京师范大学师生代表座谈时的讲话》，《人民日报》2014 年 9 月 10 日，第 2 版。

享到自己的社交圈，从而扩大信息的传播范围。互联网也促进了文化的全球化，每个国家都可以在网络上传播自己的文化，并获取其他国家的文化信息资源。因此，对于老师来说，了解互联网及其对文化和知识的影响，是非常必要的。除此之外，互联网在教育方面也提供了广泛的机会和丰富的平台。例如，网络教育平台让学习不再受时空限制，学生可以根据自己的节奏和时间安排自主学习，这提高了学习效率和便利性。同时，互联网也提供了各种形式的在线学习资源，如在线课程、网络图书馆和学术数据库等，使得教育资源更加丰富和多样化。此外，互联网还促进了教育的创新，例如，通过使用虚拟现实技术和人工智能技术，可以形成更具互动性和趣味性的教育内容和教学方式。因此，互联网作为一种重要的信息媒介，不仅影响着教育和文化领域，也对人们的思想观念和生活方式产生了深刻的影响。老师需要了解和掌握互联网的特点和优势，充分利用网络资源和技术，来更好地履行自己的教育职责。

二　网络空间对精神文化生活的影响与日俱增

我国已经迎来了信息化大潮，网民数量已超过 10 亿。互联网在人们的学习、工作、生活中扮演着越来越重要的角色，成为获取信息、公共服务的新平台。互联网聚集了世界各地的信息、知识和文化成果，人们可以通过各种网站、应用和客户端自由地选择符合自己需求的信息。通过网络空间，人们可以传播知识和信息，促进网络文化的发展。同时，政府也可以借助互联网，吸收借鉴国外的先进文化成果和经验，提升中国文化的传播力和影响力。

然而，由于网络中的文化信息过于丰富，人们也面临着信息爆炸的状况。在海量的信息前，人们往往会感到无所适从，变得更加迷茫。同时，网络文化中既有正面的价值观和文化，也有负面的价值观和文化。这会影响人们的思想和观念，影响人们对国家和社会的态度。正面的、主流的文化和价值观无疑能够成为人们的精神文化食粮，让人们的生活充满正能量。但是，网络上存在着各种乱象和非主流社会思潮，影响着国家和社会的稳定发展，侵蚀着人们的世界观、人生观、价值观，最终会影响人们的行为选择。在我国，互联网作为一种信息传播的渠道，越来越成为各种意识形态争夺的思想阵地。特别是以美国为首的西方国家利用互联网技术优势，试图通过传输其自身的政治理念、社会价值观和生活方式，消解我国主流意识形态的合法性。国内也有势力呼应此行为，在网络言行上进行配合。我国互联网空间中意识形态领域的这些复杂情况表明，抵御敌对势力思想渗透的任务非常艰巨。网络文化也阻碍了社会主义道德建设事业的发展。互联网提供了谣言、谩骂、攻击等违反公序良俗的文化信息滋生的空间，这不利于社会和谐健康发展，容易扰乱人们的思想，引起人们道德行为的失范。此外，网络文化可能损害人民群众的身心健康。尤其是网络黄赌毒、诈骗等问题腐蚀着人们的心灵和身体，对很多人特别是青少年造成毒害，严重影响中国人的精神面貌和中华民族的永续发展。

三　风清气正的网络空间符合国家和人民的根本利益

作为21世纪伟大科技发明互联网的衍生产物，网络文化空间体现了人类文明的进步，并且应该成为传播正能量和主旋律的空间。“网络空间天朗气清、生态良好，符合人民利益。网络空间乌烟瘴气、生态恶化，不符合人民利益。”目前，党和人民正在为实现“两个一百年”的目标而努力奋斗。伟大理想的实现，不仅要依靠物质方面的积累和进步，还需要依靠精神层面的支持。因此，“全社会方方面面同心干”和“全国各族人民心往一处想、劲往一处使”变得尤为重要。如果网络空间与现实空间无法“心往一处想”，理想和目标无法统一，缺乏判断大是大非的共同价值标准，那么不仅网络空间会变得混乱无序，而且现实空间也会受到影响，不利于人民群众的自身发展，也不利于党和国家的长远发展。因此，在面对互联网对文化的影响时，必须把握好网络文化的双重性，积极加强中国特色网络文化建设、引导和管理工作，积极推动互联网为传播主流文化和价值观服务。

第二节　营造积极健康、向上向善的网络文化氛围

网络文化的核心是通过网络传播文化，塑造网民的心理和行为。

习近平指出："我们要本着对社会负责、对人民负责的态度，依法加强网络空间治理，加强网络内容建设，做强网上正面宣传，培育积极健康、向上向善的网络文化，用社会主义核心价值观和人类优秀文明成果滋养人心、滋养社会，做到正能量充沛、主旋律高昂，为广大网民特别是青少年营造一个风清气正的网络空间。"①

一　社会主义先进文化是网络文化建设的基本原则

中国共产党和中国人民从实践中总结出了坚持正确政治方向的重要性，这一方向必须根植于马克思主义基本原理之中。对于网络文化建设来说，如果失去了正确的方向，它就无法发挥应有的作用，甚至可能会成为影响社会稳定和人民群众健康成长的因素。因此，坚持发挥马克思主义在网络文化建设中的指导作用是非常重要的。我们需要认识到坚持马克思主义的科学原理、创新精神和理想信念是坚持马克思主义的关键，并且理解其揭示的人类社会和社会主义发展一般规律的重要性。在网络文化建设中，必须紧密结合马克思主义的这些方面，以其对人类社会和社会主义发展一般规律的揭示为指导，促进中国网络文化的繁荣和发展。具体来说，要让马克思主义在网络文化建设中发挥指导作用，就需要建立和完善一系列制度和机制。例如，要深化网络文化建设中的思想引领，引导人民群众树立正确的文化价值观；要加强网络文化产业的规范化管理，营造清朗的网络文化环境；要加强网络文化内容的审查和监管，遏制不良信息传播，创造安全的网络空间。总之，只有坚持马克思主义，才能为网络文化建设提供科学的理论指导，确保其在促进中国文化繁荣发展、培育积极向上的风气等方面发挥更大的作用。

网络文化建设是一个复杂而又关键的任务，需要不断探索和实践。随着互联网技术的发展和普及，网络文化对人们的日常生活和思想认知产生了深远的影响。因此，网络文化建设不仅仅是一种对传统文化的继承和创新，更是在现代文明的背景下，积极引导网络空间的社会舆论、促进社会

① 《习近平著作选读》（第1卷），人民出版社，2023，第473页。

良性发展的重要途径之一。在实践过程中，网络文化建设必须以培养担当民族复兴大任的时代新人为目标。这就意味着必须要在网络空间中传播正确的价值观念和思想观念，引导网民遵守社会道德规范，推动形成健康向上的网络文化氛围。同时，要积极弘扬中华优秀传统文化和社会主义先进文化，宣传人类文明优秀成果，让网民们深刻认识到自身文化传统的重要性，增强文化自信和文化自觉。除此以外，网络文化建设不仅要传承和弘扬传统文化，也要推进时代文化的创新和发展。在互联网时代，文化的传承和创新已经不再局限于特定地理位置和人口分布范围，而是得到了更广泛的参与和更强的影响力。因此，要在传承和发扬中华优秀传统文化的同时，积极创造具有现代特色的网络文化形态，激发青年一代的文化创新活力和创造力。

此外，网络文化建设还需要不断加强管理和监督，确保网络空间的健康发展。这就需要政府、企业和社会各界合力，助力健全的法律法规和监管体系的建设，加强网络安全和信息安全保障，打击网络谣言和不良信息，维护网民合法权益和社会公共利益。

二　网络文化建设应当以中华优秀传统文化为根基

当今社会，随着信息技术的快速发展和互联网的普及，网络文化的影响力越来越大，成为现代文化的重要组成部分。在这一背景下，如何推进网络文化建设，如何在网络空间中弘扬积极向上的精神文化、展现中华优秀传统文化的价值与魅力，已经成为一个重要课题。

中华优秀传统文化是中华民族几千年文化积淀的精髓，它是中国特色社会主义文化的重要来源，也是中国人民共同的精神财富。传统文化中的哲学思想和道德准则，来源于儒家、道家、墨家、法家等多种思想流派，不同思想流派的思想中都蕴含着深刻的道理和人生智慧，对于今天推进社会主义道德建设、推动社会和谐进程、培育健康向上的网民具有重要的指导意义。所以要坚持中华优秀传统文化的价值导向，挖掘传统文化的精华，发扬中华民族的传统美德和优秀品格，以此来强化民族自信心和文化自信心，引导人们向上向善。同时，传统文化中的诸多文化符号、象征、故事、形式等也具有独特的审美价值和表现力，可以为网络文化的创新和发展提供丰富的源泉和素材。因此，在推进中国特色网络文化建设的过程中，我们需要注重传统文化的传承和弘扬。要将中华优秀传统文化融入网络文化的各个方面，如网络文学、网络艺术、网络游戏、网络娱乐等。在这些领域，我们可以通过创新的手段，将传统文化元素巧妙地融合进去，使之更符合现代人的审美和情感需求，更具有时代感和吸引力。同时，我们也应该注重网络文化的创新和发展，不断推出新的文化产品，吸引更多的网民参与，让网络文化建设成为推动文化繁荣发展的重要引擎。只有将传统文化和现代文化融合在一起，才能够推动网络文化建设的不断发展和创新，让网络文化成为人们心灵交流的新桥梁。

网络文化建设应当致力于保护、传承和弘扬中华优秀传统文化，包括但不限于诗词、书画、音乐、戏曲、民间艺术等。这些文化形式不仅是中华民族的瑰宝，更是中华文化传承的重要组成部分。我们应该让这些文化形式在网络文化中得到更广泛的传播，让更多的人了解和欣赏到中华优秀传统文化的魅力，进而更好地传承和发扬这些文化。此外，我们还应该在网络文化建设中注重推广中华优秀传统文化中的道德准则和价值观念，如"仁爱""诚信""孝道"等。这些道德准则和价值观念是中华文化的核心，也是我们中华民族的优良传统。在网络文化中，我们应该弘扬这些道德准则和价值观念，让更多的人知道并且坚守这些美德，进而推动整个社会的道德建设和文化进步。另外，还可以借助网络技术，将中华优秀传统文化与现代科技相结合，开发出更多融合传统文化与现代元素的网络文化产品，如传统文化主题游戏、VR 文化体验馆、文化教育 App 等。这不仅有助于传承和弘扬中华优秀传统文化，还能够满足现代年轻人对于多元文化的需求，为网络文化建设注入新的活力和动力。所以，网络文化建设应该将中华优秀传统文化作为重要资源和基石，通过多种方式推广和传承，让更多的人了解和欣赏到中华优秀传统文化的魅力，进而让传统文化在网络时代焕发新的生机和活力。

网络文化建设必须坚守中国人所秉承的精神信仰。中华文明在历史长河中，凭借自身的生态环境和社会条件，孕育出了独特的价值观、道德规范和行为模式。这些思想观念和文化传统，如仁爱、诚信、和合等价值观念，自强、敬业、扬善等传统美德，已经在中国人的心中根深蒂固，成为中华文化的核心精神。这些思想观念经过历代先贤的探索和实践，形成了中华文化的精髓，代代相传，贯穿于中国人民的血脉之中。网络文化建设必须充分挖掘和传承这些中华文化中的宝贵精神财富，并且不断发掘其深刻的内涵和时代价值，以此为基础不断开拓和创新，让中华文化焕发出新的生机和活力。同时，网络文化建设也需要结合马克思主义道德观和社会主义道德观，实现中华传统美德的创造性转化和创新性发展，引导人们向往、追求讲道德、尊道德、守道德的生活，形成向上的力量和向善的力量。只有这样，网络文化才能真正成为中华文化和中华民族精神的重要组成部分。

除了以上所述，网络文化建设还必须始终坚持爱国主义的伟大传统。爱国主义是中华民族精神的核心，是中华文化的精神脊梁。我们应当始终铭记国家利益高于一切的重要原则，为实现中华民族的伟大复兴而不断努力奋斗。同时，也要秉持包容的心态，吸取外来文化中有益的成分，用开放的胸怀与世界各国共同探讨和发展网络文化，为人类文明的繁荣进步做出更大的贡献。

中华民族对于自己的国家、自己的同胞有着非常深厚的情感，在历史长河中，一代又一代中华儿女为保家卫国、精忠报国留下了大量感人的故事。这种精神成为中华儿女彼此凝聚、团结和进取的积极力量，维系着一个在世界上有地位、有影响的大一统国度，激励着中华民族为祖国的繁荣发展而不懈奋斗。可以说，中华民族在分分合合的风险挑战中，依然屹立不倒，传续至今，离不开爱国主义的传统精神。如今我们培育的网络文化不能缺失爱国主义，必须在网络空间“教育引导全国人民像爱护自己的眼睛一样珍惜民族团结，维护全国各族人民大团结的政治局面，不断增强对伟大祖国、中华民族、中华文化、中国共产党、中国特色社会主义的认同，坚决维护国家主权、安全、发展利益，旗帜鲜明反对分裂国家图谋、破坏民族团结的言行，筑牢国家统一、民族团结、社会稳定的铜墙铁壁”[①]。这是我

---

① 汪晓东、张炜、吴姗：《凝聚起中华儿女团结奋斗的磅礴力量》，《人民日报》2021 年 10 月 2 日，第 1 版。

们必须努力承担的责任和义务，既是对中华民族传统精神的继承，也是对未来的承诺。[①]

三　人类文明优秀成果是网络文化建设的重要内容

多姿多彩的世界是由不同的文明构成的。人类在历史上创造和发展了众多形态各异的文明。除了中华文明之外，世界上还存在着其他各国所创造的文明。每一种文明的影响力都是平等的，无论大小，没有优劣之分。每个文明都有其独特的优点和不足之处。正是文明的多样性和平等性，使得文化交流成为国家发展的必然选择，为国家的繁荣发展带来活力。在历史上，中华文明就曾经历过开放强盛和落后挨打两个不同的阶段。

从历史经验来看，只有持续地了解世界，学习吸收人类文明的优秀成果，才能紧跟世界发展的脚步。互联网这个新兴事物最初诞生于国外，我国也是在学习借鉴他国文明的基础上，才成为如今的网络强国。正如习近平在联合国教科文组织总部演讲时所说："对待不同文明，我们需要比天空更宽阔的胸怀。"[②] 繁荣发展网络文化，也必须将人类优秀文化纳入其中，不论其来源于哪个国家，只要有助于培育网络文化，都应该勇于吸收借鉴。需要善于发掘它们的独到之处，融入自己的智慧中，为中国人民的精神生活提供新的有价值的素材和资源。当然，这一切的前提都是坚持社会主义核心价值观，维护中华文明的根基。习近平总书记曾说："对国外的理论、概念、话语、方法，要有分析、有鉴别，适用的就拿来用，不适用的就不要生搬硬套。"[③] 我们如果盲目地效仿他国的网络文化成果，可能会成为他国网络文化的复制品，失去自己的独立思考能力。

第三节　营造清朗的网络空间

想要营造积极健康、向上向善的网络文化，首先需要打通一定的路

① 新华社：《大力弘扬伟大爱国主义精神 为实现中国梦提供精神支柱》，《人民日报》2015年12月31日，第1版。

② 习近平：《出席第三届核安全峰会并访问欧洲四国和联合国教科文组织总部、欧盟总部时的演讲》，人民出版社，2014，第15页。

③ 习近平：《在哲学社会科学工作座谈会上的讲话》，《人民日报》2016年5月19日，第2版。

径，让积极健康、向上向善网络文化的传播途径畅通，才能使之影响亿万网民群众。这就要在社会主义核心价值观的科学引领下，做好网络舆论引导工作，建立健全网络文化建设体制机制，发展网络文化产业，提供更多更好的正能量文化产品和服务，努力营造清朗的网络空间。

一 坚持为人民服务、为社会主义服务的方向

网络空间归根结底是现实社会的延伸，网民来自人民，营造清朗的网络空间，首先要明确营造网络空间是为人民服务、为社会主义服务。因此，我们需要坚持以人民为中心的思想，让人民群众成为网络空间建设的参与者、管理者和受益者，使网络空间成为传递真实信息、弘扬正能量、促进社会和谐的平台。

如今，互联网已经成为人们日常生活的重要组成部分，人们对网络空间的期望日益迫切，更加注重网络内容的正面价值、道德观念和美好形象，更加关注网络空间存在的道德失范、诚信缺失、价值观扭曲的现象。尤其对于“网生代”的未成年人，网络内容的健康与否、文明与否、信息是否正面，直接影响他们的思想信仰、价值观念和行为方式。人民群众对网络生态治理成效的评价，是检验网信工作质量和以人民为中心发展思想落实情况的重要标准。近年来，全国网信系统深入贯彻习近平新时代中国特色社会主义思想，坚持以人民为中心，坚持问题导向，以营造清朗网络空间为目标，网络生态总体上呈现出向好的趋势。与此同时，管网治网工作也面临着新的挑战和问题，网络上仍然存在一些顽瘴痼疾亟待解决。党中央部署开展党史学习教育，要求将人民利益置于首位，切实解决人民群众的实际困难和问题。中央网信办启动了“清朗”系列专项行动，旨在重拳整治网络乱象，为构建清朗网络空间打下坚实基础，切实保障人民群众的网络合法权益不受侵害。

在网络信息内容的传播交流中，网站平台扮演着重要角色，它对于网络生态治理和“清朗”系列专项行动的实际效果具有至关重要的作用。网站平台应当肩负更多社会责任和道德责任，承担信息内容管理的主体责任。应当以增强人民群众在网络空间中的幸福感、安全感、获得感为使

命，以为人民群众提供更加优质、丰富的互联网产品和服务为主要目标，这也是实现企业自身发展与满足人民群众期盼的高度统一。因此，网站平台应当加强把关，发挥其应有的作用，配合塑造清朗的网络空间，日常生产、经营活动也应当以为人民群众服务、为社会主义服务为首要目标，真正实现经济效益和社会效益的有机结合，这也有利于企业自身经营与管理环境的改善。

二　用社会主义核心价值观滋养网络空间

习近平总书记曾强调："对一个民族、一个国家来说，最持久、最深层的力量是全社会共同认可的核心价值观。"[①] 这种价值观决定了文化的性质和发展方向。社会主义核心价值观是社会主义意识形态的内核，彰显了社会主义先进文化的本质。为了引领互联网向文明的方向发展，必须以正确、科学的价值观滋养网络空间，以社会主义核心价值观为引领，推进网络空间文明的发展。

在网络空间，我们要坚定对社会主义核心价值观的自信。文化软实力是国家综合实力的重要体现，它反映了国民的气质和精神面貌。核心价值观是文化的灵魂，文化的影响力取决于核心价值观的影响力。因此，习近平总书记特别强调了"文化自信"，并将其加入"三个自信"的概念，使其升级为"四个自信"。在"文化自信"中，核心价值观的自信是关键。社会主义核心价值观是中国特色社会主义的"导航"，从国家、社会和公民三个层面对中国特色社会主义事业的根本价值方向做出了具体要求。只有坚定对社会主义核心价值观的自信，才能保持清醒，更好地坚守和践行它。在网络空间，我们也要有这种自信，坚定不移地弘扬社会主义核心价值观，倡导富强、民主、文明、和谐、自由、平等、公正、法治、爱国、敬业、诚信和友善，不断修复网络生态环境、培育网络新风尚，引导广大网民形成团结协作、共筑未来的精神力量。

为创新和加强社会主义核心价值观的网络宣传，必须遵循网络传播规

---

① 《习近平总书记系列重要讲话读本》，学习出版社、人民出版社，2014，第92~93页。

律，改进宣传的方式和方法，使核心价值观深入人心。一方面，利用互联网和新媒体多个终端的协同作用，强力促进社会主义核心价值观在网络空间的传播。与纸媒和电视相比，互联网在文化传播上具有优势，因为其能及时传播信息、提供更多信息源，便于人们获取信息和知识。将社会主义核心价值观融入互联网，有助于扩展核心价值观的传播范围，使其传播更符合人们经常上网的习惯。另一方面，应积极发挥互联网“图文并茂、声形并现”的优势，广泛运用微信图文、短视频、网络小说、专门网站等形式，使宣传更加鲜活、真实和直观，增强社会主义核心价值观的吸引力和说服力，促进人们从被动接受核心价值观转为主动学习。

当前，社会治理模式正在从单向管理转向双向互动，从线下转向线上线下融合。在这个背景下，培育和践行社会主义核心价值观需要将线上和线下的力量结合起来。社会主义核心价值观具有多维度的内容，仅靠计算机、鼠标和网络空间等基础设施的建构，是无法完成其培育和践行的。只有将线上线下融合在一起，才能发挥出核心价值观的强大力量。在这个纷繁复杂的网络社会和现实世界中，协调线上和线下的核心价值观培育实践活动变得尤为重要。通过让广大民众无时无刻不感受到社会主义核心价值观的正向力量，启迪他们在自觉践行的过程中，学会理性分析和思考，做出正确的价值判断和行为抉择。这样，才能更好地融合线上线下的社会主义核心价值观，培育和践行这一价值观的各个方面，使民众为实现网络强国的目标不懈努力。

三　壮大主流言论，重视舆论引导

当前，我国社会上存在着思想活跃、观念碰撞，网民意见多元、非理性情绪多发、利益诉求过激，极端个人主义抬头和网络暴力等问题，这些问题给我国的舆论环境和团结稳定局面带来了不利影响。因此，作为一项长期任务，做好网络舆论工作显得尤为重要。我们必须把网络舆论工作放在重中之重的位置，全面加强网络舆论引导，引导网络舆论朝着正确的方向前进，以实现全社会思想的统一和齐心协力构建网络文化强国的目标。在当前互联网快速发展的大环境下，网络舆论已经成为一种重要的社会现象，对社会文化、经济和政治生活的影响不可忽视。然而，在网络舆论的发展过程中，我们不仅要关注其给社会带来的积极影响，也要警惕其带来的负面影响。事实上，网络舆论存在着多种问题，如信息过载、虚假信息、恶意攻击等，这些问题不仅会导致公众对信息的误解和不信任，也会引发社会不稳定。因此，必须全面加强网络舆论引导，通过引导网民理性表达意见、严守法律底线、加强社会信任等，规范网络舆论的发展，使其能够更好地服务于社会稳定和发展。

传统媒体应当注重通过全媒体平台壮大主流言论。全媒体平台以媒介融合为特点，为舆论引导和弘扬社会主义核心价值观提供了新的机遇和途径。传统主流媒体应当善用新兴媒体，适应分众化和差异化传播趋势，把握受众的阅读习惯和信息需求，创新舆论引导的方式、方法和手段，坚持扩大主流媒体在新兴舆论阵地的话语权和影响力。

同时，我们还需要处理学术性和政治性的关系。要尽可能地保障互联网空间的开放和自由，确保网民拥有自由表达和讨论的合法权利，从而鼓励广大网民为网络文化建设贡献更多的智慧。同时，我们必须加强主流网络话语的建设，把握好网上舆论引导的时机、效果和力度，积极开展网络舆论斗争。这就需要组织力量批驳错误的思想观点，澄清模糊认识，厘清事实和真相，努力掌握网络空间的主动权和话语权，以守好思想舆论阵地。在这个过程中，需要充分尊重学术自由、独立性和学者的创造性。对于政治化的话语，我们需要审慎对待，避免其过度干预学术研究的发展和公正性。为了促进学术自由和研究创新，应该建立一个公正、公平、科学的学术评价体系，加强学术规范和道德建设，保障学者的研究权利和学术权威。

在互联网时代，内容建设是网络文化发展的关键。在传统文化中“内容为王”，在网络文化中也是如此。因此，如果我们想要形成强势舆论场，就必须搞好网络内容建设。内容空洞、乏善可陈的网络文化无法吸引和感召人们，即使技术先进、观念超前，也难以形成有生命力和感召力的文化。习近平总书记多次提出要搞好网络内容建设，“十三五”规划也将这一点写入其中，要求做到网络内容正能量充沛、主旋律高昂。为了实现这一目标，需要深度挖掘中华优秀传统文化、地域民俗文化、红色革命文化在当代的价值，让老百姓对网络内容更为喜闻乐见，增强网络内容的感召力和影响力。通过以先进人物和事迹为素材，在网络空间中讲好好人好事，激励网民向善向上。同时，还需要获取和分析网民对网络文化内容的评论信息，了解网民对网络内容的认可和接受程度，积极改进网络传播内容，增强网络正面内容传播的实效性。此外，还需要加强对内容建设的指导和规范，推动网络文化向着正能量的方向发展。要积极引导网络内容创作者坚持正确的价值取向和审美标准，摒弃低俗、庸俗、暴力、猎奇等不良倾向，做好网络内容的策划、制作和传播。这样，才能更好适应分众化的信息传播方式，构建新的网络舆论引导格局，促进社会走向美好和谐。只有搞好网络内容建设，才能形成有生命力和感召力的网络文化，推动广大网民为网络文化建设贡献更多智慧和力量。同时，也只有在内容建设的指导和规范下，网络文化才能走向更加健康、积极的方向，对社会的发展和进步产生积极的影响。

要占领新的传播空间，必须建立新型媒体。如今，年轻人和广大网民越来越青睐新型媒体，传统媒体的受众则日益减少，边缘化的趋势越来越明显。媒体是思想文化传播的主要阵地。如果宣传不能适应这种形势，不具备互联网思维，那就无法传播主流文化。在互联网领域的竞争中，不仅要具备技术能力，还需要掌握观念传播权和话语权。为改变中国在国际舆论场中相对弱势的现状，必须打造融通中外的新概念、新范畴和新表述，宣传中国故事，传播中国声音。同时，要统筹对内对外的宣传工作，善用互联网新技术，促进传统媒体优化升级，建立新型的互联网媒体，构建现代化的传播体系。这样，就可以为客观地讲述中国的实际情况、传播先进社会主义文化提供新的平台和阵地。通过这些努力，国内外的受众都能够更多地了解中国，这会扩大我国主流文化在国内外互联网舆论中的影响力。

延伸阅读：

着力加强国际传播能力建设 生动讲好美丽中国七彩云南故事①

“联接中外、沟通世界”是国际传播工作的重要使命。在新时代背景下，如何打造国际传播新平台，做细、做实、做好、做强区域国际传播工作，开创对外宣传新局面，是云南宣传文化系统面临的“新考题”，而唯有创新能够破题。

2022 年 5 月 31 日，在习近平总书记“5 · 31”重要讲话一周年之际，云南省南亚东南亚区域国际传播中心（简称“区域国传中心”）正式挂牌成立，标志着云南国际传播开启了新征程。

高起点、有特色、创新性、实体化……区域国传中心从成立伊始就与众不同——独立法人，有人员有编制有预算，是全国唯一得到上级主管部门批复同意成立的区域性国际传播中心，是全国唯一面向南亚东南亚开展区域国际传播工作的媒体机构，还得到了云南省媒体融合重点实验室赋能，其融媒体指挥调度中心将大数据、人工智能应用到国际传播领域，独具创新意义。

挂牌成立以来，区域国传中心紧紧围绕服务中国面向南亚东南亚辐射中心建设的主阵地、中国面向南亚东南亚国际传播的试验田、讲好美丽中国七彩云南故事的新高地的功能定位，先后承办、协办 2022 年国际瑜伽日暨中印人文交流系列活动、中缅边民“云联欢”、2022 年“花好月圆”中秋文化交流活动走进印度尼西亚等对外文化交流活动，参与举办“洱海论坛”“大象国际传播论坛”“中缅媒体双城论坛”等重要国际论坛，策划开展了缅文《吉祥》杂志创刊 30 年、泰文《湄公河》杂志创刊 20 年等系列活动。

2022 年 8 月 8 日，在野生亚洲象渡过元江干流顺利南归一周年的日子，云南省南亚东南亚区域国际传播中心红河分中心揭牌。该中心

① 期俊军、张雪飞：《着力加强国际传播能力建设 生动讲好美丽中国七彩云南故事》，《云南日报》2023 年 3 月 19 日，第 1 版。

是省政府新闻办批复成立的第一个区域国传中心州（市）分中心，这个分中心揭牌仪式是在首届“大象国际传播论坛”上举行的。

“大象国际传播论坛”以“好故事、好形象、好声音”为主题，是云南延续“大象品牌”热度、强化“大象元素”应用、持续发挥“大象传播”效应，加强和改进新形势下国际传播工作的又一创新之举。论坛上，与会各国专家学者聚焦云南国际传播现象产生与传播渠道建设，研讨如何展示地方国际新形象、新魅力，讲好中国故事、传播好云南声音，展示真实、立体、全面的中国。论坛发布了云南国际传播十大热词，举行了“大象频道”上线仪式。“‘大象传播’是云南在国际传播中的一个成功典范，未来云南还有很多元素可以进一步挖掘，而且可发挥的空间很大。”参加论坛的北京大学国家战略传播研究院院长程曼丽表示。首届“大象国际传播论坛”受到媒体高度关注，海内外媒体刊载有关报道超1500篇，全网信息超过2200条，阅读量超过1.6亿次。而那群“北上南归”的野生亚洲象在回归家园一周年之际，再次引发媒体“追象”热潮，话题两次冲入微博热搜榜——虽然大象回家了，但它们的故事却在不断延续，并且越讲越生动。

四　打造网络文化建设体系

网络文化建设是一个复杂而系统的工程，涉及众多方面和不同群体，需要健全的网络文化建设体系来支撑。因此，积极构建向上向善的网络文化，需要政府、企业和网民三方面的积极参与和努力。政府需要加强网络文化管理服务体系的建设，完善网络文化法律法规和规章制度，引导和鼓励企业与网民积极履行网络公约，提高网络空间的规范化程度，创造良好的网络生态环境。企业需要坚守主流价值观，引导用户在网络上展现良好的行为规范和社会责任感，通过提供优质的网络文化产品和服务，助力网络文化的正向发展。网民则需要自觉履行网络公约，保护个人隐私，遵守法律法规，维护网络秩序，共同营造清朗的网络空间。只有发挥政府、企业和网民三方面的合力，才能够促进网络文化的健康发展，构建一个繁荣发展、和谐有序的网络文化生态系统。

改革和完善网络文化的管理服务体系是当前亟待完成的任务之一。随着信息技术的不断发展，互联网的媒体属性也不断增强。微信、微博等即时通信和社交工具的出现，更是将互联网的社会交往和动员能力极大地凸显了出来。然而，在这一背景下，我国对网络媒体进行管理的体制机制却存在着许多弊端，难以适应形势发展的需要。因此，习近平总书记明确指出，必须加强公共网络文化服务体系建设，推进相关体制机制的改革，以适应互联网发展的趋势和特点。在网络文化体制改革方面，必须把握好方向。习近平总书记强调："无论改什么、怎么改，导向不能改，阵地不能丢。"[①] 这就是说，必须始终坚持社会主义先进文化的方向不变。同时，必须改革完善网络文化管理领导体制。需要完善文化事业单位的管理体制和运行机制，着力解决职能权责不统一、管理效率不高等问题。此外，还需建设网络文化服务和市场体系。通过制定国家网络文化服务标准和指标体系，实施网络文化惠民工程，促进网络文化服务的标准化、均等化、普惠化；通过推进国有网络文化单位转企改制，鼓励社会力量参与网络文化建设，培育现代网络文化市场。为了进一步改革完善网络文化管理体制，需要深入挖掘网络文化管理的问题，及时制定和调整相关政策措施。例如，在网络文化惠民工程方面，政府可以出台一系列鼓励和支持网络文化服务的政策，包括对网络文化产业的税收优惠、创业担保等扶持措施，以及对网络文化从业人员的培训和奖励等措施。同时，政府也需要加强对网络文化市场的监管，规范网络文化市场秩序，维护消费者权益，加强知识产权保护，防止盗版等违法行为。

网络空间的治理离不开法治建设。作为一种社会规范，法律对于维护网络空间的秩序和稳定具有至关重要的作用，也为网络文化建设提供了必要的保障，维护了人民群众的合法权益。正如现实社会一样，网络空间也需要平衡自由和秩序的关系。为了避免网络上出现各种乱象，如恐怖、淫

① 《习近平关于总体国家安全观论述摘编》，中央文献出版社，2018，第105页。

秽信息的传播和贩毒、洗钱、赌博等不良行为，习近平总书记主张加强网络法治建设，不能任其肆意蔓延。习近平总书记指出："我们既要尊重网民交流思想、表达意愿的权利，也要依法构建良好网络秩序，这有利于保障广大网民合法权益。网络空间不是'法外之地'。网络空间是虚拟的，但运用网络空间的主体是现实的，大家都应该遵守法律，明确各方权利义务。要坚持依法治网、依法办网、依法上网，让互联网在法治轨道上健康运行。同时，要加强网络伦理、网络文明建设，发挥道德教化引导作用，用人类文明优秀成果滋养网络空间、修复网络生态。"① 因此，在网络文化建设中，我们要始终坚持法治思维，为网络空间的健康发展提供坚实的法律基础和有效的治理体系。

加强对企业坚守主流价值观的引导。互联网企业作为网络信息传播的主要参与者，在网络空间的规范和清朗方面发挥着重要的作用。为此，习近平总书记多次强调，企业在网络文化建设上承担着十分重要的主体责任。习近平指出："办网站的不能一味追求点击率，开网店的要防范假冒伪劣，做社交平台的不能成为谣言扩散器，做搜索的不能仅以给钱的多少作为排位的标准。"② 企业应充分利用技术优势，依法审核和过滤不良内容。只有坚持正确的价值观，同时重视经济效益和承担社会责任，把国家和公众利益放在首位，企业才能满足网民的期望并得到广泛支持。

推动网民遵守上网公约是创造良好网络环境的必要前提。随着互联网的普及，网民的数量不断增加，网络舆论和价值观也越发复杂。在这种情况下，网民的言行举止对于网络舆论和价值观的形成与传播起着至关重要的作用。因此，需要在道德上明确网民的责任和义务，对网民的言行进行规范。这需要对网络上的言论、内容、图片和视频进行审核和管理，防止传播低俗、暴力、反动、违法等不良信息。此外，我们也需要通过多种途径和有效渠道，引导网民养成良好的上网和使用网络的习惯与风尚，如开展网络公约宣传活动、举办网络道德讲座等，让公约成为人们内心自觉坚守的信念。同时，也需要加强对网民的教育和引导，提高网民的道德素养

---

① 《习近平关于网络强国论述摘编》，中央文献出版社，2021，第155页。

② 习近平：《在网络安全和信息化工作座谈会上的讲话》，人民出版社，2016，第5页。

和社会责任感。只有这样，才能守护网络的“森林”，建设积极向上的网络家园。

五　发展有创意的网络文化产业

针对网络发展态势，应当积极推动网络文化创意产品的创作生产。首先，需要加强对网络文化创作组织和群体的正面引导。当前，网络文化工作室和各种网络文艺组织如雨后春笋般出现，同时涌现出一大批网络作家和游戏制作者等新的网络文化群体。针对这一情况，应该采取新的政策和方法，用全新的眼光看待他们，不断提高他们的专业素养、人格修为和社会责任感，以培育一批德艺双馨的网络文化名家。其次，应该开阔网络文化艺术创作的视野和思路。通过将中华优秀传统文化与中国特色社会主义文化有机结合，不断适应互联网时代的文化消费习惯和文化审美情趣，让作品更好地走进人们的精神世界。最后，需要创作生产无愧于时代、无愧于民族的优秀网络文化作品。需要通过更多体现当代中国价值观念和中国人审美追求的优秀作品，传递具有真善美特质的观念，吸引、引导和启迪人们，引导网民追求健康的精神生活。只有这样，才能在网络文化创意产品的创作生产中，不断推陈出新、取得更大的成果。

为培育新型文化业态，增加优质网络文化产品和服务供给，需要形成一定的网络文化产业链条，更好地服务网络文化建设。具体措施如下。第一，应该加强网络文化基础设施建设。充分运用互联网和大数据技术，加强关于哲学社会科学图书、杂志、文献等的信息基础设施和数据库建设，打造信息化的文化资源平台，为网络文化产业的发展奠定基础。第二，政府有关部门应该调整网络文化产业结构，规范网络文化市场秩序，促进大中小网络文化企业共同发展。制定培育骨干文化企业工作实施方案、全国文化产业基地建设规划指导意见和中央文化企业国有产权交易操作规则等都将有助于实现这一目标。第三，应该培育新型网络文化样态，以互联网为平台，丰富发展讲品位、扬正气、弘美德的网络文学、网络电影、网络电视剧、网络游戏、网络音乐、网络直播等网络文化产品和服务，在为社会发展创造经济效益的同时，满足人民群众对正向网络文化产品和服务的需求。

通过输出优秀的网络文化产品，提升中国网络文化的综合实力和竞争力。正如习近平总书记所说："文化软实力集中体现了一个国家基于文化而具有的凝聚力和生命力，以及由此产生的吸引力和影响力。"[①] 在全面对外开放的条件下，中国应该让外部世界更全面客观地了解中国，使中华文化更具竞争力和说服力，消除国际社会对我们的偏见和误解。要推动中国网络文化产品"走出去"，使之成为宣传中国的重要窗口。正如习近平总书记所说："一部小说，一篇散文，一首诗，一幅画，一张照片，一部电影，一部电视剧，一曲音乐，都能给外国人了解中国提供一个独特的视角，都能以各自的魅力去吸引人、感染人、打动人。"[②]

为此，首先需要注重传播那些既能体现民族传统又充满现代气息的网络文化创新成果，让外国民众在欣赏中国文化产品的过程中感受中华文化的魅力，深刻理解中华文化的丰富内涵，从而增强中华文化的影响力。其次应注重输出展示一个既古老又现代的中国的网络文化创新成果，向国际社会介绍一个全面、立体的中国，塑造一个良好的国家形象，提升中国文化的国际吸引力。

延伸阅读：

优秀现实题材剧扬帆"出海"[③]

从20世纪《三国演义》走红东南亚，到《媳妇的美好时代》在坦桑尼亚热播，从《北京青年》《老有所依》等作为"国礼"亮相外交舞台，到《山海情》《外交风云》《在一起》《超越》跨越山海引发共鸣，作为讲好中国故事的重要媒介，电视剧在中华文化"走出去"中发挥了重要作用。尤其是近年来，越来越多的精品现实题材电视剧"出海"又"出圈"，成为展示中国巨变的生动窗口、促进民心相通的

① 《习近平关于社会主义文化建设论述摘编》，中央文献出版社，2017，第198页。

② 习近平：《在文艺工作座谈会上的讲话》，人民出版社，2015，第15页。

③ 任姗姗：《优秀现实题材剧扬帆"出海"》，《人民日报》2022年5月19日，第20版。

桥梁纽带。在2020年度、2021年度国家广播电视总局评审的优秀海外传播作品中，10部入选电视剧有7部为现实题材，它们是《山海情》《大江大河2》《理想之城》《我在他乡挺好的》《在一起》《三十而已》《以家人之名》。

多年来，我国的古装剧和历史剧以鲜明的文化特色、独特的美学风格，保持较强的国际传播力和竞争力。随着影视工业化水平和内容创制能力的提升，特别是电视剧创作精品意识的大大增强，反映当下中国社会状态和人民生活风貌的现实题材电视剧，已成为国际传播新的增长点。

一系列数据表明，中国当代故事在海外拥有良好观众缘。《山海情》在全球多个国家和地区播出，收获海外网友的高度关注和好评。《在一起》被译制为英语等10余种语言，通过海外电视媒体和新媒体平台覆盖了100多个国家和地区。重大革命历史题材剧也有不错表现，比如《外交风云》，其通过视频网站、中国电视长城平台等，覆盖亚洲、欧洲、北美洲、非洲26个国家和地区，海外播放总量突破2000万。追剧的海外观众点赞多、催更多、互动多是一大亮点，《开端》《我在他乡挺好的》等不少电视剧在海外评分网站获得较高分数，网友在社交平台上留言催更屡见不鲜。

国产电视剧海外传播的版图和模式都实现了升级。在东南亚，中国电视剧依然保持竞争优势，同时，更多反映当下生活的中国故事走出东亚文化圈，进入跨文化国际市场。以前是电视剧“出海”，近年则出现了IP“出海”，国外音乐娱乐公司翻拍《辣妈正传》，《致我们单纯的小美好》《以家人之名》等剧本出口到多个国家和地区。其中，《致我们单纯的小美好》国外改编版已经播出，受到当地年轻观众喜爱。

中国传媒大学教授李怀亮分析，“作品类型更丰富、风格更多元、制作水准更精良、‘出海’渠道更通畅，再加上国际市场对高品质电视剧的需求不断增多”，是现实题材电视剧“出海”又“出圈”的重要原因。讲故事，是情感的沟通、心灵的对话。人们喜欢听真实的故事，饱含真情的故事，用生动、活泼、精彩的方式讲述出来的故事。无论是《山海情》展现的摆脱贫困、追求美好生活的决心与行动，《超越》所彰显的追求卓越、不断超越的体育精神，还是《理想之城》《我在他乡挺好的》讲述的年轻人持续奋斗、追求梦想的故事，都是全世界能看得懂、读得懂的中国故事。这些作品的传播告诉我们，注重中国故事的国际表达，选题有共鸣、叙事贴近人心，故事才能产生共情、打动人心。

内容品质决定电视剧的吸引力、生命力、影响力，精品内容始终是打开国际市场的关键。2021 年，抗疫题材电视剧《在一起》从同时入围的强劲对手中胜出，获得亚洲 - 太平洋广播联盟电视剧奖。评委会在颁奖词中说："这是一个关于爱、勇气、牺牲和人性的故事，与疫情下生活在地球上的每个人产生共鸣。这部电视剧情节巧妙、精彩演绎、感人至深。"它的竞争力正在于品质。

精品内容从哪里来？在李怀亮看来，我国现实题材创作拥有两个不可多得的"中国优势"：一是多达十几亿人口的大市场，二是网络文学所提供的 IP 资源。网络文学庞大的作者队伍和海量作品，为影视创作提供源源不断的文本，而广袤的现实生活和时代气象更是创作的丰厚土壤。李怀亮认为，应该先考虑讲什么样的中国好故事，再谈如何讲好中国故事。"我们应树立全球视野，注重用现代价值观和国际化影视语言讲故事。电视剧终归靠艺术魅力打动人，稳扎稳打，才能行稳致远。""我们必须要有文化自信，要努力展示中华传统文化的独特魅力、传播当代中国价值。"在华策影视集团创始人、董事长赵依芳看来，"文化自信"四个字带来的使命感是实实在在的。"造船出海"与"借船出海"双线并行，让中国故事走得出去，也可以走得更远。

国家广播电视总局自 2019 年起实施的大型国际传播活动"视听中国"已在海外建立 58 个电视中国剧场，推动了《超越》《功勋》等近百部优秀节目在 100 多个国家和地区的电视和网络媒体上播出。由国新办对外推广局和国家广播电视总局国际合作司共同支持的"中国联合展台”助推不少热播国产电视剧在海外亮相，如《在一起》《光荣与梦想》《山海情》等作品分别在2021年春季戛纳电视节、新加坡电视节在线活动上得到推广。“中国当代作品翻译工程”“中非视听共享”等重点项目提供译配支持，帮助国产剧传播突破语言障碍和文化壁垒。

作为市场主体的影视机构也在积极拓展“出海”渠道。华策影视是国内最早“出海”的影视企业之一，截至2022年已连续9届（18年）荣获“全国文化出口重点企业”、9次入选“全国文化企业30强”。“经过20多年持续不断的积累，我们已构建起包括180多个国家的电视台、流媒体平台、社交媒体的销售网络，将10多万小时中国影视剧精品内容行销到了全球200多个国家和地区。”赵依芳介绍。

第九章
构建具有全球竞争力的网信人才制度

随着网络信息技术突飞猛进地发展，以云计算、物联网、大数据和人工智能为代表的新一轮信息技术革命已成为全球关注的重点。新型信息技术的发展不仅改变了传统经济的发展方式，还催生了一种新型人才，即“网信人才”。与传统人才相比，网信人才呈现出更加丰富、多元的内涵与特质，网信人才也由此成为各国人才培养的新重点和新焦点。习近平指出：“人才是第一资源。古往今来，人才都是富国之本、兴邦大计。我说过，要把我们的事业发展好，就要聚天下英才而用之。要干一番大事业，就要有这种眼界、这种魄力、这种气度。”① 网信人才的培养关系到国家安全、社会稳定、经济发展、人民生活等各个方面，为了国家安定与繁荣发展，必须下大力气培养网信人才，使我国从网络大国向网络强国迈进。

第一节　网信人才是网信事业发展的第一资源

当今世界，互联网的影响范围之广、影响程度之深，是其他科技成果所难以比拟的。习近平总书记在全国网络安全和信息化工作会议上指出，我们必须敏锐抓住信息化发展的历史机遇，自主创新推进网络强国建设。② 谁能更好认识和把握信息化大势，谁就能更好适应和引领新生产力发展方向。谁掌握了互联网，谁就把握住了时代主动权。习近平总书记的讲话明确指出了网络强国目标下网信人才建设的重要意义：人才是网信事业发展的第

① 习近平：《在网络安全和信息化工作座谈会上的讲话》，人民出版社，2016，第 23 页。

② 《习近平谈治国理政》（第 3 卷），外文出版社，2020，第 305 页。

一资源。

一　网信人才的内涵

网信人才全称是网络信息技术人才，是指具备在网络空间中从事信息传播、信息安全、信息技术等方面工作所需的专业技能和素养的人才。信息传播工作包括采集、编辑、发布信息和管理运营；信息安全工作包括负责维护国家网络安全和信息安全；信息技术工作则涉及开发和研究新技术。网信人才不仅需要具备扎实的技术功底，还需要具备深刻的行业理解、敏锐的洞察力和卓越的创新能力，在网络空间中为经济发展和社会进步做出贡献。同时，随着互联网的不断发展，对网信人才的需求也逐渐增大，且需求变化在加快，人才要持续学习、不断创新，才能更好地满足人们对网络发展的需求和要求。网信人才对于国家的信息化发展、网络安全与稳定、经济发展方式转型等具有重要意义，网信人才的培养事关国家的战略安全和经济繁荣。

二　高素质网信人才特点

高水平的网信人才是指在网络空间中具有良好素质和扎实技能的人才。他们拥有优秀的网络素养和创新意识，能够灵活运用各种网络技术手段，充分发挥互联网的作用，服务于社会和经济发展。高素质网信人才专业化导向性强，并具有稀缺性、高要求性等特点。

（一）专业化导向性强

网信人才的第一个特点是专业化导向性强，这体现在两个方面。首先，网信人才需要掌握的知识具有专业性，高水平的网信人才需具备丰富的知识储备，包括基础学科知识、网络技术知识、信息安全知识等。这些知识储备是其进行网络工作的基础，只有拥有丰富的知识储备，才能更好地解读和应用网络数据信息。其次，网信人才需要掌握的技术具有专长性。高水平的网信人才必须熟练掌握网络技术和了解网络基础设施，熟练运用各种编程语言和开发工具，进行网络安全风险防范，处理各种复杂的技术难题以及保障信息的安全和实现信息保密等，如要熟练使用各种网络软件和工具、理解网络架构和协议等。同时，他们也要了解最新的网络技术应用，如云计算、大数据、AI 等，以对公司或者政府部门的网络管理、网络数据的收集和处理技术提出优质建议。随着时代的不断变化，我们需要的人才必须具备敏捷、开放、学习速度快的特点，并且拥有混合型的思维和能力。

（二）稀缺性

我国当前网信人才供给在数量方面存在巨大缺口，相对于传统开发人员，网信人才供给明显不足。教育部 2022 年公布的数据显示，到 2027 年，我国网络安全人员缺口将达 327 万，虽然国内已有 34 个高校设立网络空间安全一级学科，但高校每年约 3 万人的人才培养规模远远跟不上互联网行业发展的速度。[①] 许多行业面临巨大的人才缺口，特别是在有经验的网络技术和管理人才方面。一些重点行业互联网行业缺口更大，如能源行业，其网信人才需求量位列第一，在细分行业中占比为 21%，其次是通信、政法、金融、交通、医疗卫生、网络安全等行业。因此，我国建设网络强国当务之急是要建立起科学有效的网信人才培养体系。

（三）高要求性

网络技术日新月异，一个高水平的网信人才，具备良好的自我学习能力，能够不断学习掌握新技术，保持不断进步，切实适应高速变化的网络环境。同时，高水平的网信人才必须具备一定的创新意识和创新能力，能够发现和解决在网络上的问题，提出新的想法和方案，落实区别于传统网络中所使用方案的特别的解决方案和策略。今天的先进技术在不久的将来可能已经落伍。不论是网络技术人员还是网络营销、管理人员，必须要有持续跟上行业变化并且不断吸收新技能的能力，需要在不断追求技术革新、引领社会发展的同时，注重保持自身的独立思考和创新能力，发挥自己的创造和创新才华，在技术创新和发明中有卓越的表现和深刻的认识。

三　网信人才的重要价值

随着互联网在人们生产、生活、学习的各个方面的深入应用，网络安全

---

① 《网络安全人才实战能力白皮书》，贵州省大数据发展管理局网站，https://dsj.guizhou.gov.cn/xwzx/gnyw/202209/t20220911_76434356.html，最后访问日期：2023 年 4 月 12 日。

问题也日益成为社会关注的焦点。保护网络安全需要网络安全人才，而要培养出专业的网络安全人才，就需要高素质的网络信息技术人才，因此，网信人才的重要性在现代社会机制中越发凸显，具体体现在以下几个方面。

首先，网信人才的出现满足了现代社会对信息技术人才的需求。当前，网络已经成为各类信息传输的主要渠道，人们通过邮箱、社交网络或者移动终端等形式进行社会交流、信息获取和商业交易，网络技术成为现代技术的一种核心内容，而网信人才能够专业地维护网络设施，并为生产、经济、行政等各领域提供高质量的技术支持。

其次，网信人才的培养与发展对于网络安全水平的提升具有关键推动作用。因特网的架构本质上是非常开放的，这也意味着网络空间面临着来自各路黑客的攻击和破坏。如果没有专业的网络安全管制和设备维护，黑客所带来的隐患将无法被及时排查和清除。网信人才所做的研究和开发，可以使网络立体化、多层化，增加防御层级，从而提高网络对违规攻击的应对措施的针对性和可靠性。

最后，网信人才还扮演着社会治理中的重要角色。网络带来的信息传递和信息沟通，为社会治理提供了更加广阔的视野和更为快捷的沟通渠道。但一旦网络中出现问题，通往治理层面的道路也会出现灾难性的中断。只有建立健全网信人才队伍、提升网络行业的参与度，才能使网络治理提高效率，不断完善网络的内容和基础设施。

总之，网信人才的作用和价值不可小觑，只有反复进修、不断学习新渠道和新技术，才能够不断满足社会和行业对其的诉求，为中国互联网事业提供持续的动力和保障。

第二节 我国网信人才的现状

一 我国网信人才发展现状

人才的发掘与供应体系是支撑网络强国战略推陈出新、创新升级的重要保障。近年来，我国越发重视网络人才培养，网络人才数量呈上升趋势。然而，人才培养的速度仍然跟不上市场需求增长，网信人才供给和需求存在失衡。另外，随着“互联网 +”的不断渗透，人才需求呈扩大趋势，加剧了人才缺口问题。中央网信办等6部门发布《关于加强网络安全学科建设和人才培养的意见》，认为“我国网络安全人才还存在数量缺口较大、能力素质不高、结构不尽合理等问题，与维护国家网络安全、建设网络强国的要求不相适应”。因此，加大对网络人才的培养力度，缩小人才供求差距，是持续推进网络强国建设的重要动力。

（一）网信人才全方位短缺

网信工作贯穿信息化建设的各个环节，无论是在数据、应用、系统、网络等工作层面，还是在规划、研发、建设、运营、管理、生产等业务流程中，都需要有人承担网信工作职责。当前网络安全产业已进入高速发展期，网信人才需求量将进一步提升。但目前我国网信人才整体呈现短缺的状况。

1. 网信人才总量不足

目前，我国高校网络信息技术专业人员的数量与社会发展需要相比，存在着较大差距。有数据表明，我国高校每年培养的网络相关专业的毕业生不足6万人，而根据专业机构的测算，我国网络安全从业人员的需求为：2020年1550026人，2027年3267099人，2035年7841866人。除专业安全服务企业、特大型企业集团以及大型互联网企业建立有规模化的网信人才梯队外，多数单位的网信人才数量无法满足当前工作需要。①

2. 重点专业网信人才供给不足

各类网信人才均存在人才缺口，如互联网金融人才、网络安全人才、移动互联网人才等重点专业的网信人才极为紧缺。

第一，互联网金融人才紧缺。互联网金融（ITFIN）是指传统金融机构与互联网企业利用互联网技术和信息通信技术提供资金融通、支付、投资和信息中介服务的新型金融业务模式。近几年来，伴随着经济金融化和金融市场化的不断推进，中国的互联网金融产业也进入了一个黄金时期。互联网金融产业的发展催生了对“既懂IT技术、金融学，又有互联网思

---

① 位华：《顺应时代要求，大力加强网络安全人才建设》，《中国信息安全》2020年第4期。

维”的交叉综合型人才的巨大需求，高端人才总缺口超 150 万，出现了供不应求的局面。

虽然很多互联网公司都给出了很高的工资，但这仍无法避免用人出现“饥荒”的局面。互联网金融是一种具有跨界融合性质的行业，它既有传统金融重视财富融通、服务资金流的特性，又有互联网行业信息爆炸、对信息流进行管理的特性。所以，从实质上讲，网络金融就是一种信息和财富的结合体。互联网的发展非常迅速，但高校对人才的培养存在一定的滞后性，目前尚未形成健全的互联网金融人才培养体系。因此，各大网络公司只能被迫从传统的金融机构或者传统的网络产业中挖掘出一些有潜力的人才，对这些人员进行二次培训，将其打造成需要的人才。

第二，网络安全人才紧缺。随着国家从立法层面和政策指导层面持续提升对网络安全的重视程度，我国网络安全产业迎来快速发展。据中国网络安全产业联盟（CCIA）统计，2021 年上半年，我国共有 4525 家公司开展网络安全业务，相比 2020 年增长 27%。

值得关注的是，虽然 2021 年我国网络安全市场规模实现了 20% 以上的高速增长，但网络安全人才供给却并未保持同步增长。官方数据显示，2021 年，网络安全人才缺口达 140 万人，预计 2027 年缺口将进一步扩大到 300 万人。网络安全人才十分稀缺，而每年网络安全相关专业的高校毕业生规模远不足以填补空缺，我国网络安全人才供给存在“青黄不接”的情况，人才成长和培养速度显著落后于技术与社会变革的整体速度。

（二）网信人才流动性强

由于网络行业发展速度快，为了能够获得更高的待遇和更好的发展前景，很多人才选择了流动，导致人员变动加大，企业对培养人才的投资很难得到回报，这也是我们面临的一个挑战。改革开放以来，我国的人才流动呈现出一个明显的趋势，即人才向经济发达的地区聚集。由于各地城市的经济发展水平不同，高层次网信人才向一线发达城市和大型互联网公司流动，欠发达城市可能缺乏一流的网信人才。数据显示，我国互联网行业从业人员主要分布在北京、上海、广州、深圳等发达一线城市，这几个城市具备良好的互联网就业环境，重视对网信人才的吸纳，能够提供可观的薪资和宝贵的平台资源，年轻人更愿意选择跨城市或跨省份去这些地方寻找更好的职业机会。

（三）网信人才队伍培养受限

互联网行业的用人需求变化非常快，而教育机构和培训机构通常需要一定的时间来更新和调整教育内容与教学方式，因此培养出来的人才与就业市场需求之间存在差距，很难在短时间内迅速改善“人才荒”现象，这具体体现在以下几个方面。

1. 实践能力培养不足

现阶段网信人才培养受限于目前的考试制度和培养模式，使得我国高等教育培养的理论型、学术型人才较多，真正培养的实践型、应用型人才较少，较多网信专业人员缺乏实践的经验，实践能力难以得到有效锻炼，学生所掌握的理论知识难以转化为实际操作能力，这就导致用人单位难以找到合适的实用人才。

2. 创新意识培养不足

当前的网信人才培养缺乏激发创新意识的机制和环境，以传统的课堂教育为主，缺乏有针对性和前瞻性的课程，缺乏对学生创新意识和创新能力的培养，难以为互联网行业的发展带来新的动力。

3. 职业素养培养不足

互联网行业对人才的职业素养要求很高，但目前的人才培养过程中，培养职业素养的内容较少，缺少职业道德、职业操守等方面的培养，导致部分互联网从业者在职业素养方面存在明显的短板。

4. 网信人才结构尚待完善

我国网信人才在结构上存在人才梯队不合理的现象。虽然我国的网络人才数量在逐年增长，但是普通网络技术人员过剩，而高层次、高素质的高端领军人才型网信人才相对较少，影响我国网络与信息化的长远发展，亟须加强高素质网信人才培养。同时，网络行业的从业人员主要分为技术人员、运营人员和市场营销人员三类，但是，这三大人才群体之间缺乏密切的协作，无法形成协同机制，从而导致了企业中难以形成优秀的网络技术团队。

二　我国网信人才建设存在的主要问题

（一）缺少有效的人才评价和激励机制

网信人才评价机制和激励机制不健全，直接导致了网信人才培养和引进的困难。从现实来看，我国网信人才评价机制和激励机制的不健全，在一定程度上影响了人才引进的进程。

在网信人才评价机制方面，目前我国还没有一个统一、规范、系统的网信人才评价标准体系，缺少明确的网信人才评价机制，具体体现在这几个方面。一是没有制定统一的网信人才评价标准。由于缺乏对网信人才的统一认识和理解，目前我国还没有一个明确的网信人才评价标准，如在职称评定、职位晋升等方面都没有一个明确的标准。二是对人才评价机制不够重视。由于我国对网络空间安全和信息化工作的认识不足，很多网信部门、高等院校和科研机构等单位在制定网信人才评价机制时缺乏积极性和主动性。据统计，目前我国从事信息安全工作的人员已经超过 200 万人。为了解决"重应用轻安全"问题，国家专门出台了《中华人民共和国网络安全法》《国家网络空间安全战略》等法律和政策文件，但由于网络安全工作和信息安全工作之间缺乏明确的界限和划分标准，导致一些单位在实际工作中过分强调网络安全而忽视信息安全。三是评价标准单一，职称晋升通道狭窄，难以匹配网信人才核心画像。[①] 网信领域缺乏符合领域特征的人才评价体系，多元的网信人才被纳入信息技术工程师序列中进行职称评价，且既有的评价体系陈旧和僵化，存在评价方式单一、行政化色彩浓厚、评价标准不够客观与细致的问题。

在网信人才激励方面，人员鼓励激励机制不健全，上升空间有限，从业人员难以得到与工作投入相匹配的职业回报。网信行业缺少专门的职称评定制度和标准，不利于激励从业人员进行专业能力提升；各类专项补助政策较少，未能充分体现对从业人员的尊重；网信从业人员的住房问题也

① 《推进网信人才职称制度改革 实施分类评价 奋力打造浙江省网信人才队伍》，浙江大学公共政策研究院网站，2021 年 11 月 11 日，http://www.ggzc.zju.edu.cn/2021/1207/c54163a2449318/page.htm。

成为制约其职业发展的因素。同时，由于网信领域技术复杂、人才要求高等原因，国内很多互联网企业不愿意花精力、财力和物力去培养年轻一代的网信人才，更多地将注意力和资金投注在已经毕业的老一代网络人才身上，这使得现有的年轻一代网信人才得不到应有的锻炼和激励。

唯有在鼓励创新发展的体制机制下，才能让人才的创造活力竞相迸发、聪明才智充分涌流。

（二）网信人才培养体系不健全

当前，我国网信人才培养以高校教育为主，以企业培训为辅，虽然这种模式可以在一定程度上解决企业培训人才不足的问题，但高校教学资源、师资力量相对缺乏，且以理论教学为主，实践教学严重不足。

当前我国网信人才培养主要有三种模式。一是高校教育模式。在高校教育模式下，主要采用理论教学、实践教学和学历教育相结合的方式。但在实际工作中，受师资力量、软硬件设施等因素的限制，高校网络安全、信息安全和信息化相关专业的课程设置经常不能满足实际工作需求，难以满足网络安全和信息化相关岗位的任职要求，导致培养出来的学生与工作岗位无法衔接，有的甚至严重脱节，学生上岗需要企业重新培训。

二是企业培训模式。在企业培训模式下，企业可通过购买专业的网络安全、信息安全和信息化课程，聘请行业内的资深专家对员工进行在职培训，也可聘请外部的专家对员工进行专业化培训。但这种模式存在一个难以克服的问题，即企业培训缺乏必要的经费投入，无法持续进行。

三是校企合作模式。在校企合作模式下，高校将专业课程和实践课程等内容提供给企业，由企业根据需要进行教学实践。这种模式既能解决高校人才培养和企业人才需求之间的矛盾，又能充分利用高校和企业各自的资源优势，实现双赢。但由于缺乏相应的资金支持和政策引导，企业培养人才的积极性得不到充分发挥，校企合作模式应用较少。

总的来看，我国的网络技术教育体系、技术研发、产业发展没有从生态链上统筹规划设计，网络技术企业处于网络产业前沿，对于网络发展方向和人才需求状况都最为敏感，需要高校和企业深度合作，培养出合格的网信人才。[①]

（三）网信人才的战略规划不够明晰

网信人才建设是一项长期而艰巨的任务，需要各方面统筹规划、协同推进。我国网信人才建设还处于起步阶段，还没有形成统一的顶层设计和整体规划，对于网信人才建设的战略目标认识不够统一，导致在实践中出现了一些“无纲可领”的问题。

从政府层面来看，各级政府对网信人才建设都有相应的政策规定，但由于各部门在政策制定时缺乏统一协调，在实践中出现了政策相互打架、政策实施缺乏衔接、人才发展方向不清等问题。同时对网信人才建设的重点领域和关键环节认识不够清晰，使得在实践中经常出现“一头热”现象，如把网信人才建设简单理解为信息技术人才培养，忽视了对其他相关专业人才的培养。

从企业层面来看，一些企业对网信产业的认识不足，对自身定位不准，不愿意在关键领域投入资金和精力，表现出在网信领域投入不足、积极性不高、资源分散、整合不足等问题，这就使得一些重要领域和关键环节长期存在的问题仍无法得到有效解决，比如网络与信息安全方面技术支撑能力不足、网络核心技术受制于人、关键信息基础设施自主可控水平较低等。

从培训机构和高校层面来看，尽管我国已初步建立起了网络空间安全、信息通信、计算机科学等相关学科和专业，但在人才培养方面还存在一些问题。在师资队伍建设方面，缺乏高水平的教学科研团队和人才；在科研平台建设方面，缺乏国家级的技术平台和重点实验室、工程中心和研究基地；在实践基地建设方面，缺少面向国家重大需求的实践基地。

第三节　推进我国网信人才制度体系改革的举措

一　世界先进国家推动网信人才建设的经验借鉴

网络空间已成为继海、陆、空、天后的第五大战略空间，为了在21世

① 安述照、万晓燕：《新时代网络安全人才培养机制探究》，《互联网周刊》2023年第7期。

纪赢得战略先机，世界主要国家都把信息化作为经济发展、技术创新的重点，把互联网作为谋求竞争新优势的战略方向，互联网发展水平已经成为一国综合实力的重要体现。美国、英国、俄罗斯、日本、德国等国家纷纷在网信人才的培养道路上进行了积极的探索，相继发布了国家级网络安全教育战略计划，开展网络安全人才建设的顶层设计，建立从基础教育到高等教育、从学历教育到职业培训、从常识普及到打造专家的完备人才建设体系，从国家战略的高度为网络安全人才建设提供保障。[①]

（一）美国网信人才建设机制

作为互联网技术的发源地和头号网络强国，其领先的网络人才战略和体系以及对网络人才发展的重视，使美国引领了全球互联网的创新与创业浪潮，成为全球互联网的技术领先者和规则制定者。美国从顶层设计构建、标准化人才框架设计、公私部门人才交流、招聘机制和薪酬激励手段创新等层面多措并举，强化了网信人才储备和能力的建设。

1. 重视战略规划，加强网信人才顶层设计

美国将网信人才队伍建设视为网络空间安全的根基，在网络人才顶层设计方面反应最快、行动最早。美国在制定网络人才发展战略规划、相关制度方面进行了积极探索，在战略层面上发布了较多文件。2000 年，克林顿政府发布《信息系统保护国家计划》，涉及网络安全人才建设方面，提出“培训并雇佣足够数量的信息安全专家”和“增强全美公众网络安全意识”；2003 年，小布什政府发布《网络空间安全国家战略》，提出要形成“国家级网络安全意识和培训计划”；2008 年，《国家网络安全综合计划》（CNCI）要求制定一个专门的国家级网络安全教育计划；2009 年，奥巴马政府发布《网络空间政策评估》，号召要培养“构建数字化国家的能力”，要求加强网络安全教育、扩充联邦信息技术人员队伍。2012 年，美国专门针对网络安全人才队伍建设发布了《国家网络空间安全教育计划》（NICE），明确提出要对普通公众、在校学生、网络安全专业人员三类群体进行教育

① 吴世忠、桂畅旎、磨惟伟：《世界网络强国信息安全的战略动向与政策抓手》，《中国信息安全》2016 年第 10 期。

和培训，以增强全民网络安全风险意识、扩充网络安全人才储备、培养具有全球竞争力的网络安全专业队伍。2016 年 7 月，白宫发布首个《联邦网络安全人才战略》，旨在为联邦政府和国家挑选、招募、培养、留住最优秀、最聪明以及最全能的网络安全人才。特朗普政府上台后，分别于 2017 年、2018 年发布了 13800 号行政令《加强联邦政府网络与关键基础设施网络安全》和《国家网络战略》，聚焦于国防部网络安全人才队伍建设问题，从标准化管理、改善薪酬待遇、增加教育培训层面对加强联邦政府网络安全人才队伍建设进行了战略部署。

2. 加强国际交流

美国拥有一大批实力雄厚的跨国公司，在海外各个国家常设有专门的研发中心，目的是网罗世界各国的人才，特别是网信人才。例如，2005 年，美国思科公司在上海成立了思科中国研发中心，并在中国上海、杭州、苏州、合肥、北京和深圳 6 个城市都成立了研发中心分支机构，利用中国网信人才资源促进自身业务发展，聚集了来自中国以及全球著名大学和优秀企业的各类网络工程师，拥有超过 3200 人的研发团队，已成为思科海外第二大战略研发中心。目前，思科公司还联合了我国网络专业技术力量雄厚的高校，如清华大学、电子科技大学、重庆邮电大学等科研研究院，分别设立了科技联合研究实验室，吸纳优秀网络人才，鼓励科研创新，促进产学研一体化。

3. 推进高校网信人才教育

高校是培养人才的摇篮，美国高度重视高校在网信人才培养中的作用，大力推进网信人才教育，在网络安全、网络空间国际合作等领域培养了大批优秀人才。

首先，美国大学普遍开设网络空间相关课程。早在 2005 年，美国国家安全局就委托 50 多所教育机构，其中包括 44 所高等院校和 4 所国防院校，成立了网络安全保障教育和学术中心，以提高高校网信人才培养的能力。美国众多知名高校都开设了大量网络空间课程，如弗吉尼亚大学开设了“网络空间”课程，哈佛大学开设了“网络安全”课程，等等。弗吉尼亚大学还推出了“数字时代的文化与社会”系列讲座；麻省理工学院为网络安全专业配备了强大的师资力量，提供宽广的学生选课范围，允许学生根据自身兴趣和问题的性质设计毕业论文形式；哈佛大学开设了“信息技术对人类生活方式的影响”等讲座；加州大学伯克利分校通过老师讲解前沿技术与学生实际操作相结合的方式培养学生，为学生提供世界最新技术相关知识，并通过团队合作方式教会学生协作处理问题；等等。

其次，美国高校在学科设置上有更加专业的划分。美国高校普遍设置网络空间相关专业，如弗吉尼亚大学成立了“信息安全与管理”专业，建立了“网络空间安全”一级学科；加州大学伯克利分校设立了“信息系统与管理”专业；华盛顿大学设立了“计算机科学与技术”专业；普渡大学设立了“计算机科学与技术”专业；等等。

最后，在师资培养方面，美国高校在网信人才培养上十分注重师资力量的建设，为学生提供丰富的实践机会和充足的实习机会，很多高校还为教师提供经费和科研支持。不少高校还建立了自己的网络安全研究机构，例如，卡内基－梅隆大学成立的 CyLab 实验室是全美大学中规模最大的网络安全研究和教育中心之一，CyLab 实验室整合了整个大学在信息技术领域的优势力量，在信息保障、网络安全技术等领域处于全球领先地位；再如，海军研究生院成立的信息系统安全学习和研究中心（CISR），是全美信息保障专业研究生人数最多的实验室，每年有超过 400 名研究生在 CISR 实验室学习和工作。此外，社区大学两年制的网络安全专业教育已成为美国院校加强网络安全人才建设的另一途径。

（二）俄罗斯网信人才建设机制

俄罗斯在网信人才建设方面高度重视人才队伍建设，在顶层设计、制度规范、教育培训、管理服务等方面进行了大量探索，取得了显著成效。主要体现在以下四个方面。

1. 加强顶层设计，保障网信人才建设的连续性

俄罗斯在网信人才建设上有其独特的战略目标和清晰的发展路径。为确保战略目标的实现，俄罗斯制定了一系列法律，出台了相关政策文件。这些法律法规与政策文件在明确网信人才培养目标、规范网信人才管理制度、确保人才队伍的稳定性等方面发挥了重要作用。

2. 创新管理机制，保障网信人才建设的有效性

俄罗斯政府相关部门一直高度重视网信人才队伍建设，把网信人才队伍建设作为国家战略的重要组成部分。

3. 实施多项工程，保障网信人才建设的全面性

俄罗斯政府先后建立了国家网络空间安全中心、国家网络安全和信息化委员会，实施了信息技术创新研究计划等多项工程。这些工程的实施在不断完善俄信息技术领域科学研究体系、推进人才培养与使用机制建设方面发挥了重要作用。

4. 注重教育培训，夯实人才储备基础

俄政府高度重视网信人才教育培训工作，采取多种方式夯实网信人才储备基础。首先，设置专门的网信专业。在俄罗斯，信息技术、通信、计算机等专业人才培养历史悠久，但相关专业人员缺乏、专业课程设置不够系统，与其他领域人才培养方式存在明显差距。为此，俄政府加大了网信人才教育培训力度，设立了多个网信专业硕士项目和博士项目。2016 年 12 月，俄罗斯颁布新版《信息安全学说》，指导推进信息安全建设和人才培养工作，如在中学阶段设置包括信息技术、网络技术、算法和编程语言在内的信息学相关核心课程。同时，在部队系统内大力培养网络安全人才，俄罗斯国防部于 2015 年设立了 IT 技术武备学校，用于培养专门的网络部队后备人才。通过这些项目的实施，俄政府希望培养出一批拥有世界先进技术水平的高层次专家。

其次，开展联合培养工作。2010 年 9 月，俄联邦教育部与俄联邦科学技术部签订协议，双方共同实施“联合培养信息技术和通信领域专业技术人才计划”。根据该计划，俄联邦政府将从高等院校和科研院所选拔学生赴俄联邦科学技术部的信息技术和通信领域相关专业进行为期 1 年的学习，并在完成学业后获得俄罗斯联邦颁发的毕业证书和学位证书。这一计划的实施进一步加强了俄联邦政府与俄罗斯各高等院校、科研院所之间的合作关系，为国家培养出了更多合格的信息技术领域高素质人才。

最后，加强在职教育培训。在在职人员继续教育方面，俄政府充分利用国家资助、地区间交流与合作、企业资助等多种途径为在职人员提供继

续教育培训机会，以提高其工作能力和专业水平。目前，俄政府每年向各地区、各高校拨出一定数额的资金用于资助在职教育培训。

俄罗斯政府不断搭建多层次的网信人才培养平台，为网信人才建设提供了重要支持。俄政府高度重视从国外引进和培养相关专业领域高层次领军人物。

（三）日本网信人才建设机制

网信人才是信息通信技术创新发展的关键支撑力量，是提升核心竞争力的重要保障。日本在信息通信技术领域起步较早，于20世纪90年代末就成为信息通信技术产业的发达国家，并主要通过以下几方面措施逐步推进网信人才队伍建设。

1. 制定国家战略，统筹规划网信人才队伍建设

2001年，日本政府在《e－Japan战略》中明确提出了引进3万名外国IT人才的计划。2011年，《保护国民网络安全》发布，该文件强调需要培养网络安全人才，提高普通用户的网络安全知识水平，采用通用人才评估和教育工具，与大学和产业合作开发实用型培养方法等，为网络安全专家规划可行的职业道路，并为大众树立职业楷模以赢得他们的理解和鼓励。此外，该文件中还包含了适用于所有行业的网络安全专家培训计划，并考虑建立保障中长期网络安全专家候选人供应的系统。2013年，推出了《日本赛博安全战略》，提出进一步培养、发掘掌握创新方法和技术的优秀人才的计划，包括推进中高等学历教育网络化转型以加强信息安全领域的教育、举办不同类型的信息安全竞赛以发掘社会上的网络安全人才，并大力支持留学深造。2014年，日本防卫省成立了“网络防卫队”，并在2015年由内阁官房信息安全中心招募有聘任期限的职业人才和研究院专家，以吸引“黑客”人才。

2. 提供政策和资金支持，加快培养网信人才队伍

为加快培养网信人才，建设具有技术研发能力和管理能力的人才队伍，日本增加了对培养网信人才的资金投入。在2006年和2008年，日本政府制定了《下一代科学技术人才培养计划》，旨在培养既懂技术又懂管理的复合型人才。2011年5月开始实施的《下一代信息技术研究开发机构

（NITDAR）法》通过设立“下一代信息技术研究开发基金”和“下一代信息技术研发机构基金”等方式，为促进网信人才的培养提供资金支持。2015 年，日本政府宣布，将在未来 3 年内投资约 10 万亿日元用于加强对 ICT（信息通信技术）人才的培养。2019 年 10 月，日本政府宣布将追加总额为 7500 亿日元的政府研发资金，其中将投入约 5500 亿日元用于支持 ICT 研发。2020 年 2 月，日本政府发布《电子商务能力推进战略》，提出要利用信息通信技术推动社会经济的发展。2021 年 1 月，日本政府宣布将在 2025 年前投资约 11 万亿日元用于推动数字经济的发展。

3. 完善人才培养机制，为网信人才提供发展空间和成长环境

在日本，高等院校和企业之间建立了一种人才培养和输送的机制。一方面，通过与企业合作的方式，建立定向人才培养基地，为企业培养专门人才，积极鼓励互联网企业参与培养网信人才的行动，促进人才的输送和共享，如文部科学省从 2007 年起开展了“研究与实践结合培养高级网络安全人才项目”，3 所大学与 11 家企业联合开展网络安全人才教育培训，通过该项目建立了网络安全优秀人才认证制度，为推动网络建设与应用提供了强有力的人才支撑。这些举措有效地推动了日本信息化建设和互联网行业发展，为日本实现强国强网目标打下了坚实的基础。另一方面，通过高校之间的联合合作培养模式，在高校和企业之间建立一种相互交流、合作的机制，以更好地实现校企协同发展，打造一批高质量、高水平的网信人才。

4. 开展网络安全知识普及

在日本，网络安全知识普及是普及网络安全理念、增强全社会网络安全意识和风险防范能力的重要举措。日本注重中小学生的网络安全教育，在网络安全教育上的投入力度较大，每年约有超过 300 名青少年学生参加“网络安全教育与技术”课程。日本还专门成立了“青少年网络安全教育与技术”研究小组，专门研究如何培养青少年的网络安全意识，并为其提供资金支持。日本网信教育平台建设比较完善。日本文部科学省自 2015 年开始推动国家网信教育平台的建设工作。该平台以实际应用为导向，建立与国家课程相匹配的技术与知识学习体系。其主要服务内容包括：提供权

威的课程资源；提供前沿技术动态和技术发展趋势方面的信息；提供有关互联网隐私、个人信息保护等方面的信息；提供网络安全事件分析与应对方面的知识；提供网络安全知识分享平台。

为积极推动各层级人才参与到实际的网络安全事件应对中，强化实践技能培养，日本通过举办面向国家公务员、政府雇员、大学教师和研究人员等各类人员的网络安全知识培训以及开展各种网络安全相关职业资格考试来提高从业人员素质，在实践中培养和提高各层级人员的实际操作能力。

（四）德国网信人才建设机制

德国在网信人才建设方面一直处于全球前沿，其举措主要包括以下几方面。

1. 加强高校教育方面的投入

德国高校是培养网信人才的重要场所，德国大学的计算机科学教育素来闻名，不仅覆盖硬件、软件、网络、安全等多个领域，而且注重理论与实践相结合。此外，根据业界需要，德国大学还设立了专业学院，如柏林自由大学的嵌入式系统与通信技术学院、斯图加特大学的计算机科学与工程学院等，这些院校开设的课程紧扣实际需求，时刻关注业界发展和创新成果。另外，德国大学的科研实力也是推进网信领域发展的重要力量，德国政府将大量经费投入高校科研，使得大学可以在信息技术、人工智能、网络安全等领域发表大量高水平论文，推进技术革新和创新。德国的网信人才培养也非常注重多元化的培养方式。除了提供大学课程和实践基地之外，还有诸如工作坊、竞赛等丰富多彩的培训方式。通过这样的培训，德国网信人才的素质水平一步步得到了提高，在保障国家的网络安全中发挥了重要作用。

2. 增强高校与企业、科研机构的合作

德国的科学研究机构和企业长期保持密切的联系，企业给予大学的科研项目大量的资金支持，同样也从中获得了各种联系和合作机会。德国企业人才策略也同样重视网信人才的培养。针对高校毕业生，企业会不定期地组织一系列的培训、面试和招聘活动，目的是与学生建立联系，对潜在

的能工巧匠进行发掘。另外，德国政府大力支持企业打造优秀的技术人员团队，通过为企业提供财政补贴、税收优惠等措施来鼓励企业聘用和培养优秀的技术人员，尤其是研发团队。这些举措使得德国企业的高技术人才流动能力更强，助力企业推进科技创新和企业自身发展。

3. 加强面向社会的网络知识普及

除了高校和企业抢才外，德国政府还出台了一系列措施推进面向社会的网络知识普及。例如，德国文化部和卫生部联手推出了一个名为“科技人才培训计划”的计划，包括提供向社会公开的免费课程和面向各类人群的短期培训项目。此外，在德国各地还成立了不少政府机构和民间组织，定期开展各种技术类的讲座、展会、论坛等活动，帮助企业、学生甚至是每一个人更好地了解信息科技的最新趋势，并促进他们对这个领域产生兴趣。

总的来说，德国在网信人才建设方面投注了大量的资金和精力，从高校教育、企业支持以及社会普及三方面全面推进，使得德国具有世界领先的技术和优秀的人才储备。这些举措不仅帮助德国在国际上占据了领先地位，还为其他国家和地区提供了宝贵的经验。

（五）对我国的启示

国外网络安全人才队伍建设的成功经验，给我们提供了很多有益启示。首先，这些国家注重人才引进。因为网络信息技术更新换代很快，所以每个国家都需要在人才引进方面下大力气。例如，在创办网络安全部门时，美国将前情报人员、军人以及大学学者全部吸收进来，成立了网络安全机构，证明人才对网络安全机构的建设发挥着重要作用。同时，美国还设立了大量的网络安全培训中心，为网信人才提供更好的职业教育和技能训练，提高他们的专业技能和技术素质。相比之下，我国目前虽然也有在引进国外专家和人才，但还远不够，要注重引进高水平的网信人才。

其次，国外网信人才队伍建设还注重课程的建设与打造。在美国，网络安全的研究一直受到重视，从大学阶段，美国的教育机构就开始为学生提供网络安全课程，同时通过大量的实践项目，提高学生在实际操作方面的技术能力。此外，美国还支持大学院校与实践组织合作，探索新型网络信息技术和问题解决方案，取得了良好的成就。因此，我国应加大对大学生的网络信息技术课程和实践机会的投入力度，以提高他们的专业素质。

再次，国外网信人才队伍建设还注重人才保障。网信领域的高级人才尤其珍贵，政府不断地加强对网信领域高级人才的保障措施，为人才提供良好的待遇和职业发展空间，以激励和留住总体梯队的人才。我国应针对网信领域的高级人才专门制定相应保障措施，如提高薪资水平、为人才提供稳定的职业发展道路和职业晋升机会等。

最后，国外网信人才队伍建设十分注重国际合作。因为互联网具有全球性，网络信息技术上的问题也是全球性的。为了更好地保障互联网的安全和稳定运行，各国都需要开展国际合作。美国和加拿大、欧盟国家等在网络安全领域开展了多种国际合作，并通过国际网络安全组织来推进各项工作。我国也需要积极参与国际网络信息技术方面的合作，借鉴其他国家的成功经验，加强与外国的各种学术交流和信息共享。

二　构建国际化本土化双向培养体系，推进我国网信人才制度体系改革的建议

总的来说，从世界范围来看，各国高度重视网信人才队伍建设，主要举措如下：一是通过制定国家战略、设立专门机构等方式，从顶层设计层面统筹规划网信人才建设；二是通过提供政策和资金支持，加快建设网信人才队伍；三是通过完善人才培养机制，为网信人才提供发展空间和成长环境。

（一）政府层面

政府是网信人才培养的重要引领者，也是构建网信人才培养体系的重要保障，其作用直接关系到国家的网络安全和勇攀科技高峰的能力。

1. 高度重视网信人才战略规划，确定网信人才发展目标

为实现我国网络强国战略的目标，我国政府应在人才制度体系改革方面进一步明确目标，从战略层面统筹规划我国网信人才工作，制定我国网信人才发展规划，确立发展目标，进行有针对性的规划指导。各级政府要将网信人才建设上升到国家战略层面，明确网信人才工作的战略定位，加

快制定和完善网信人才政策，加强政策统筹协调和整体设计，推动形成适应网信技术革新和产业升级要求的政策体系。

2. 通过政策引领，形成网信人才建设良好环境

完善制度保障是网信人才发展的根本保障。网信人才制度建设要坚持目标导向，坚持问题导向，既要发挥市场对资源配置的决定性作用，又要更好地发挥政府作用。在目标导向上，要建立健全网信人才制度，加强顶层设计，强化系统观念和协同意识，健全网信人才发展体制机制。要突出重点、统筹兼顾、整体谋划，着眼于人才培养、引进、使用、管理的各方面制度的协调统一。特别是要把网信领域的人才队伍建设摆在更加突出的位置，制定实施更加有效的政策措施，努力使网信领域各方面人才成长有通道、干事有舞台、发展有空间。

同时，通过法律法规，为网信人才发展提供有力支撑。目前，我国网信领域法律法规体系还不健全，在法律层面，虽然对网信人才的发展给予了一定的支持，但还不足以满足人才发展的需要。网信领域涉及诸多部门和单位，缺乏明确的主管部门和协调机制，导致在推进网信人才工作时存在着一定的协调难度，在具体工作中，容易出现各自为政、重复建设、缺乏统筹等问题，难以形成合力。建议加快推进我国网信领域立法进程，尽快制定网信人才发展相关法律法规，明确网信人才的定义、分类、标准以及管理部门等，为我国网信人才发展提供有力支撑。

3. 通过专项计划，提升网信人才培养和储备能力

针对当前我国网络空间安全产业发展水平和人才培养现状，建议借鉴国外经验，通过设立专项计划提升网信人才培养和储备能力。

一是针对关键信息基础设施安全防护工作，应支持国内网络安全企业与高校联合开展关键信息基础设施安全防护技术研发及应用工作；二是针对互联网企业海外网络安全人才储备问题，可以联合国内主要互联网企业，共同建立网络安全人才海外培训基地；三是针对数字经济发展的相关人才培养问题，会同相关部门共同推进高校数字经济专业建设。

4. 健全网信人才激励机制，吸引留住网信人才

我国网络空间安全产业发展水平和人才培养能力与发达国家相比仍存

在较大差距，因此要进一步健全网信人才激励机制，吸引留住网信人才。习近平总书记指出，互联网是技术密集型产业，技术更新速度快；互联网主要是年轻人的事业；互联网领域的人才，很多是不走一般套路、充满奇思妙想的怪才和奇才。① 为此，要顺应网信特点，针对不同类型的人才，灵活采取特殊政策，建立适应网信特点的人才评价和激励机制。

一是应根据国家网信事业发展规划，科学制定并出台相关政策措施，加大对网络安全人才的支持力度，强化对网信人才的政治引领。习近平总书记指出："必须旗帜鲜明、毫不动摇坚持党管互联网，加强党中央对网信工作的集中统一领导，确保网信事业始终沿着正确方向前进。"② 网信事业的发展，必须有一支政治过硬、具备领导信息化军队能力的新型军队来支撑。要通过网络安全教育培训、人才选拔培养等途径，把有信仰、懂技术、会管理、敢担当、乐奉献的网信人才选出来、用起来，为建设网络强国提供坚强人才保证。要把爱党、爱国、爱社会主义的思想感情教育贯穿到网信人才工作全过程各方面，为网信人才搭建施展才华的舞台和空间，把网信人才不断地团结在党的周围，让他们为实现中华民族伟大复兴贡献自己的力量。

二是应加大对重点领域和关键环节的科技攻关力度，围绕国家重大需求和发展战略，聚焦网络安全核心技术突破和自主可控等方面开展联合攻关，并根据实际成效给予一定的资金奖励。要不遗余力留住人才。人才要引进来，更要留得住。我国是科技人才资源最多的国家之一，但也是人才流失比较严重的国家，其中不乏顶尖人才。我们在重视引进、培养人才的同时，更要注意人才流失的问题。在尊重知识、尊重人才的基础上，不仅要竭尽所能为人才发挥聪明才智创造良好条件、营造宽松环境、提供广阔平台，而且要建立适应网信特点的人事制度、薪酬制度以及灵活的人才激励机制，让做出贡献的人才有成就感、获得感。

三是应提升人才公共服务保障水平，增强人才的获得感、幸福感和归属感，建立"一人一策"精准服务机制。互联网行业呈现出迭代更新迅速

---

① 习近平：《在网络安全和信息化工作座谈会上的讲话》，人民出版社，2016，第 24 ~ 25 页。

② 《习近平关于网络强国论述摘编》，中央文献出版社，2021，第 10 页。

的特点，这就要求在互联网人才的选择上，不能遵循已有的选才条条框框，也不应该拿现有标准来衡量人才水平，而应该将实际才能作为选拔人才的标准。此外，正如前文所说，互联网领域的人才往往是年轻人，不少是奇才、怪才，他们往往不走一般套路，有很多奇思妙想。这就要求在人才引进时不拘一格，在制定相关政策时因人而异，以实际能力为衡量标准，不唯学历，不唯论文，不唯资历，不要都用一把尺子衡量。

5. 加强全民网络安全知识普及，打牢网信人才长远发展基础

加强全民网络安全知识普及，增强社会公众网络安全意识和防护能力，是提高我国网络空间安全人才培养质量的重要一环。建议建立政府主导、社会参与的网络空间安全宣传教育长效机制，采取“以点带面”的方式，加强全社会网络安全意识教育，同时通过加强与互联网企业合作，将安全理念植入网民使用习惯，带动全社会共同维护网络空间安全。

一是政府应加大对全民网络安全知识普及的支持力度，制定相应的宣传教育规划和政策，大力开展网络安全意识培训和科普教育，实施覆盖全年龄段的网络安全意识教育培训。坚持开展“网络安全宣传周”活动，制作民众喜闻乐见的宣传资料，利用电视、广播、网媒、报纸和杂志等各种媒体渠道进行宣教。大力开展网络安全进社区、网络安全进校园活动，对未成年人、老人等社会群体进行网络安全教育。二是鼓励互联网企业充分发挥自身优势，加强对网民针对性的教育引导，如为实现网络安全知识在老年人中的普及，在老年人智能手机中安装相应应用程序。

（二）高校层面

高校在网信人才建设中的作用至关重要，不仅为国家网络安全提供了坚实的人才基础，也为推动网络技术的发展做出了重要贡献。

1. 通过产教融合，打造网信人才培养高地

以高校为主体，加强产教融合，打造网信人才培养高地，是建设创新型国家、增强我国网信产业竞争力的关键一招。高校要积极探索产学研共育网络人才机制，探索科研机构与企业紧密结合的方式方法。

一是促进产学研用深度融合，支持高校与互联网企业合作开设网络空间安全专业，共同研发实训课程和实训设备，建立产学研用联盟，建设实

训基地等，打造网络空间安全人才培养高地。

二是鼓励高校与互联网企业合作成立网络安全学院和专业，推动高校与互联网企业联合培养复合型人才，建设网络空间安全实验中心。如东南大学与国内100多家企业建立了全面合作关系，与网络安全、电子信息、计算机相关的企业建立了企业研究生工作站、（联合）技术研究中心；武汉大学与360公司、武汉市政府联合共建“国家网络安全研究院”，使大学生获得网络安全实战机会，提高人才竞争力。

三是鼓励高校与互联网企业合作组建创新创业学院，吸引和鼓励青年学生投身网信产业领域的研究、开发与创新创业，为网信人才提供施展才华的舞台。

2. 通过创新创业大赛，为网信人才脱颖而出创造条件

网信人才需要创新思维和创新能力，更需要脚踏实地的实干精神。创新创业大赛是一种重要的发现人才、培养人才和锻炼人才的平台，应鼓励各地各行业深入开展创新创业大赛，进一步挖掘网络空间安全领域中的优秀团队和企业，通过比赛发现、扶持、培养一批有潜力的网信人才。

3. 优化和完善学科体系建设，增强网信人才专业导向性

解决网信人才不足的问题，根本在于“造血”。首先，高校需进一步优化和完善网络信息技术学科建设，将学科体系建设作为人才培养的重要基础。其次，对我国网络空间安全人才培养体系进行整体设计，围绕国家重大战略和重大需求，开展网络空间安全学科体系建设研究，制定网络空间安全学科发展规划，确定重点建设方向和任务，进一步优化学科布局和结构，使其更加符合我国网信产业发展实际需求，更好地引导和支持网信领域相关专业的人才培养工作。以四川大学为例，作为建成了首批国家网络空间安全人才培养基地之一、首批获得与设立网络空间安全一级学科博士授权点和本科专业的高校，四川大学为支撑网络空间安全一级学科建设和人才培养建立了网络空间安全学院与网络空间安全研究院。在进行人才培养的过程中，结合国内实际情况，参考国外先进培养模式及评价机制进行跨学科的融合，提出“网络医院”的培养模式。

高校在培养互联网人才上责任重大，既要注重专业的合理搭配，进行

资源优化配置，也需要搭建学生与企业的桥梁，加强我国网络安全学科建设，扩大网络安全专业人才招生规模，逐步实现我国网络安全人才体系化、规模化培养。

4. 提高师资队伍建设水平，筑牢网信人才培养基础

提高网信人才的师资队伍建设水平是网信人才培养的根本，建议通过多种举措，不断提高网络信息技术师资队伍的人员数量和质量。

一是加强高校网络空间安全学科带头人建设，形成一支具有国际视野、能够引领学科发展方向的领军人才队伍。鼓励高校优先将网络信息技术学科带头人纳入“长江学者奖励计划”等重大人才项目。同时，在国家重大项目申报、国家重点实验室建设中，加强对网络信息技术学科的重视。

二是加强青年教师培养，建立中青年骨干教师梯队。根据现有的师资力量，构建一支以学科带头人为核心，以学术带头人、骨干教师为主体，以青年骨干教师为补充的师资队伍。推动建立学科带头人与学校领导干部双向交流的工作机制，优化师资结构。同时通过培养培训等多种方式提高教师综合素质，加快教师的知识更新和教学水平提高。此外，制定符合学科特点和教师发展规律的评价体系，营造有利于青年人才成长的良好环境，促进中青年优秀师资不断涌现。

（三）企业层面

企业作为网络安全技术研发和成果转化的重要基地，在网信人才培养中发挥着重要作用。应鼓励企业积极参与到网信人才培养中，为网信人才提供更多的机会和平台。

1. 优化网信人才发展环境，为网信人才壮大蓄积建设力量

为了更有效地保留和培养网络人才，企业应该给予网信人才更好的发展环境，以完善岗位任职体系为基础，加强人才培养机制建设。首先，构建并完善不同职位的职务资格及能力评估系统，明确各职位的相关能力要求、学习目标及评估方式，以达到鼓励员工持续学习的目的。其次，要建立完善的竞争上岗、优胜劣汰的升迁和发展机制，不断提高职工的业务素质。再次，要建立鼓励员工提升能力的工资体系，突出“能者多酬”的原则，提升网络人才的工资水平，健全各项福利体系。最后，要加大继续教

育的力度，不断增加培训人员的人数，强化对培训课程的研发，强化内部培训师资队伍的建设，提升培训师资的整体水平。

2. 加大企业人才培训力度，提升网信人才水平

加强对网信人才的培养，是企业实现可持续发展的必然要求。

首先，充分发挥企业在网信人才培养中的重要作用，鼓励企业采取多种方式积极开展网信人才培训。探索通过与高等院校合作，建立网信人才教育培训基地，依托高校、科研院所等单位专业教师资源和优秀师资力量，为企业提供技术支持和人才支撑。如设立企业高层管理者的领导力发展中心，专业技术人员的专业能力发展中心，技能人员的技能发展中心、培训学院等，使用最现代化的设备、教学设施和手段，对员工展开网络专业技能的培训，提升人才培养专业性。

其次，强化网信人才校企联合培养。鼓励和支持网信企业与高等院校、科研院所、知名企业等单位开展联合办学或合作研究，强化以需求为导向的网信人才培养模式，构建国际化本土化双向培养体系，重点打造一批国际化水平、本土化程度双高的网信人才；推进网络安全专业领域高校教育与职业教育协同发展，鼓励高校与网信企业共同开展人才培养模式改革和创新。设立联合培养基地，联合开展师资培训和学术交流，推动网络安全技术研究和成果转化，同时吸引优秀学生到网信企业就业创业，吸引更多优秀大学生到企业实习。

（四）社会层面

1. 引导网信人才加强学习和培训，提升网信人才的技术水平

专业人才的培养不是一朝一夕就能完成的，信息化发展日新月异，人才培养是一个持续、长久的系统工程，因此还需要加强岗位工作人员定期轮训工作，以便他们不断更新知识与技能体系，更好地完成本职工作。

建立完善网信领域专业技术人员继续教育制度，引导网信人才加强学习和培训，将提升专业知识水平和技能作为继续教育的重点，不断提高网信领域专业技术人员的能力水平，确保人才队伍素质符合国家网络安全和信息化发展需求。如重庆市信息安全协会协同重庆市人力资源开发培训中心等联合开设“网络信息安全危机预防与解决方案应用高级研修班”，其

主要内容涉及网络安全战略、现状与发展趋势，大型网络系统的信息安全保护，等等。此外，鼓励网信领域相关科研机构、高等院校等开展继续教育，为网信领域专业技术人员提供继续教育的场所和便利条件，不断提高网信领域专业技术人员的能力水平。

2. 通过继续教育，提升网信人才的素质能力

充分发挥网信人才中专业技术人员的作用，将网络安全教育纳入专业技术人员继续教育的内容，加强对网络空间安全领域新技术、新应用的教育培训，引导和鼓励相关专业人员参加培训和继续教育，提升网络安全从业人员的专业水平和综合素质。

充分发挥高等院校、科研院所等在网信人才培养中的重要作用，将高校教育资源与企业实践相结合，加强面向国家需求的网络空间安全学科专业建设，开展网信领域前沿技术研究、关键技术攻关，构建产学研用相结合的网信人才培养体系。

第十章
构建网络空间命运共同体

经过半个世纪的发展，互联网技术在各国政治、经济、文化、军事、教育等各个领域广泛应用，成为人类社会重要的数字基础设施。当前，互联网技术与人工智能、社交媒体、大数据等技术叠加，网络空间日益成为信息传播的新渠道、经济发展的新引擎、国家主权的新疆域。互联网在促进发展的同时，也给人类社会带来了前所未有的风险和挑战，网络空间充斥着大量的虚假、暴力、侵犯隐私等不良内容，存在着赌博、诈骗、贩毒等犯罪活动，跨国间的网络监听、数据窃取、恐怖活动等时常发生，各个国家都难以独善其身，亟须达成全球共识，合力构建网络空间命运共同体。2015 年 12 月，国家主席习近平在第二届世界互联网大会上指出："网络空间是人类共同的活动空间，网络空间前途命运应由世界各国共同掌握。各国应该加强沟通、扩大共识、深化合作，共同构建网络空间命运共同体。"① 这是中国在新形势下为了适应全球互联网发展新格局，推动国际互联网治理体系变革，深化网络空间国际合作而提出的一个非常重要的战略构想。但要构建网络空间命运共同体，仍有许多问题需要深入研究。

第一节　网络空间命运共同体与人类命运共同体

网络空间命运共同体是人类命运共同体思想的自然发展和延伸。坚持推动构建人类命运共同体是新时代中国特色社会主义思想的精神实质和丰富内涵之一。人类的发展史其实就是共同体的发展史。在不同时代背景和

---

① 习近平：《在第二届世界互联网大会上的讲话》，《人民日报》2015 年 12 月 17 日，第 2 版。

国际环境下，命运共同体的空间与种类不断变化。随着科技的进步，人类的相互关联程度逐步提升，从部分关联变为全面关联，关联从传统领域扩展到新兴空间。而网络空间作为第三次科技革命和信息化浪潮的产物，是新拓展的人类共同活动领域，网络空间命运共同体也是人类命运共同体的自然延伸。美国学者麦克尼尔（William H. McNeill）在描述“西方的兴起”之历史进程时曾宏观展示了“人类共同体史”，他特别强调不同社会、不同文化之间的关联，认为人类社会部分关联是恒久存在的，所有人类社会在不同程度上都是相互关联的，而且这一认识在当今时代更显真实。人类“命运与共”虽早已存在，其感受的真实性却不是与生俱来的。由信息化、网络化推动形成的全球层面“互嵌”式关系结构决定了人类命运共同体形成的必然性。网络带来的信息化发展大大缩小了地球上的时空距离，不同国家之间、地区之间的交往越来越密切，国际社会“互嵌”式关系结构的特征更加明显。一方面，信息化促成了全球利益“互嵌”。经济全球化、社会信息化日益深入，在此基础上生成的合作共赢理念更是得到了越来越多国家和地区的理解与支持。另一方面，信息化也促成了风险“互嵌”。网络犯罪、网络恐怖主义等各类全球性问题日益突出，国家间相互依赖和风险“互嵌”达到前所未有的水平，没有任何一个国家或国家集团可以回避并独自解决这些全球性问题与风险。

网络空间命运共同体与人类命运共同体拥有相同的主体和价值核心，是人类命运共同体的代表。其一，两者涉及的主体相同，都是指全球范围的人类共同福祉和关怀，既非国家也非个人，而是将人类作为一个整体来看。网络空间中没有新的国家实体，网络空间中的关系归根结底是实体世界中的关系在网络空间的反映。其二，两者的价值核心相同，都是一荣俱荣、一损俱损的命运共同体条件下的共生共存与共管共治，其目标都是以人类命运共同体意识促进不同国家间、民族间乃至个人间的和谐共生与共利共荣，从而实现人类文明幸福的可持续发展。其三，随着信息化和数字化进程的进一步深入推进，网络空间将逐步成为与实体空间不可分割的人类普遍活动领域，二者逐步融合，单一纯粹的网络空间将不复存在，网络空间命运共同体也将因此成为人类命运共同体的代表。

构建网络空间命运共同体是推动人类命运共同体建设的有效途径。2018年4月20日，习近平总书记在全国网络安全和信息化工作会议上发表重要讲话，这是继2016年“4·19”讲话后，习近平总书记第二次围绕网络安全和信息化工作提出任务要求、指明工作方向、提供根本遵循。在讲话中，习近平总书记特别强调：“推进全球互联网治理体系变革是大势所趋、人心所向。国际网络空间治理应该坚持多边参与、多方参与，发挥政府、国际组织、互联网企业、技术社群、民间机构、公民个人等各种主体作用。既要推动联合国框架内的网络治理，也要更好发挥各类非国家行为体的积极作用。要以‘一带一路’建设等为契机，加强同沿线国家特别是发展中国家在网络基础设施建设、数字经济、网络安全等方面的合作，建设21世纪数字丝绸之路。”[①] 这是习近平总书记从人类共同价值的角度出发，鲜明提出的中国主张和中国方案。

构建网络空间命运共同体，是构建人类命运共同体的聚焦点和分目标。构建网络空间命运共同体，是践行中国新时代安全观的大倡议。党的十九大报告指出：中国坚定奉行独立自主的和平外交政策，尊重各国人民自主选择发展道路的权利，维护国际公平正义，反对把自己的意志强加于人，反对干涉别国内政，反对以强凌弱。中国决不会以牺牲别国利益为代价来发展自己，也决不放弃自己的正当权益，任何人不要幻想让中国吞下损害自身利益的苦果。中国奉行防御性的国防政策，中国发展不对任何国家构成威胁。中国无论发展到什么程度，永远不称霸，永远不搞扩张。[②] 这就是中国新时代的安全观。当今世界，人类不仅面临以军事威胁为核心的传统安全威胁，也面临以网络威胁为核心的非传统安全威胁。不仅如此，随着互联网发展日新月异，网络给世界各国主权、安全、发展利益带来的影响和挑战越来越新、越来越多，共建网络空间命运共同体，是中国为统筹应对以网络威胁为核心的非传统安全威胁，面向世界提出的真诚倡议。它强调，网络空间不应成为各国角力的战场，我们应该尊重各国自主选择网络发展道路、网络管理模式、互联网公共政策和平等参与国际网络

① 《习近平谈治国理政》（第3卷），外文出版社，2020，第308页。

② 《十九大以来重要文献选编》（上），中央文献出版社，2019，第42页。

空间治理的权利，不搞网络霸权，不干涉他国内政，不从事、纵容或支持危害他国国家安全的网络活动。同时，维护网络安全不应有“双重标准”，不能一个国家安全而其他国家不安全、一部分国家安全而另一部分国家不安全，更不能通过牺牲别国安全谋求自身所谓“绝对安全”。

构建网络空间命运共同体，是践行中国新时代发展观的大平台。党的十九大报告明确提出了中国新时代的发展观，即坚持对外开放的基本国策，坚持打开国门搞建设，积极促进“一带一路”国际合作，努力实现政策沟通、设施联通、贸易畅通、资金融通、民心相通，打造国际合作新平台，增添共同发展新动力。同时，支持多边贸易体制、促进自由贸易区建设，推动建设开放型世界经济。可以说，“开放”是中国新时代发展观的关键词，而互联网是推动经济创新发展、促进共同繁荣的重要载体。共建网络空间命运共同体，就是要加强信息基础设施建设，铺就信息畅通之路，不断缩小不同国家、地区、人群间的信息鸿沟，让信息资源充分涌流，进而不断开辟各国发展新境界。中国提出建设网络强国、数字中国、智慧社会，推动互联网、大数据、人工智能和实体经济深度融合，发展数字经济、共享经济，培育新增长点、形成新动能，一方面是要使中国经济发展提速进入快车道，另一方面是要通过共建网络空间命运共同体，推动世界各国共同搭乘互联网和数字经济发展的快车。共建网络空间命运共同体，充分折射出中国对外开放的大门不会关闭，只会越开越大的决心和信念。

构建网络空间命运共同体，是践行中国新时代全球治理观的大前提。互联网让世界变成了“鸡犬之声相闻”的地球村，相隔万里的人们不再“老死不相往来”。以互联网为代表的信息技术引领了社会生产新变革，创造了人类生活新空间，拓展了国家治理新领域，极大提高了人类认识水平以及认识世界、改造世界的能力。中国新时代全球治理观秉持“共商共建共享”原则，倡导国际关系民主化，坚持国家不分大小、强弱、贫富一律平等。而这些都必须以共建网络空间命运共同体为基础和前提才能实现。只有共建网络空间命运共同体，才能解决互联网发展不平衡、规则不健全、秩序不合理等问题，推动联合国发挥积极作用，使广大发展中国家在国际事务中获得更强的代表性和更大的发言权，并平等地参与全球治理体系改革和建设；只有共建网络空间命运共同体，才能防止互联网成为宣扬单边主义和保护主义，鼓噪一国“优先”“第一”“至上”的手段或工具，推动同舟共济、互信互利等先进理念凝聚更多国际共识，使更多的人摒弃零和博弈、赢者通吃等旧观念，并以对话解决争端、以协商化解分歧；只有共建网络空间命运共同体，才能规避新技术条件下一方主导或几方凑在一起说了算的风险，推动大家的事由大家商量着办，使中国更好地发挥负责任大国作用，并不断贡献智慧与力量。

互联网虽然是无形的，但运用互联网的人们是有形的，网络空间已成为人类共同的活动空间和美好家园，网络空间的前途命运理应由世界各国共同掌握，就如同人类的前途命运理应由全人类共同掌握，没有哪个国家能够置身事外，也没有哪个人能够独善其身。推动人类命运共同体建设，应从构建网络空间命运共同体做起。

第二节　网络空间命运共同体的核心思想

一　发展历程

党的十八大以来，习近平总书记对网络安全和信息化做了一系列重要论述。构建网络空间命运共同体，是习近平总书记关于网络强国的重要论述中的内容。

2015 年 9 月，国家主席习近平在纽约联合国总部出席第七十届联合国大会一般性辩论时提出：“我们要继承和弘扬联合国宪章的宗旨和原则，构建以合作共赢为核心的新型国际关系，打造人类命运共同体。”① 构建网络空间命运共同体，是人类命运共同体思想在网络空间里合乎逻辑的自然延伸和具体体现。

2015 年 12 月 16 日，第二届世界互联网大会在浙江省乌镇开幕。国家

---

① 习近平：《携手构建合作共赢新伙伴 同心打造人类命运共同体——在第七十届联合国大会一般性辩论时的讲话》，《人民日报》2015 年 9 月 29 日，第 2 版。

主席习近平出席开幕式并发表主旨演讲，强调互联网是人类的共同家园，各国应该共同构建网络空间命运共同体，推动网络空间互联互通、共享共治，为开创人类发展更加美好的未来助力，并提出五点主张。①

2016 年 11 月 16 日，第三届世界互联网大会在浙江省乌镇开幕。国家主席习近平在开幕式上通过视频发表讲话。他指出，互联网发展是无国界、无边界的，利用好、发展好、治理好互联网必须深化网络空间国际合作，携手构建网络空间命运共同体。②

2017 年 12 月 3 日，第四届世界互联网大会在浙江省乌镇举行。此届大会以"发展数字经济 促进开放共享——携手共建网络空间命运共同体"为主题。

2018 年 11 月 7 日，第五届世界互联网大会举行，主题为"创造互信共治的数字世界——携手共建网络空间命运共同体"。习近平指出，各国应该深化务实合作，以共进为动力、以共赢为目标，走出一条互信共治之路，让网络空间命运共同体更具生机活力。③

2019 年 10 月 19 日，第六届世界互联网大会组委会发布了《携手构建网络空间命运共同体》概念文件，全面阐释"构建网络空间命运共同体"理念的时代背景、基本原则、实践路径和治理架构，倡议国际社会携手合作，共谋发展福祉，共迎安全挑战，把网络空间建设成造福全人类的发展共同体、安全共同体、责任共同体、利益共同体。

2019 年 10 月 20 ~ 22 日，第六届世界互联网大会举行，以"智能互联 开放合作——携手共建网络空间命运共同体"为主题。大会为全球互联网共享共治搭建了一个有益的平台，凝聚了思想共识，深化了务实合作，促进全球网络空间朝着更加公正合理的方向发展。

可见，网络空间命运共同体已经成为世界互联网大会的主题，也是我国建设网络强国的国际主张，事实证明，此方案已得到国际社会广泛的认

---

① 习近平：《在第二届世界互联网大会开幕式上的讲话》，《人民日报》2015 年 12 月 17 日，第 2 版。

② 习近平：《在第三届世界互联网大会开幕式上的视频讲话》，新华网，2016 年 11 月 16 日，http://www.xinhuanet.com/politics/2016-11/16/c_1119925133.htm。

③《习近平向第五届世界互联网大会致贺信》，《人民日报》2018 年 11 月 8 日，第 1 版。

同和支持，是人类命运共同体理念在网络空间中的具体体现和重要践行方式，彰显了对人类共同福祉的高度关切，为全球网络治理指明了发展的方向，引领了网络治理新秩序的构建，为世界互联网事业的发展提供了中国智慧和中国方案。

二　核心思想

网络空间命运共同体战略构想的核心思想是世界各国共同构建一个和平、安全、开放、合作的网络空间，其价值追求是实现网络基础设施互联互通，促进世界各国数字经济开放发展，共同维护网络空间的公平正义和安全有序，促进优秀文化交流互鉴，改善网络空间生态环境。

（一）实现各国网络基础设施互联互通、利益相互协调

世界各国都在使用同一个因特网，处于同一个网络空间体系内，利益和风险“互嵌”，本应命运相连、休戚与共，但现实情况是，由于各个国家经济发展水平不同、对互联网发展重视程度不一样、利益诉求不一致等原因，不同国家网络基础设施条件差距很大，网络安全防护能力差距也很大，目前全球互联网治理体系难以反映大多数国家的意愿，利益冲突不断。

根据联合国宽带促进可持续发展委员会发布的《2017 年宽带状况》(The State Of Broadband 2017)，截至 2017 年底，全球约有 39 亿人还不能接入互联网，约占全球人口总数的 52%。欧洲网民数量占其人口总数的 79.6%，而非洲仅为 21.8%。冰岛网民数量占全国人口总数的 98.2%，而非洲国家厄立特里亚仅有 1.2% 的人能上网。

要从根本上解决这个问题，一是要促进网络基础设施的互联互通。加大对网络基础设施建设的资金投入力度，推动全球网络基础设施的共建共享和互联互通，增强网络安全保障能力，让互联网成为各国对外交流的关键设施。例如，“一带一路”是贸易之路。在互联网时代，发展跨境电子商务是推进“一带一路”倡议的重要内容。而要发展跨境电子商务，首要条件是上网。共建“一带一路”国家不少是发展中国家，这些国家的网络基础设施建设普遍滞后。有关部门可以把网络基础设施建设纳入对外援

助、援建内容。参与共建“一带一路”国家网络基础设施建设，是中国移动、中国联通、中国电信、华为、中兴等中国企业“走出去”的重要契机。

二是要促进各国利益的相互协调。不同国家的意识形态、利益诉求等不同，对互联网的态度也迥然不同。有的国家奉行双重标准，一方面谴责别的国家对互联网进行管控，另一方面自己却侵犯别国的网络空间。例如，美国一方面打着“自由、民主、人权”的旗号，对其他国家的互联网管理指手画脚，另一方面却又以保障安全为由，对本国的互联网进行严格管控；一方面控诉其他国家对美国进行网络攻击，另一方面却组织庞大的网军，对其他国家发动网络攻击。因此，要构建网络空间命运共同体，就应当想方设法消除意见分歧、凝聚共识，综合协调不同国家的利益诉求，寻求“最大公约数”。

（二）推动各国数字经济开放创新、共同繁荣

随着信息化建设的不断深入，互联网与人们的生产、生活紧密嵌套在一起，以新一代信息技术为代表的新一轮科技和产业革命正在萌发，世界正在进入以信息通信技术（Information and Communication Technology，ICT）产业为主导的经济发展时期，基于互联网的数字经济蓬勃发展。2017 年，全球数字经济规模为 12.9 万亿美元，占全球 GDP 的 17.1%。[①] 数字经济在加速重构全球经济新版图，推动世界各国经济结构、社会形态和创新体系的新一轮变革，成为世界经济增长和实现可持续发展目标的新引擎。

世界各国应珍惜互联网发展所带来的历史机遇，大力发展数字经济，以开放包容的态度，推动网络空间领域合作、交流、共享和创新，利用数字化技术推动传统产业转型升级，培育和发展物联网、云计算、移动互联网、大数据、人工智能等新一代信息技术产业，促进全球经济发展。2016 年 9 月，G20 杭州峰会发布了《二十国集团数字经济发展与合作倡议》。目前，全球有 30 多个国家制定了数字经济发展战略。数字经济领域的合作

---

① 《全球产业展望 GIV2025》，https://www-file.huawei.com/-/media/corp2020/pdf/giv/history-reports/whitepaper_cn_2019.pdf，最后访问日期：2023 年 4 月 18 日。

应该成为多边、双边合作的新亮点。

党的十九大报告提出，要“推动互联网、大数据、人工智能和实体经济深度融合”[①]。加快发展以数字经济为代表的新经济，将为中国和世界各国创造网络合作新机遇，推动全球数字经济开放创新和共同繁荣，开创世界经济的美好未来。

(三) 坚持尊重网络主权、平等相待

继海、陆、空、天之后，网络空间已成为一个国家的第五疆域。网络主权是国家主权在网络空间中的自然延伸和表现。对内，一个国家可以独立自主地发展互联网，对互联网进行监管；对外，一个国家有权防止本国互联网受到外部入侵和攻击。

2003 年 12 月，联合国信息社会世界高峰会议发布的《日内瓦原则宣言》强调：“与互联网有关的公共政策问题的决策权是各国的主权。对于与互联网有关的国际公共政策问题，各国拥有权利并负有责任。”[②] 现代国际关系的基本准则是主权和领土完整、不干涉内政、和平解决争端等，这些原则同样适用于网络空间。国家主席习近平在第二届世界互联网大会上指出，世界各国应该本着相互尊重和相互信任的原则，自主选择网络发展道路、网络管理模式。[③] 国家无论大小强弱都一律平等，坚决反对以任何理由推行网络霸权主义和新干涉主义。

虽然互联网是一个全球性网络，但每个国家的网络主权都不应受到侵犯。任何一个国家都不能侵犯他国的网络主权，每个国家都有权维护自己的网络安全。维护网络安全不能奉行“双重标准”，也就是说，不能有的国家网络安全而其他国家网络不安全，更不能牺牲其他国家的网络安全谋求自己国家所谓的“绝对安全”。

---

① 习近平：《决胜全面建成小康社会　夺取新时代中国特色社会主义伟大胜利——在中国共产党第十九次全国代表大会上的报告》，人民出版社，2017，第 30 页。

② 方滨兴：《互联网治理 打破“丛林法则”》，人民政协网，2016 年 12 月 15 日，http://rmzxb.com.cn/c/2016-12-15/121863.html。

③ 习近平：《在第二届世界互联网大会开幕式上的讲话》，《人民日报》2015 年 12 月 17 日，第 2 版。

（四）促进各国文化开放交流、相互融合

不同国家和地区的文化和文明因地域、历史和经济等社会条件不同而千差万别，但各有所长，只有通过交流和互鉴，文化才会更加丰富多彩和富有生命力，世界文明才会更具有包容性。

互联网是文化传播的重要载体。理论上，互联网可为世界各国文化从区域性走向全球化、从封闭走向开放提供新途径，并能够实现平等地相互开放交流和取长补短。但现实是发展中国家的文化在网络空间传播中往往被西方发达国家有意地“围剿”和过滤而被边缘化，网络话语权非常微弱，它们的优秀文化自然也难以通过网络渠道广为传播，互联网因而成为西方发达国家文化传播的主阵地和最前沿。一些西方发达国家通过互联网散布各种诋毁中国的信息，传播煽动性言论、政治谣言等，进行文化侵略，潜移默化地影响着中国民众的思想观念和价值判断。

因此，各个国家应摒弃意识形态偏见，铲除种族歧视和文化歧视，运用互联网平台促进世界各国的人文交流、文明互鉴，增进相互了解、相互包容，消除隔阂。例如，“一带一路”也是文化之路。在实施“一带一路”倡议过程中，可以构建“一带一路”网上文化交流共享平台，促进共建“一带一路”国家文化交流互鉴，推动共建“一带一路”国家人民的情感交流和心灵沟通。此外，要积极通过互联网传播中华优秀文化，提高中国软实力。

（五）确保网络生态风清气正、越来越好

随着互联网的飞速发展，人们的工作、生活越来越依赖互联网。我们一方面生活在现实世界，另一方面又生活在虚拟的网络空间，两个世界相互交融。在现实世界，我们要保护好生态环境；同样地，在网络空间，我们也需要加强互联网治理，营造良好的网络生态环境。

互联网是一把“双刃剑”，在造福人类的同时，也带来了许多新问题，例如，电信诈骗、黑客攻击、网络恐怖主义活动等跨国网络犯罪活动十分猖獗。网络犯罪的跨境实施、犯罪人员的跨境流动、网络资源的跨境使用，使得单个国家打击网络犯罪难度很大，迫切需要世界各国开展国际合作，联手打击利用网络空间进行的恐怖、淫秽、贩毒、洗钱、赌博等犯罪

活动。

2016年4月19日，习近平总书记在网络安全和信息化工作座谈会上指出："网络空间天朗气清、生态良好，符合人民利益。网络空间乌烟瘴气、生态恶化，不符合人民利益。"① 但由于零和博弈、冷战思维等旧观念的影响，有的国家在网络空间采取对立、对抗思维，缺乏合作精神。可见，全球网络生态系统的治理行动不可能是一帆风顺的。

互联网不是法外之地，网络空间不能成为违法犯罪的温床。因此，要构建网络空间命运共同体，必须加强互联网治理领域的国际交流与合作，建立打击跨国网络犯罪活动的有效机制，共同保护好网络空间的生态环境。

第三节　网络空间命运共同体的存在形态

网络空间命运共同体与其他国际合作组织区别在哪里？它的存在形态是什么样的？要正确构建网络空间命运共同体，离不开科学理论的引导，这需要我们深入研究和总结。

（一）网络空间命运共同体将建设一个全新的"世界"

共同体是指特定地区的人们的集合体，它可以是一个村庄、城镇、城市甚或一个国家。然而，作为一种政治或社会原则，"共同体"一词则表示一个建立在友谊、忠诚和义务等联系基础上的具有很强的集体同一性的社会群体。②

在内涵和外延上，网络空间命运共同体与其他共同体有着本质的不同。网络空间命运共同体不是一个特定地区的集合体，而是一个以世界各国为主要行为体的新世界，具有高度全球化的特征。

互联网打造了一个国际交流的公共平台，打破了人类活动受到的时间、空间的约束，突破了国家、地区、社会制度、种族、民族、宗教等界

---

① 习近平：《在网络安全和信息化工作座谈会上的讲话》，《人民日报》2016年4月26日，第2版。

② 〔英〕安德鲁·海伍德：《政治学核心概念》，吴勇译，天津人民出版社，2008。

限。在互联网时代，人们不论身处哪个国家和地区，不论是在资本主义制度国家还是社会主义制度国家，不论属于什么种族和民族，不论信仰什么宗教，都可以随时随地上网，进行交流、学习、交易等活动。互联网覆盖范围广，信息传播速度快，让世界变成了“地球村”，形成了一个各方互利共赢、优势互补、休戚与共的新空间。

（二）网络空间命运共同体将是一个开放、包容和合作的国际合作组织

国际组织是指三个及以上国家（或其他国际法主体）为实现共同的政治经济目的，依据其缔结的条约或其他正式法律文件建立的常设性机构。从成员看，国际组织分为政府间组织和非政府间组织。从地域看，国际组织分为区域性国际组织和全球性国际组织。从性质看，国际组织分为政治性国际组织和专业性国际组织。

传统国际组织都是建立在成员方利益基础之上的机构，追求利益最大化。由于价值观和利益观等因素，这些国际组织都有严格的规章制度、严密的组织体系和严格的入会条件，这就必然导致一定范围内的排他性，世界贸易组织、欧盟、东盟、上海合作组织等国际组织就属于这种情况。

与传统国际组织不同，网络空间命运共同体各成员国的联系以自愿、自觉为原则，以安全和发展为目的，并遵循一系列的合作协议。各成员的地位、责任、权利和义务都是平等的，它遵循《联合国宪章》的宗旨和原则，但它的组织形态和主要任务与联合国有着本质区别。

构建网络空间命运共同体应借鉴“一带一路”倡议思维，两者有很多相似之处，首先，它们都是由中国提出并以中国为主导的；其次，两者的目的都是在安全、平等、开放的前提下实现互利共赢和共同发展；最后，成员之间都遵循自愿原则签订合作协议。

构建网络空间命运共同体应该避免使其成为其他国际组织或联合国机构，它应该是一个集开放、包容和合作于一体的国际合作组织。

第四节　如何推动构建网络空间命运共同体

习近平在第二届世界互联网大会上全面阐述了我国互联网发展治理的

原则，提出了构建网络空间命运共同体的“五点主张”①，主要是针对斯诺登事件后暴露出来的三大世界难题：网络发展失衡、治理规则不健全、网络安全受威胁。

一个安全稳定繁荣的网络空间，对各国乃至世界都具有重大意义。网络空间不应成为各国角力的战场，不应成为“扳倒”他国的工具，更不能成为违法犯罪的温床。中国作为一个网络大国，必须在推动全球互联网治理体系变革中发挥作用，不断提高在全球互联网治理领域的话语权和引导力。为此，习近平总书记提出构建网络空间命运共同体的主张，总结起来，可概括出六大要点。第一，世界多极。要以多样化观念看世界，要以多样化的观念观察这个世界。“应该坚持多边参与、多方参与”，“发挥政府、国际组织、互联网企业、技术社群、民间机构、公民个人等各种主体作用。既要推动联合国框架内的网络治理，也要更好发挥各类非国家行为体的积极作用”。② 第二，国家平等。世界各国在网络主权、机会、规则上是平等的，这是国家观。第三，文明互鉴。世界各个文明体之间要互学互鉴，决不能搞文明冲突，文化因交流而多彩，文明因互鉴而丰富，应共同推动网络文化繁荣发展，丰富人们精神世界，促进人类文明进步。第四，包容性发展。要尊重各个国家根据自己的国情、历史、文化、传统，自主选择的网络发展道路和模式，事关国际网络空间发展和治理的事情，应该坚持多边参与、多方参与，由大家商量着办，发挥各个主体作用，不搞单边主义，更不搞一方主导或由几方凑在一起说了算。第五，互利普惠。各国应该合作共赢，和平发展，各美其美，美美与共，推进互联网领域开放合作，丰富开放内涵，提高开放水平，搭建更多沟通合作平台，创造更多利益契合点、合作增长点、共赢新亮点，推动彼此在网络空间中优势互补、共同发展，让更多国家和人民搭乘信息时代的快车、共享互联网发展成果。第六，网络安全。各国不搞网络霸权，不从事、纵容或支持危害他国国家安全的网络活动，各国应该携手努力，有效管控分歧，反对网络空

① 习近平：《在第二届世界互联网大会开幕式上的讲话》，《人民日报》2015 年 12 月 17 日，第 2 版。

② 《习近平谈治国理政》（第 3 卷），外文出版社，2020，第 308 页。

间军备竞赛，健全打击网络犯罪司法协助机制，共同应对网络违法犯罪问题和网络恐怖主义，共同维护网络空间和平安全。

为了能够尽快推动网络空间命运共同体的构建，我们应做好以下三个方面的工作。

（一）凝聚共识

构建网络空间命运共同体是中国率先提出的战略构想，理所当然由中国率先垂范践行和推动，要取得预期的目标，最重要的环节是广泛动员世界各国达成在相互平等、相互尊重的价值观念上的共识，让各个国家深感积极参与到网络空间命运共同体中的必要性、重要性和可能性，让它们自觉积极加入网络空间命运共同体，这就要让它们感到：构建网络空间命运共同体就是构建利益共同体，有利于促进所有成员国经济发展、政治安定、文化繁荣、社会进步，有利于维护世界和平。

为此，我们需要做到以下几点。一是加强理论研究。我国理论工作者必须深入开展调查研究，为构建网络空间命运共同体提供相关理论依据，分析构建网络空间命运共同体过程中遇到的具体问题，寻找切实有效的解决方法。二是加强交流。理论工作者和网信主管部门要加强与国际社会各种组织和力量的对话与交流，阐述中国立场和中国方案，尽可能争取各方的理解、支持与合作。要鼓励我国互联网技术社群和相关社会组织加入国际交流和相关议题讨论中，在技术协议与标准制定等领域发出中国声音。例如，组织举办网络空间命运共同体方面的国际会议。三是加强宣传。除了理论界和政府部门之外，中国媒体更应主动有所作为，利用驻外媒体机构和外国同行资源积极宣传网络空间命运共同体的战略构想。宣传方式要做到深入浅出和实事求是，要因人、因国而异，尊重不同国情，尊重不同风土人情，避免强加于人和傲慢偏见。要加强与互联网国际组织的沟通协调，用好这个国际交流合作的重要平台。国际组织既是网络空间国际规则制定的重要主体，也是各方开展互联网合作的重要平台。要让国际组织更多了解我国互联网发展的现状与成就，也要通过这些组织帮助解决国内互联网发展出现的问题。

（二）增强互信

构建网络空间命运共同体需要世界各国的共同努力，增强战略互信是构建网络空间命运共同体的重要前提和必要条件，也是目前必须解决的最大难题和要完成的首要任务。党的十八大以来，我国网信事业取得了历史性成就，发生了历史性变革，网络用户规模也飞快增长，新业态、新模式不断涌现，数字经济发展势头强劲，同时，党中央还提出了“网络强国战略”“国家网络空间安全战略”等顶层设计，这增加了部分国家对我国构建网络空间命运共同体的目的的误解和猜疑。

因此，我国要用实际行动消除它们的猜疑，增强战略互信。中国提出网络空间命运共同体战略构想，旨在推动建设相互尊重、公平正义、合作共赢的新型国际关系；构建网络空间命运共同体，不是为了谋求一己私利，而是为了维护世界各国的共同利益；构建网络空间命运共同体，是为了维护世界和平，让互联网造福全人类。无论中国如何发展，都永远不称霸、永远不搞扩张。在现实世界如此，在网络空间也如此。中国可以与其他国家缔结构建网络空间命运共同体的条约，明确各自的权利和义务。我们在制定国内互联网相关法律、法规、政策等制度时，也要考虑国外发展的需要，提供相应的制度支持。这样就有利于消除国际社会的担忧，增进信任。

（三）开拓创新

网络空间命运共同体是新事物，构建网络空间命运共同体需要新思维。

一是建立多边、民主、透明的国际互联网治理体系。网络空间命运共同体本质上是建立在相互尊重、相互信任基础上的利益共同体。互联网让各个国家命运休戚与共，合作与互惠已经成为世界各国的共识，哪个国家脱离了共同利益的链条，都很难独善其身，任何一个网络节点受到攻击都有可能让共同体的利益受损。正如习近平主席曾指出的：“互联网虽然是无形的，但运用互联网的人们都是有形的，互联网是人类的共同家园。让这个家园更美丽、更干净、更安全，是国际社会的共同责任。”[①] 要尽量多

① 习近平：《在第二届世界互联网大会开幕式上的讲话》，《人民日报》2015 年 12 月 17 日，第 2 版。

创造利益契合点、合作增长点、共赢新亮点，推动世界各国在网络空间优势互补、共同发展。

二是构建相互尊重、公平正义、合作共赢的新型国际关系。尊重网络主权是构建网络空间命运共同体的前提和基础。只有尊重网络主权，国际社会才能加强对话与合作，共同应对互联网给全球带来的各种问题和挑战。世界各国必须坚持以《联合国宪章》宗旨为遵循，以网络主权平等为原则。国家主席习近平在第二届世界互联网大会上指出："我们应该尊重各国自主选择网络发展道路、网络管理模式、互联网公共政策和平等参与国际网络空间治理的权利，不搞网络霸权，不干涉他国内政，不从事、纵容或支持危害他国国家安全的网络活动。"① 国际互联网治理，不能搞单边主义，而是要反映大多数国家的意愿和利益。

三是搭建多元化、多层次的合作交流平台。世界各国应该加强沟通和交流，进一步完善国际互联网治理对话协商机制。一方面，中国要积极参与世界互联网大会、中美互联网论坛、中英互联网圆桌会议、中俄网络空间发展与安全论坛等互联网领域的国际交流与合作平台的活动；另一方面，中国也要搭建更多的网络空间合作平台。例如，申请成为《网络犯罪公约》的缔约国，联合其他成员国打击跨国网络犯罪活动。结合"一带一路"倡议的落实，构建共建"一带一路"国家网络空间命运共同体，举办"一带一路"互联网论坛等区域性交流与合作平台。目前联合国机构中与互联网治理相关的国际组织主要有国际电信联盟（ITU）和世界知识产权组织（WIPO），与互联网治理有关的国际会议主要有信息社会世界峰会（WSIS）和联合国互联网治理论坛（IGF）。这两个国际会议的功能主要是为全球互联网治理提供一个交流与讨论的场所，并没有形成任何决策。从协同治理角度来考虑，这只是进入了"讨论决策"阶段，与"形成决策、执行决策"还有相当大的距离。印度、巴西、南非多次建议，在联合国系统中成立恰当机构，以"协调和发展连贯的和综合的全球互联网公共政策"。因此，作为全球最大的政府间国际组织的联合国，应通过完善信息

① 习近平：《在第二届世界互联网大会开幕式上的讲话》，《人民日报》2015 年 12 月 17 日，第 2 版。

社会世界峰会与联合国互联网治理论坛的功能，充分发挥联合国互联网治理工作组（WGIG）的作用，让不同治理主体在这些互联网治理的国际平台上有效运作起来，构建网络空间协同治理机制。

四是发展中国家要加强网络建设，共同提高网络空间治理能力。网络空间是人类共同的活动空间，网络空间命运共同体的构建，需要全球各国共建共治。目前，全球网络空间南北鸿沟不断扩大、网络霸权仍然强势、治理体系极不完善、治理规则极不健全等诸多问题日益凸显。为了尽快缩小与发达国家的差距，广大发展中国家要加强网络基础设施建设，重视顶层设计，在互联网应用推广、技术研发、人才培养、政策制定与治理体系建设等方面加大投入。发展中国家在依靠自身力量建设本国网络的同时，也要争取发达国家在互联网技术、资金与人才等方面的支持和帮助，多措并举，努力追赶，提高本国互联网发展水平，进而提升网络空间治理能力与话语权，使本国在全球网络空间治理体系变革中占有重要一席。

第五节　构建网络空间命运共同体的当代价值

习近平总书记站在全人类前途与命运的高度，深刻把握人类社会发展规律，根据互联网发展趋势，审时度势，高瞻远瞩，提出了关于“网络空间命运共同体”的重要论述，对人类文明进步、国际互联网体系治理以及中国国际话语权提升都具有十分重要的现实价值与历史意义。

第一，构建网络空间命运共同体有利于各国家、各民族的文化交流与文明互鉴。构建网络空间命运共同体，旨在构建和平、安全、开放、合作的网络空间，通过互联互通实现合作共赢。借助互联网架设国际交流桥梁与纽带，打造文化交流共享平台，推动世界文化交流、文明互鉴，增进世界各国人民情感交流与心灵沟通，丰富人民精神世界，增强人民精神力量，推动世界互联网治理向着更加合理的方向迈进。

第二，构建网络空间命运共同体有利于完善互联网治理体系，推动国际互联网治理的能力与水平的提升。当前，新一轮科技革命和产业变革加速演进，人工智能、大数据、物联网等新技术、新应用、新业态方兴未艾，互联网迎来了更加强劲的发展动能和更加广阔的发展空间。国际互联网已经深度融入世界经济社会发展和各国人民日常生产生活之中，深刻改变了人们的思维、生产与生活方式，极大地促进了世界政治、经济、文化、社会、生态等领域的发展。同时，互联网发展不平衡、规则不健全，信息鸿沟扩大，网络犯罪等问题的出现，亟待引起国际社会高度关注与重视。比如，网络空间成为大国博弈的新场域。大国之间的博弈已经扩大到网络空间，并且网络空间的竞争使全球网络安全陷入囚徒困境。特别是随着世界多极化、经济全球化、文化多样化、社会信息化深入发展，各国经济、金融、能源、交通对网络的依赖度越来越高，网络安全成为事关各国经济、政治、文化、社会和军事等领域的新的风险点。全球化趋势下的互联网安全，需要世界各国的联动与合作。第六届世界互联网大会组委会发布《携手构建网络空间命运共同体行动倡议》，提出了“四个共同体”概念，标志着全球网络治理已进入以高质量为特征的新阶段，有助于各国在加强自身网络治理的同时，建立和完善世界范围内的规则体系，推动全球网络空间治理能力提升，为全球互联网发展提供新的思想借鉴和智力支撑，展望国际社会共同推动互联网繁荣发展的美好愿景。进入智能互联时代，各国相互联系、相互依存程度空前加深，越来越成为你中有我、我中有你的命运共同体。各国间的协同合作变得比以往更加重要，携手共建网络空间命运共同体的世界意义越发凸显。第六次世界互联网大会将最新技术成果向全世界分享，推进了网络空间国际协同治理；凝聚共识、弥合分歧，有助于人类打破藩篱壁垒、突破技术瓶颈，努力推动构建网络空间命运共同体，更好造福全人类。开放合作、携手共建网络空间命运共同体，让互联网更好造福人类，是国际社会的共同责任，其世界意义也十分深远。

第三，构建网络空间命运共同体有利于提高中国国际话语权，提高中国文化软实力。落后就要挨打，贫穷就要挨饿，失语就要挨骂。当前，国际社会话语格局依然是西强我弱、资强社弱，受西方发达国家网络技术垄断和各类规则的限制，发展中国家在国际网络空间中明显处于被动局面。在国际社会中中国话语和声音比较小、比较弱，存在有理说不出、说了传不开、传播难接受的局面。构建网络空间命运共同体就是根据世界互联网形势发展变化，在当今时代最具发展活力的互联网领域中，将我国的经济发展优势与综合实力创造性地转化为对外话语优势，精心构建让世界人民能够听得到、听得懂、听得进的崭新对外话语体系，传播中国特色、中国风格和中国气派的文化，展现中国的大国风范，让中国的声音在世界更加嘹亮，从而有力地增强中国话语的国际传播力与影响力，提升我国的文化软实力。

通过金砖国家的共同宣言，表达全球广大发展中国家在网络空间治理中的利益诉求。2017 年，金砖五国领导人在厦门会晤并通过《金砖国家领导人厦门宣言》，在网络空间行为规范、国际法原则、合作路线图等三个政策领域表达了共同主张。五国领导人表示支持联合国在制定网络空间行为规范方面发挥中心作用，强调《联合国宪章》确立的国际法原则，认为要在联合国主导下制定国际法律文书，打击信息通信技术领域的犯罪行为。五国领导人决定，根据《金砖国家网络安全务实合作路线图》或者其他共识机制推进合作。

第四，构建网络空间命运共同体为国际互联网未来格局演进指明了方向。构建网络空间命运共同体的中国智慧、中国方案，被以全新的方式展示给世界各国。2017 年 3 月 1 日，中国政府正式推出《网络空间国际合作战略》（以下简称《战略》），首次向国际社会阐释了中国参与国际网络空间合作的原则、目标和计划。《战略》展现了中国网络政策的透明度，为引领国际网络空间治理走出杂乱、纷争的泥淖给出了中国方案，指出了方向。首先，中国作为网络空间和平的建设者，为维护网络空间和平，设定了“维护主权与安全”和“构建国际规则体系”两大目标，为解决国际网络恐怖主义、网络军事化、国家间网络冲突等问题提出了通过国际对话磋商实现网络空间建章立制的主张。其次，中国作为网络空间治理的积极探索者，提出体现主权国家间的治理地位平等的国际“共治原则”。最后，中国作为“数字鸿沟”的现实弥合者，提出国际网络空间的“普惠”原则，为弥合国际“数字鸿沟”、推动全球网络经济繁荣做出了自己的贡献。从世界层面而言，构建网络空间命运共同体为世界贡献“无‘网’而不胜”的力量；为世界人民在理论上反思网络空间“丛林法则”形成的缘由、认清霸权主义双重标准巨大危害并予以深刻批判，提供中国方案并付诸实践。一方面，《战略》回应了美国等西方国家对中国国际网络政策模糊的诘难，提升了中国网络行动的可信度和影响力；另一方面，国际网络空间治理或出现“美退中进”态势，中国为国际网络空间秩序指明了更趋合理的发展方向。

主要参考文献

〔美〕艾伯特-拉斯洛·巴拉巴西：《爆发：大数据时代预见未来的新思维》（经典版），马慧译，北京联合出版公司，2017。

蔡翠红：《全球大变局时代的网络空间治理》，《探索与争鸣》2019年第1期。

陈畴镛、王雷、周青：《网络强国战略与浙江实践》，科学出版社，2016。

陈畴镛主编《信息化与经济社会发展研究辑刊（第3辑）——网络强国战略推进机制与路径研究》，科学出版社，2017。

成卓等：《面向大数据时代的数字经济发展举措研究》，人民出版社，2020。

程晨等：《网络强国背景下网络竞争力的区域差异及提升路径》，《中国流通经济》2019年第1期。

大数据战略重点实验室：《主权区块链1.0秩序互联网与人类命运共同体》，浙江大学出版社，2020。

邓海林：《新时代网络空间治理及其文化秩序建构》，《江海学刊》2019年第3期。

《第51次〈中国互联网络发展状况统计报告〉发布》，中国互联网络信息中心网站，2023年3月2日，https://cnnic.cn/n4/2023/0302/c199-10755.html。

董国旺：《网络强国负熵源——网络空间法治》，知识产权出版社，2017。

方兴东、胡怀亮：《网络强国——中美网络空间大博弈》，电子工业出版社，2000。

高航、俞学劢、王毛路：《区块链与人工智能：数字经济新时代》，电子工业出版社，2020。

宫承波、蒋海升：《习近平关于网络强国重要论述的内容体系及其战略价值探析》,《山东社会科学》2023年第3期。
韩庆祥:《习近平新时代中国特色社会主义思想》,《科学社会主义》2017年第6期。
韩喜平、纪明:《建设网络强国》,中国青年出版社,2022。
何明生等:《网络治理:中国经验和路径选择》,中国经济出版社,2017。
胡怀福、周劲:《王者融归——媒体深度融合56个实战案例》,人民日报出版社,2019。
焦勇:《数字经济赋能制造业转型:从价值重塑到价值创造》,《经济学家》2020年第6期。
李林、符明秋:《网络空间的法律问题研究》,中国社会科学出版社,2019。
李艳:《网络空间治理机制探索:分析框架与参与路径》,时事出版社,2018。
刘军、杨渊鋆、张三峰:《中国数字经济测度与驱动因素研究》,《上海经济研究》2020年第6期。
刘美萍:《网络社会组织参与网络空间治理的价值、困境及破解》,《云南社会科学》2020年第3期。
刘彦平、钱明辉、王玉玺:《孵化网络创新协同对区域创新效率的溢出效应——基于我国三大城市群的实证研究》,《中国软科学》2023年第3期。
鲁传颖:《中美关系中的网络安全困境及其影响》,《现代国际关系》2019年第12期。
鲁佑文:《网络空间利益博弈与治理》,中国社会科学出版社,2019。
〔美〕米尔顿·穆勒:《从根上治理互联网:互联网治理与网络空间的驯化》,段海新等译,电子工业出版社,2019。
欧仕金:《网络强国守护神——网络安全保障》,科学出版社,2018。
任保平:《数字经济引领高质量发展的逻辑、机制与路径》,《西安财经学院学报》2020年第2期。
任贤良:《最前沿:国家网信工作沉思录》,新华出版社,2018。
荣开明:《习近平新时代建设网络强国思想论略》,《江汉论坛》2020年第3期。

邵景均：《加快推进网络强国建设》，《中国行政管理》2018年第9期。
沈思言：《网络强国战略下数据资源的国际法规制》，《国际商务（对外经济贸易大学学报）》2019年第5期。
沈逸：《为全球网络空间治理良性变革贡献中国方案》，《人民论坛·学术前沿》2020年第2期。
师博：《数字经济促进城市经济高质量发展的机制与路径》，《西安财经学院学报》2020年第2期。
宋才发：《新时代网络强国建设的要求及法治举措》，《人民论坛》2020年第21期。
宋海龙：《网络强国快车道——基础设施铺路》，科学出版社，2018。
孙勇：《网络安全问题的表象及其实质——边疆学视域的互联网安全问题思考》，《湖南师范大学社会科学学报》2020年第1期。
王帆、凌胜利主编《人类命运共同体——全球治理的中国方案》，湖南人民出版社，2017。
王恒桓：《网络强国制高点——技术创新支撑》，知识产权出版社，2017。
王润：《网络公民文化——互联网实践与中国社会》，中国社会科学出版社，2020。
王益民：《网络强国背景下互联网治理策略研究》，《电子政务》2018年第7期。
王资博：《网络强国与数字中国引领下的新时代数字文明论析》，《广西社会科学》2023年第3期。
吴晓波、李思涵、徐宁、杜健：《数字经济背景下浙江省创新型经济发展评价及赋能对策研究——基于2014—2017年六省市的对比分析》，《科技管理研究》2020年第3期。
习近平：《高举中国特色社会主义伟大旗帜　为全面建设社会主义现代化国家而团结奋斗》，人民出版社，2022。
《习近平关于网络强国论述摘编》，中央文献出版社，2021。
习近平：《决胜全面建成小康社会　夺取新时代中国特色社会主义伟大胜利——在中国共产党第十九次全国代表大会上的报告》，人民出版社，2017。
习近平：《敏锐抓住信息化发展历史机遇 自主创新推进网络强国建设》，《人民日报》2016年4月22日。
《习近平谈治国理政》（第1卷），外文出版社，2018。
《习近平谈治国理政》（第2卷），外文出版社，2017。
习近平：《在第二届世界互联网大会开幕式上的讲话》，《人民日报》2015年12月17日。
新华三大学编著《数字化转型之路》，机械工业出版社，2020。
徐东华：《我国网络强国战略实现路径及绩效评估研究》，《中州学刊》2018年第10期。
徐明星等：《区块链：重塑经济与世界》，中信出版集团，2020。
徐奇渊：《中国建设网络强国的优势与挑战》，《人民论坛》2018年第13期。
徐宪平：《新基建：数字时代的新结构性力量》，人民出版社，2020。
徐志斌：《小群效应：席卷海量用户的隐性力量》，中信出版集团，2020。
许晓东、芮跃峰、杜志章：《基于问题导向的国际网络空间治理体系建构》，《华中科技大学学报》（社会科学版）2020年第4期。
杨东：《数字经济平台在抗疫中发挥重大作用》，《红旗文稿》2020年第7期。
杨馥萌、刘亚娜：《习近平网络强国战略的法治意蕴》，《社会科学家》2021年第7期。
杨嵘均：《论网络空间治理体系与治理能力的现代性制度供给》，《行政论坛》2019年第2期。
叶俊、田汾晋：《中国网信事业的历史轨迹与思想进路》，《新闻春秋》2022年第5期。
于凤霞、唐鹏：《重塑：数字经济引领未来》，电子工业出版社，2020。
《在践行新发展理念上先行一步 让互联网更好造福国家和人民》，《人民日报》2016年4月20日。
张显龙：《坚持“以人民为中心”推进网络强国建设》，《人民论坛》2018年第33期。

张鑫：《网络空间治理的发展实践与优化路径》，《新视野》2019 年第 6 期。

赵瑞琦：《人工智能嵌入网络安全：技术风险、国际规范与理念博弈》，《现代传播（中国传媒大学学报）》2019 年第 12 期。

赵旸頔、彭德雷：《全球数字经贸规则的最新发展与比较——基于对〈数字经济伙伴关系协定〉的考察》，《亚太经济》2020 年第 4 期。

中国航天系统科学与工程研究院、《国信军民融合》杂志社：《2018 网信发展报告》，北京理工大学出版社，2019。

中国网络空间研究院：《中国互联网发展报告 2019》，电子工业出版社，2020。

周利敏、钟海欣：《后斯诺登时代网络安全的全球治理》，《贵州社会科学》2020 年第 3 期。

周莹：《数字经济下产业创新的系统化转型及其政策组合原则》，《管理现代化》2020 年第 4 期。

《总体布局统筹各方创新发展 努力把我国建设成为网络强国》，《人民日报》2014 年 2 月 28 日。

邹旭怡：《中国网络政治空间治理研究》，华中科技大学出版社，2019。

Blueprint for a Secure Cyber Future: the Cybersecurity Strategy for the Homeland Security Enterprise (The Department of Homeland Security, 2015).

Enabling Distributed Security in Cyberspace: Building a Healthy and Resilient Cyber Ecosystem with Automated Collective Action (The Department of Homeland Security, 2016).

后　记

以互联网为代表的新一代信息技术已经全面融入社会生产生活，深刻改变了全球经济格局、利益格局、安全格局，给各国经济社会发展、国家管理、社会治理、人民生活带来了重大而深远的影响，世界主要国家都把互联网作为经济发展、技术创新、国际竞争的重点，把互联网作为谋求竞争新优势的战略方向。我长期从事网络安全和信息化的工作，一直关注我国的网信建设和理论研究，也承担着多个相关课题的教学与研究任务，本书的撰写既是我对多年研究成果的总结，也是对网络安全和信息化发展建设的理论与实践的一种探索。

网信工作是一个跨学科的领域，来自计算机科学技术、经济学、国际法、社会学、政治学等不同学科的专家都在研究这一新领域是如何改变人类的社会生态、政治结构和经济范式的。但同时，不同学科知识的边界也对跨学科的对话和交流造成了阻碍。本书主要是从领域细分的视角来研究网信发展建设的方向与举措，并在研究中结合了来自技术、经济、法律、政治和文化领域的不同学科知识，作为系统性研究网信工作建设的一种尝试，为我国网信工作提供了一种新的思路。当然，网络技术的发展日新月异，相应的研究成果层出不穷，注定了本书的研究还需要持续不断地更新和完善。

本书撰写期间，我得到机会赴清华大学、复旦大学、中共中央党校（国家行政学院）和浙江大学等高校学习，得到了许多启发和帮助，这些宝贵的学习经历都转换成了书稿撰写的一手资料和感悟。

最后，最应该感谢的是家人的理解、支持和宽容，让我能够暂时抛开各种繁杂事务的袭扰，专注于本书的写作。

余学锋

于 2023 年 5 月

图书在版编目(CIP)数据

网络安全与信息化发展路径研究 / 余学锋著. -- 北京 : 社会科学文献出版社, 2023.10
ISBN 978-7-5228-2490-1

Ⅰ. ①网… Ⅱ. ①余… Ⅲ. ①计算机网络-网络安全-产业发展-研究-中国②信息产业-产业发展-研究-中国 Ⅳ. ①G124②F492.3

中国国家版本馆 CIP 数据核字(2023)第 171065 号

网络安全与信息化发展路径研究

著　　者 / 余学锋

出 版 人 / 冀祥德
责任编辑 / 岳梦夏
文稿编辑 / 陈彩伊
责任印制 / 王京美

出　　版 / 社会科学文献出版社 · 政法传媒分社 (010) 59367126
地址: 北京市北三环中路甲 29 号院华龙大厦　邮编: 100029
网址: www.ssap.com.cn
发　　行 / 社会科学文献出版社 (010) 59367028
印　　装 / 三河市尚艺印装有限公司

规　　格 / 开 本: 787mm × 1092mm　1/16
印 张: 16.5　字 数: 253 千字
版　　次 / 2023 年 10 月第 1 版　2023 年 10 月第 1 次印刷
书　　号 / ISBN 978-7-5228-2490-1
定　　价 / 98.00 元

读者服务电话: 4008918866